As consequências do
CETICISMO

As consequências do
CETICISMO

Waldomiro J. Silva Filho
Plínio Junqueira Smith
(Organização)

Copyright © 2012 Waldomiro J. Silva Filho & Plínio Junqueira Smith

Grafia atualizada segundo o Acordo Ortográfico da Língua Portuguesa de 1990, que entrou em vigor no Brasil em 2009.

Publishers: Joana Monteleone/Haroldo Ceravolo Sereza/Roberto Cosso
Edição: Joana Monteleone
Editor assistente: Vitor Rodrigo Donofrio Arruda
Projeto gráfico e diagramação: João Paulo Putini
Capa: Juliana Pellegrini
Revisão: Maria da Glória
Assistente de produção: Rogério Cantelli
Imagem da capa disponível em http://www.sxc.hu/

CIP-BRASIL. CATALOGAÇÃO-NA-FONTE
SINDICATO NACIONAL DOS EDITORES DE LIVROS, RJ

C766p

AS CONSEQUÊNCIAS DO CETICISMO
Waldomiro J. Silva Filho/Plínio Junqueira Smith (orgs)
São Paulo: Alameda, 2012
272p.

Inclui bibliografia
ISBN: 978-85-7939-139-2

1. Ceticismo. 2. Filosofia. I. Silva Filho, Waldomiro J. (Waldomiro José).

12-3448   CDD: 149.73
                      CDU: 165.72
                             035793

ALAMEDA CASA EDITORIAL
Rua Conselheiro Ramalho, 694 – Bela Vista
CEP 01325-000 – São Paulo, SP
Tel. (11) 3012-2400
www.alamedaeditorial.com.br

SUMÁRIO

Introdução: O ceticismo e suas consequências   7
PLÍNIO JUNQUEIRA SMITH & WALDOMIRO J. SILVA FILHO

Parte 1: Ceticismo antigo   15

O dilema do pirrônico: o que escrever se não se tem nada para dizer   17
RICHARD BETT

Sexto Empírico: ceticismo sem dúvida   45
LORENZO CORTI

A natureza local do ceticismo moral moderno   63
DIEGO E. MACHUCA

Epokhé e *lógos* no pirronismo grego   75
VÍTOR HIRSCHBRUCH SCHVARTZ

Parte 2: Ceticismo moderno   95

Ceticismo e Novo Mundo   97
DANILO MARCONDES DE SOUZA FILHO

Do ataque cético ao dogmatismo à recusa baconiana da tradição   113
PLÍNIO JUNQUEIRA SMITH

Ceticismo e cartesianismo em Pierre Bayle   145
TODD RYAN

Teísmo, ateísmo e ceticismo nos *Diálogos sobre a Religião Natural* de Hume   161
GIANNI PAGANINI

Parte 3: Ceticismo contemporâneo 179

Ceticismo e significado: entre Wittgenstein e Kripkenstein 181
GLENDA SATNE

Ceticismo e finitude: notas sobre a filosofia de Stanley Cavell 205
JÔNADAS TECHIO

Como vencer uma batalha com o cético: um guia contextualista 227
ANDRE JOFFILY ABATH

Sobre o que não temos o direito de não saber 253
PAULO E. FARIA

Introdução: o ceticismo e suas consequências

Plínio Junqueira Smith & Waldomiro J. Silva Filho

RECENTEMENTE, O CETICISMO VOLTOU A DESPERTAR o mesmo profundo interesse de filósofos e historiadores da filosofia que já despertara em outras épocas. Esse verdadeiro renascimento das discussões céticas e dos estudos sobre a história do ceticismo tem favorecido avanços notáveis tanto no conhecimento do ceticismo antigo e moderno, como na compreensão das propostas céticas para os problemas contemporâneos, sobretudo aqueles discutidos pela filosofia analítica. Como uma consequência natural, a imagem antiquada e distorcida do ceticismo, que vigorou durante bom tempo, vem sendo substituída por outra mais precisa, rica e instigante. O ceticismo foi compreendido como uma filosofia menor e inconsequente. Muitos filósofos e professores de filosofia viam no ceticismo ideias sedutoras, mas concluíam que dizer que *não sabemos nada*, que *não temos certeza de nada* e que *podemos colocar tudo em dúvida* era algo decepcionante, inconsistente e autorrefutável. Mesmo em meios filosóficos que o levavam a sério, considerando-o o mais importante desafio a ser enfrentado, como na epistemologia analítica do século XX, jamais se viu o ceticismo como uma posição abrangente e coerente ou como uma alternativa viável no cenário filosófico. O único resultado admissível seria sua refutação e todo o esforço se concentrava em encontrar suas falhas. Nesse sentido, a atenção despertada pelo ceticismo se encontrava no fato de que certos argumentos negativos ofereceriam boas razões para concluirmos que não temos garantias de que conhecemos alguma coisa, ou seja, que nossa concepção comum ou nossas teorias filosóficas não cumprem as exigências de garantias racionais para a verdade de nossas crenças. Mas essa concepção do ceticismo, seja como meros argumentos isolados a desafiar nosso conhecimento ou como uma epistemologia puramente negativa, apoia-se em aspectos incidentais e oculta pontos essenciais da postura cética. Por isso, muitos epistemólogos que lidaram extensamente com o ceticismo mais contribuíram para difundir uma concepção que não faz plena justiça à riqueza da tradição cética do que promoveram sua compreensão adequada.

No que diz respeito a sua história, uma nova perspectiva sobre o ceticismo moderno ganhou impulso sem precedentes graças aos trabalhos seminais de Richard Popkin (1960, 1979 e 2003), que abriram caminhos extremamente fecundos, pois demonstravam que a recepção e impacto do ceticismo antigo foram muito mais profundos e amplos do que a simples referência a argumentos negativos que colocavam em dúvida o conhecimento do mundo natural. Nos anos 80 e 90 do século passado surgiu uma nova onda de estudos sobre o ceticismo grego antigo que lançou um olhar inédito sobre a filosofia antiga de Pirro a Sexto Empírico – esses estudos têm superado, sob muitos aspectos, leituras clássicas, como a indispensável monografia de Victor Brochard, *Les Sceptiques Grecs* de 1887. Deve-se destacar aqui a contribuição de intelectuais como Julia Annas e Jonathan Barnes (1985), Myles Burnyeat e Michael Frede (1998). A partir das interpretações fomentadas por esses autores, também o ceticismo antigo se revelou bastante rico para a investigação e fonte de inesgotáveis discussões. Estudos como os de Richard Bett (2000) sobre Pirro e de Alan Bailey (2002) sobre Sexto Empírico marcam um novo estágio na interpretação dos personagens da história do ceticismo grego. Publicações como o *The Cambridge Companion to Ancient Sceticism* (2010)[1] organizada por Richard Bett, *Pyrrhonism in Ancient, Modern, and Contemporary Philosophy* (2011a) e *New Essays on Ancient Pyrrhonism* (2011b) organizadas por Diego Machuca agregam pesquisadores de várias nacionalidades e acabam por testemunhar a riqueza das pesquisas nessa área.

Com relação às questões atuais, o ceticismo já havia sido objeto de constante preocupação, desde as reflexões de Russell, Moore e Wittgenstein, mas passou a ter um novo fôlego nos trabalhos de Peter Unger (1979), Stanley Cavell (1979), Barry Stroud (1984 e 2000), Robert Fogelin (1994, 2003), Michael Williams (1995), Anthony Brueckner (2010), entre tantos outros, cruzando temas em Epistemologia, Filosofia da Linguagem, Filosofia da Mente e Filosofia Moral. Em todos esses campos, os debates acerca do ceticismo proliferaram de maneira significativa (um bom panorama disto se encontra em GRECO, 2008).

---

1   Esta coletânea tem uma seção "Bibliography" (p. 314-345) que faz um minucioso levantamento dos estudos mais destacados sobre ceticismo.

A filosofia brasileira não está à margem desses avanços, sobretudo por causa dos trabalhos pioneiros e fundamentais de Oswaldo Porchat (1993 e 2007). Graças aos seus artigos, que lidam extensamente com a temática cética e atraíram a atenção de filósofos de várias partes do país, e a sua atuação como professor e orientador, formando diversos pesquisadores, Porchat logrou que o ceticismo se tornasse um dos principais assuntos filosóficos no Brasil. Desde a década de 80, o grupo formado em torno de Porchat não somente tem produzido sistematicamente estudos históricos importantes, seja sobre o ceticismo antigo ou moderno, mas também tem contribuído para as discussões sistemáticas sobre a posição cética.

A importância de Porchat não se limitou a constituir um grupo em torno do ceticismo, mas também lhe imprimiu uma certa maneira de trabalhar, dando-lhe seus contornos mais gerais. O espírito conferido ao grupo foi o de que a filosofia pode ser um trabalho coletivo, em que a permanente colaboração desempenha um papel crucial. A pesquisa, necessariamente individual em boa parte, beneficia-se grandemente se integrada a um grupo organizado e as reflexões se tornam mais minuciosas e sólidas se submetidas à frequente discussão crítica. Assim, Porchat procurou integrar os pesquisadores das mais diversas regiões do país e estabelecer eventos periódicos para a discussão do andamento dos trabalhos de cada um. Esse grupo de pesquisadores brasileiros acabou por integrar-se aos principais pesquisadores internacionais da área. Trata-se já de uma longa história, cujo início coincide com a vinda de Ezequiel de Olaso ao Brasil, nos idos de 1970, e cujo desenvolvimento não se separa do processo de consolidação da pesquisa filosófica na pós-graduação brasileira.[2]

Este livro é mais uma contribuição para esses estudos recentes que se têm feito sobre o ceticismo. De um lado, ele reflete o estado atual da pesquisa sobre o ceticismo (sobre sua história e seus problemas) e, do outro, expressa um dos traços marcantes do ceticismo: a paixão pela verdade e a busca de um diálogo aberto, franco e imparcial. Além de filósofos e pesquisadores brasileiros, este livro reúne textos de filósofos argentinos (Glenda Satne e Diego

---

[2] Um breve panorama do ceticismo no Brasil e da importância do trabalho de Oswaldo Porchat se encontra no número especial da revista *Cult* n. 121 (Ano 11) de 2008. O livro *O filósofo e sua história: Uma homenagem a Oswaldo Porchat* (WRIGLEY & SMITH, 2003) reúne ensaios críticos que avaliam a contribuição de Porchat para a filosofia.

Machuca), europeus (Gianni Paganini e Lorenzo Corti) e anglo-americanos (Richard Bett e Todd Ryan), reforçando a tendência crescente de internacionalização iniciada por Porchat. O leitor tem em mãos mais um resultado de uma constante e mútua colaboração.

A presente coletânea é fruto do *II International Meeting on Skepticism* e *XIII Colóquio Brasileiro sobre Ceticismo*, realizado na Bahia sob os auspícios da Universidade Federal da Bahia em agosto de 2010. Esses eventos, além de dar prosseguimento à série de colóquios sobre ceticismo no Brasil que completa 25 anos, consolida a ideia da realização de encontros entre filósofos de diferentes nacionalidades para debater o estado da arte da pesquisa sobre ceticismo na comunidade acadêmica internacional.[3]

Destinado tanto a estudantes como a pesquisadores e filósofos que já têm amplo domínio sobre o assunto, o livro procura aliar a apresentação de um panorama dos temas e problemas centrais do ceticismo a análises e discussões rigorosas e detalhadas em torno da presença, influência, recepção e crítica do ceticismo na tradição filosófica antiga, moderna e atual.

A primeira parte realiza uma leitura crítica de Sexto Empírico, nossa principal fonte do ceticismo grego antigo. A obra de Sexto Empírico nos permite ter acesso aos principais aspectos do ceticismo grego e, além disso, exerceu uma das mais profundas influências sobre o pensamento posterior, sobretudo a partir do Renascimento. Os textos de Richard Bett ("O dilema do pirrônico: o que escrever se não se tem nada para dizer"), Lorenzo Corti ("Sexto Empírico: ceticismo sem dúvida") e Vitor Schvartz ("*Epokhé* e *lógos* no pirronismo grego") dedicam-se especificamente a produzir uma compreensão mais adequada do pirronismo de Sexto. O quarto ensaio, "A natureza local do ceticismo moral moderno" de Diego Machuca, a fim de lançar luz sobre o ceticismo moral moderno, contrasta-o com o ceticismo moral de Sexto.

---

3   Esses dois eventos contaram, ainda, com o apoio da recém criada *International Society for the Study of Skepticism* (http://isoss.wordpress.com/) que integra mais de 80 pesquisadores de diversas universidades do mundo (entre eles estão Peter S. Fosl, Richard Fumerton, John Greco, Steven Luper, Duncan Pritchard, Ernest Sosa, Emidio Spinelli, Harald Thorsrud, Katja Vogt, entre outros). É importante também destacar o início da edição da revista *International Journal for the Study of Skepticism* (www.brill.nl/publications/journals/international-journal-study-skepticism) por uma das mais importantes casas editoriais, a editora Brill. No Brasil a *Sképsis: Revista da Filosofia* (www.revista-skepsis.com/) tem ocupado um papel importante na divulgação das pesquisas sobre ceticismo.

A segunda parte explora o modo como o ceticismo foi recebido, interpretado e criticado na Modernidade em autores como Francis Bacon ("Do ataque cético ao dogmatismo à recusa baconiana da tradição" de Plínio Junqueira Smith), Pierre Bayle ("Ceticismo e cartesianismo em Pierre Bayle" de Todd Ryan) e David Hume ("Teísmo, ateísmo e ceticismo nos *Diálogos sobre a Religião Natural* de Hume" de Gianni Paganini). O ensaio "Ceticismo e Novo Mundo" de Danilo Marcondes trata do surgimento do ceticismo moderno no contexto da descoberta do Novo Mundo (e todas as mudanças culturais e sociais que ela engendrou).

Na terceira parte do livro estão reunidos os textos que exploram problemas e autores contemporâneos na filosofia analítica. Dois artigos tratam de questões da filosofia da linguagem, da filosofia da mente e da epistemologia ("Como vencer uma batalha com o cético: um guia contextualista" de André Abath e "Sobre o que não temos o direito de não saber" de Paulo Faria). Os outros dois artigos dedicam-se ao estudo de autores, como Ludwig Wittgenstein e Saul Kripke ("Ceticismo e significado: entre Wittgenstein e Kripkenstein" de Glenda Satne) e Stanley Cavell ("Ceticismo e finitude: notas sobre a filosofia de Stanley Cavell" de Jonadas Techio).

Com este livro esperamos estar contribuindo para desfazer as "caricatas figurações" da filosofia cética (PORCHAT, 2007, p. 259) e, no mesmo passo, apresentar algumas das consequências do ceticismo para o modo como se concebe e se pratica a filosofia. O cético, longe de propor dúvidas absurdas e extremas de maneira inconsequente, sem estabelecer um visão filosófica séria, procura extrair, de um ceticismo bem articulado numa visão abrangente, suas consequências mais plausíveis, propondo-as para a aceitação geral. Quais são, exatamente, as consequências do ceticismo, como estas se seguem dos princípios básicos do ceticismo, eis algumas questões sobre as quais os estudiosos ainda debatem intensamente.

Gostaríamos, por fim, de expressar nossos agradecemos ao CNPq (processo n. 452081/2010-6) e CAPES (processo n. 1039/2010) pelo apoio financeiro ao evento e sua publicação. Agradecemos também a Luiz Antonio Alves Eva e Dario Perinnetti que partilharam conosco sua companhia agradável e inteligente durante alguns dias de agosto de 2010.

Referências bibliográficas

ANNAS, Julia e BARNES, Jonathan (1985). *The Modes of Scepticism*. Cambridge: Cambridge University Press.

BAILEY, Alan (2002). *Sextus Empiricus and Pyrrhonean Scepticism*. Oxford: Oxford University Press.

BETT, Richard (2000). *Pyrrho, his Antecedents and his Legacy*. Oxford University Press.

BETT, Richard (ed.) (2010). *The Cambridge Companion to Ancient Sceticism*. Cambridge: Cambridge University Press.

BROCHARD, Victor (1887). *Les Sceptiques Grecs*. Paris: Vrin, 1959. [*Os Céticos Gregos*. Trad. Jaimir Conte. São Paulo: Odysseus, 2009].

BRUECKNER, Anthony (2010). *Essays on Skepticism*. Oxford: Oxford University Press.

BURNYEAT, Myles e FREGE, Michael (eds.) (1998). *The Original Scpetics: A controversy*. Indianapolis, Cambridge: Hacket.

CAVELL, Stanley (1979). *The Claim of Reason: Wittgenstien, Skepticism, Morality and Tragedy*. Oxford: Oxford University Press.

FOGELIN, Robert J. (1994). *Pyrrhonian Reflections on Knowledge and Justification*. Oxford: Oxford University Press.

FOGELIN, Robert J. (2003). *Walking the Tightrope of Reason: The precarious life of a rational animal*. Oxford: Oxford University Press.

GRECO, John (ed.) (2008). *The Oxford Handbook of Skepticism*. Oxford: Oxford University Press.

MACHUCA, Diego (ed.) (2011a). *Pyrrhonism in Ancient, Modern, and Contemporary Philosophy* (2011). Berlin: Springer.

MACHUCA, Diego (ed.) (2011b). *New Essays on Ancient Pyrrhonism*. Leiden: Brill.

Popkin, Richard (1960). *The History of Scepticism from Erasmus to Descartes*. Nova York: Harper and row, 1968.

Popkin, Richard (1979). *The History of Scepticism from Erasmus to Spinoza*. Berkeley, Los Angeles: University of California Press. [*História do Ceticismo de Erasmo a Spinoza*. Trad. Danilo Marcondes Filho. Rio de Janeiro: Francisco Alves, 2000]

Popkin, Richard (2003). *The History of Scepticism from Savonarola to Bayle*. Nova York: Oxford University Press.

Porchat Pereira, Oswaldo (1993). *Vida Comum e Ceticismo*. São Paulo: Brasiliense.

Porchat Pereira, Oswaldo (2007). *Rumo ao Ceticismo*. São Paulo: Editora Unesp.

Stroud, Barry (1984). *The Significance of Philosophical Scepticism*. Oxford: Clarendon Press.

Stroud, Barry (2000). *Understanding Human Knowledge*. Oxford: Oxford University Press.

Unger, Peter (1979). *Ignorance: A Case for Scepticism.* Oxford: Clarendon University Press.

Willams, Michael (1995). *Unnatural Doubts: Epistemological Realism and the Basis of Skepticism.* Princeton: Princeton University Press.

Wrigley, Michael B. e Smith, Plínio Junqueira (2003). *O Filósofo e sua História: Uma homenagem a Oswaldo Porchat*. Campinas: Coleção CLE, vol. 36.

PARTE I
Ceticismo antigo

O dilema do pirrônico: o que escrever se não se tem nada para dizer[1]

RICHARD BETT (JOHNS HOPKINS UNIVERSITY), ESTADOS UNIDOS

"TODOS OS SERES HUMANOS por natureza desejam conhecer", diz Aristóteles no começo de sua *Metafísica* (980a21). Várias razões podem ser dadas para questionar essa afirmação. De um ponto de vista mais cotidiano, poder-se-ia indicar a cegueira aparentemente voluntária da realidade por amplas seções da população eleitora, em alguns países pelo menos. Ou, de um ponto de vista mais teórico, poder-se-ia sustentar a concepção de que seres humanos sistematicamente escondem de si mesmos certas verdades importantes, que seriam muito desagradáveis manter consistentemente em vista. Ideias desse tipo podem ser encontradas, por exemplo, em Nietzsche, Freud ou Sartre.

Como os céticos pirrônicos reagiriam à afirmação de Aristóteles? Eles certamente questionariam a suposição de que o desejo pelo conhecimento está inscrito na natureza humana, assim como questionariam qualquer outra afirmação sobre a natureza das coisas. Mas, a meu ver, há indícios de que alguns pirrônicos foram muito além disso. Enesidemo, que parece ter começado uma tradição ou movimento pirrônico autoconsciente no século I a.C., descreveu, segundo relatos, que o pirrônico é feliz justamente porque ele *não* pensa que sabe alguma coisa, em contraste com outros filósofos que ficam atormentados pela busca infrutífera de conhecimento.[2] E o próprio Pirro, o personagem muito anterior no qual Enesidemo afirma ter se inspirado, é representado por seu discípulo Timão como não se perturbando com questões sobre a natureza do mundo à nossa volta – essa falta de preocupação é uma das fontes de seu comportamento incrivelmente tranquilo.[3]

---

1 Tradução Plínio Junqueira Smith; revisão técnica Roberto Bolzani Filho.
2 Photius, *Bibl.* 169b21-30.
3 DL 9.64-5, ARISTOCLES in EUSEBIUS, *Praep. evang.* 14.18.19.

O que dizer de Sexto Empírico, o único pirrônico de quem temos escritos substanciais? Teria ele desistido também de qualquer tentativa de descobrir a verdade e, se for esse o caso, teria ele também considerado essa condição preferível àquela dos filósofos que mantém esse desejo? Argumentarei que a resposta é predominantemente "sim", embora a questão não seja inteiramente fácil de responder.

Essa resposta, então, leva a outra questão, que será minha preocupação central. Na medida em que Sexto realmente desistiu da busca da verdade, qual o seu propósito em escrever o que são claramente, em algum sentido, obras filosóficas? E quais as estratégias de escrita que ele emprega, dado esse propósito? Naturalmente, alguns filósofos ceticamente inclinados preferiram não escrever nada. Os acadêmicos Arcesilau e Carnéades, bem como Pirro, são exemplos óbvios, e alguns poderiam incluir também Sócrates nessa lista. Mas um cético que escreve de fato deveria ter o cuidado de não parecer um filósofo da espécie comum. A questão é o que isso exige que ele evite e o que o encoraja a desenvolver. Quero considerar essas duas coisas no caso de Sexto. Primeiro, no entanto, precisamos discutir a postura filosófica adotada por Sexto, como ele enfrenta essas restrições em sua maneira de escrever. A partir daqui usarei os termos "cético" e "pirrônico" como sinônimos, referindo-me ao entendimento que Sexto tinha desses termos, a menos que eu indique o contrário.

I.

Sexto nos diz, no primeiro livro das *Hipotiposes pirrônicas*, que os céticos são pessoas que começaram com o objetivo de descobrir a verdade (HP I, 12, 26). Presumivelmente, tanto na opinião de Sexto como de fato, esse é um objetivo compartilhado pela grande maioria das outras pessoas de inclinação teórica. No caso dos proto-céticos, confessadamente, não é um objetivo admitido por si mesmo. Antes, a descoberta da verdade é concebida como um meio de atingir a *ataraxía*, a tranquilidade. O cético reconhece na *ataraxía* o seu *télos* ou fim na vida ou, pelo menos, a *ataraxía* no que diz respeito a questões de opinião, isto é, questões que seriam tratadas ao longo de tipos de investigação que inicialmente se esperava que levassem à verdade sobre as coisas

(HP I, 25-30). Sexto pode ter igualmente acreditado (não sem alguma razão) que esse objetivo também era amplamente compartilhado. Certamente, suas explicações de como e por que o cético se sai melhor do que os filósofos não-céticos (HP I, 25-30, III, 235-238, AM XI, 110-167) favorecem a tranquilidade cética em contraste com a ansiedade extrema dos demais, como se fosse um ponto comum que a tranquilidade é o que dá mais sentido, em última instância, ao que almejar. De qualquer forma, de acordo com ele, ela é tanto o fim com o qual os céticos começam e o fim que, como céticos completos, ainda retêm. O que é crucial, no entanto, é que o caminho pelo qual eles efetivamente alcançam a *ataraxía* é completamente diferente do caminho pelo qual eles esperavam alcançá-la.

Ao invés de descobrir a verdade, de acordo com Sexto, o cético "caiu em desacordo com força igual" (HP I, 26: *enepesen eis tên isosthenê diaphônian*), isto é, caiu numa posição de estar confrontado com teorias e impressões conflitantes, cada uma das quais atingindo-lhe como igualmente persuasiva. A "falta de uniformidade" (HP I, 2: *anômalia*) nas teorias e/ou impressões de qualquer tópico é enfatizada como o ímpeto por trás da busca original da verdade. Mas, embora a esperança inicial fosse a de que ele seria capaz de examinar essas informações conflitantes e determinar quais teorias ou impressões seriam as verdadeiras, o resultado é que ele simplesmente ficou preso no conflito. O verbo grego traduzido "caiu" (*enepesen*), não só aqui, mas com frequência, denota um resultado involuntário e a implicação é muito comumente a de que esse resultado não é bem-vindo. Mas, mesmo sendo de fato como parece ser à primeira vista, no nosso caso há um bônus inesperado. Diante dessas teorias conflitantes "de força igual", não se pode senão suspender o juízo sobre a verdade de qualquer uma delas. E essa suspensão do juízo, por sua vez, leva precisamente à tranquilidade que se estava buscando desde o início (HP I, 26). Esse resultado é descrito como ocorrendo *tuchikôs* (HP I, 26, cf. 29), frequentemente traduzido como "por acaso"[4] e "fortuitamente".[5] Claramente, parte da ideia é que esse resultado é de novo alguma coisa fora do nosso controle e que, em sua primeira ocorrência pelo menos, não poderia ter sido previsto. Também há a sugestão de que essa sequência de acontecimentos

---

4   Ver Sexto Empírico (HP), Sexto Empírico (1968) e Sexto Empírico (1996).
5   Ver Sexto Empírico (1994); também "fortuitement" em Sexto Empírico (1997).

foi afortunada, tornando "fortuitamente" talvez preferível. Mas o que *tuchikôs* não tinha a intenção de sugerir, e aqui as traduções inglesas usuais são menos que perfeitas, é que esse resultado é simplesmente uma ocorrência única que não é reprodutível. Está claro, graças à analogia de Sexto para a relação entre a tranquilidade e a suspensão de juízo que a precede: "como uma sombra segue um corpo" (HP I, 29), que essa não é a ideia. E também está claro por causa do procedimento cético estabelecido que Sexto descreve nas seções iniciais do livro primeiro das *Hipotiposes*.

Esse procedimento é resumido na seguinte frase muito citada:

> A habilidade cética é a de produzir oposições entre coisas que aparecem e coisas que são pensadas de qualquer maneira, habilidade por meio da qual, por causa da força igual dos objetos e explicações opostos, chegamos primeiro à suspensão do juízo e, depois, à tranquilidade (HP I, 8).[6]

Aqui, está claro que a tranquilidade regular e previsivelmente segue a suspensão do juízo. O cético é alguém que desenvolveu uma técnica para gerar de maneira confiável a suspensão do juízo e, por meio dela, produzir de maneira confiável a tranquilidade. Esse texto não diz de fato que a tranquilidade é o fim de todo o processo. Mas, como vimos, a tranquilidade é posteriormente identificada com o *télos* do cético e, além disso, outra passagem inclui a *ataraxía* dentro da caracterização do propósito das atividades intelectuais às quais o cético se dedica. Respondendo à questão se o cético "raciocina sobre a natureza" ou "discute física" (*phusiologei*), Sexto diz que os céticos não fazem isso para propor afirmações definitivas sobre como as coisas são, mas fazem isso "para opor a todo argumento um argumento igual e em benefício da tranquilidade" (HP I, 18). E acrescenta que eles abordam "as partes lógica e ética do que é chamado filosofia" da mesma maneira: lógica, física e ética sendo entendidas como as três partes-padrão da filosofia do período pós-aristotélico. A recusa de Sexto em empregar o termo "filosofia" em voz própria pode dever-se à afirmação de que aqueles que se descrevem a si mesmos como filósofos geralmente consideram saber pelo menos algumas

---

6 Exceto quando indicado, as traduções do grego são minhas (n. do autor).

das respostas às suas questões.⁷ De maneira mais radical, para voltar ao ponto em que comecei, pode ser devido ao fato de que o termo *philosophía*, "amor pela sabedoria", é ele próprio um termo com o qual um cético não gostaria de se identificar. Não é o desejo da sabedoria que motiva o cético, considere-se ou não isso como um meio para a tranquilidade, mas o desejo de criar um equilíbrio intelectual (e, por esse meio, produzir a tranquilidade). Como veremos, Sexto não se recusa uniformemente a adotar o termo "filosofia" para descrever sua própria atividade e pode haver uma razão para essa oscilação. Seja como for, a presente passagem deixa claro que o cético discute exatamente os mesmos tópicos que aqueles que afirmam praticar filosofia. A diferença reside no propósito ou atitude com que esses tópicos são tratados.

Até aqui, falei como se Sexto consistente e uniformemente procurasse promover a suspensão do juízo e, por meio dela, a tranquilidade. Mas não é assim. O termo *sképtikos* significa "investigador" e Sexto começa as *Hipotiposes* dizendo que o cético ainda está investigando, isto é, ainda está tentando descobrir a verdade, em contraste com os outros dois grupos, aqueles que pensam que descobriram a verdade e aqueles que decidiram que esta não pode ser descoberta (HP I, 1-4). Ora, essa atitude é claramente incompatível com a que acabamos de descrever. Se alguém já decidiu que a suspensão do juízo é o caminho mais seguro para a tranquilidade e, portanto, se concentra em produzir e manter a suspensão do juízo, essa pessoa não está mais tentando descobrir a

---

7 Parece claro, com base no seu uso dos qualificadores *legomenos* and *kaloumenos* ("dito" ou "chamado") em outros lugares, que Sexto, com seu uso da expressão "o que é chamado de filosofia", está aqui tanto questionando as pretensões dos que usam o termo "filosofia" para suas próprias atividades como ele próprio declinando de adotar o termo. Ele comumente aplica-os a partes da terminologia dogmática e o efeito é não somente desafiar a pretensão dogmática de fornecer teorias que legitimariam essa terminologia, como também se distanciar de seu uso. Ver, por exemplo, "os assim chamados animais não-racionais" no primeiro dos dez Modos em HP I (HP I, 61, 62, 74, 76). Chamar esses animais de não-racionais (*aloga*) exige que se tenha uma distinção clara e defensável entre o racional e o não-racional. Sexto duvida de que os dogmáticos tenham isso e não tentaria traçá-la ele mesmo, e o termo "assim chamado" (*kaloumena*) chama a atenção para ambos os pontos. O mesmo é verdadeiro de numerosos conceitos teóricos na lógica e na física; ver, por exemplo, HP I, 60, II, 95, 163, 166-7, 215, III, 30, 42, 54, 62, 102, 249, 270-2, AM VII, 225, VIII, 12, 109, 10.2, 220, 261, XI, 180, 243, I, 179, VI, 47, 51. Na passagem em questão no texto principal – e em outros, como veremos – ele também está se distanciando do próprio termo "filosofia". Veremos que ele faz a mesma coisa com termos das partes-padrão da filosofia.

verdade. O cético pode, no começo, ter tentado descobrir a verdade, pensando que a tranquilidade deveria ser alcançada dessa maneira, mas, uma vez que ele descobre que a tranquilidade de fato é alcançada depois que a busca da verdade fracassa e, ao invés da verdade, é a suspensão do juízo que a produz, o projeto de investigação parece ser substituído por um projeto de desenvolver uma habilidade em produzir argumentos opostos igualmente poderosos.

Contra isso, Casey Perin (2010, especialmente capítulo 1; cf. também PERIN, 2006) argumentou que a descrição sextiana da "habilidade" do cético em produzir oposições (HP I, 8) é compatível com sua dedicação à empresa adicional de buscar a verdade. Mas, enquanto é verdade que não há, propriamente falando, uma contradição aqui, também é verdade que essa passagem, que parece concebida para expressar numa frase o núcleo do que é o ceticismo, não contém nenhuma sugestão de qualquer busca contínua da verdade. Além disso, a passagem sobre o espírito com o qual o cético discute a física (lógica e ética, HP I, 18) claramente *não* é compatível com qualquer busca desse tipo. Perin (2010, p. 118, n. 6) reconhece este ultimo ponto e considera a passagem sobre a física como uma anomalia. De maneira mais geral, ele concede não haver uma única explicação consistente que abrangerá tudo o que Sexto diz. Para mim, contudo, a passagem central sobre a "habilidade" cética parece combinar muito mais naturalmente com a passagem sobre o engajamento cético com a física, a noção do cético como um investigador genuíno sendo o elemento anômalo. De fato, Sexto descreve regularmente sua própria atividade como a de produzir a suspensão do juízo pela justaposição sistemática de considerações opostas. É assim que ele introduz os Modos (HP I, 31-4, 36), que oferecem um conjunto de técnicas prontas para gerar a suspensão do juízo. Nas páginas iniciais das *Hipotiposes*, ele também diz que "o princípio (*archê*) da seita cética é, acima de tudo, haver um argumento igual oposto a todo argumento" (HP I, 12). Isso nada tem a ver com a busca da verdade e tem tudo a ver com as precondições para a suspensão do juízo. Observações similares podem ser encontradas na obra mais longa, cujas porções sobreviventes (*Contra os lógicos*, *Contra os físicos* e *Contra os éticos*) cobrem aproximadamente o mesmo terreno que HP II e III (AM VII, 443, VIII, 159-60).[8]

---

8   Sobre o fato de que a obra mais longa, na forma em que chegou até nós, é incompleta, tendo perdido sua parte geral correspondente a HP I (cf. JANÁCEK, 1963).

Ser um investigador é inegavelmente parte da autoimagem do cético, embutida no próprio termo "cético". Embora "suspensivo" (*ephektikê*) seja outro dos vários termos para a imagem pirrônica (HP I, 7) e Sexto ocasionalmente chame a si mesmo e seus colegas de "suspendedores do juízo" (HP II, 10, AM XI, 152, cf. HP I, 209, II, 9), também um pouco mais frequentemente "produtores de impasse" (*aporêtikoi*), o que parece (pelo menos nos escritos de Sexto) resultar mais ou menos na mesma coisa, "cético" é predominantemente o termo mais comum em suas obras. Mas a investigação, em qualquer sentido normal do termo, não desempenha um papel em suas descrições mais detalhadas do que o ceticismo é e faz. Nem parece ser o que ele está realmente fazendo em suas próprias obras, nas quais a suspensão do juízo é rotineiramente o resultado e a busca da verdade não parece figurar como uma parte do empreendimento. E, assim, não estou convencido pela tentativa de Perin de colocar a investigação no centro do que o cético está fazendo e inclino-me a concordar com inúmeros outros especialistas quando julgam que a noção de investigação pouco ajuda para entender o tipo de ceticismo de Sexto.[9] Se "investigação" somente significa não ter decidido se a verdade é conhecida ou se a verdade é incognoscível, então o cético, como Sexto o caracteriza, é de fato um investigador. Mas a afirmação de que o cético "ainda está investigando", que é como Sexto introduz a noção de cético como um investigador, soa como se prometesse mais do que isso. E o resto de sua obra não cumpre essa promessa.

II.

Se é assim que devemos entender o ceticismo de Sexto, qual o seu propósito ao escrever? Embora existam algumas exceções notáveis, como Platão, os filósofos geralmente escrevem com a intenção de levar o leitor, da maneira mais efetiva, a adotar quaisquer conclusões que considerem justificadas. Mas Sexto não está tentando defender nenhuma conclusão. Antes, ele se dedica a um certo tipo de atividade, a de gerar ou manter a suspensão do juízo. Como os seus escritos contribuem para isso? Em primeiro lugar, deveríamos

---

9 Ver, por exemplo, Palmer (2000), Striker (2001) e Grgic (2006). Para uma interpretação recente e interessante de "investigação" como alguma coisa diferente de uma busca da verdade, ver Marchand (2010).

presumivelmente considerá-los como um aspecto, ou uma ilustração, dessa mesma atividade. Com a exceção parcial de HP I, que é uma descrição geral do que é o ceticismo, as obras exibem em grande escala a produção de posições opostas sobre os mesmos tópicos. Sexto frequentemente nos diz que a suspensão do juízo é o resultado e isso é precisamente o que esperaríamos de sua caracterização da "habilidade" cética em HP I, 8. As obras, então, são parte da própria prática de Sexto como um cético. Mas deve haver mais nelas do que isso. Elas não são diários privados ou livros de exercício. Claramente, Sexto também está escrevendo para outros lerem. De fato, elas sequer têm a forma das *Meditações* de Marco Aurélio ou algum dos escritos de Sêneca, os quais, embora escritos para outros lerem,[10] são apresentados como exercícios de reflexão interna com intenção de autoaperfeiçoamento, o tipo de obra que é mais favorável à concepção de Pierre Hadot da filosofia antiga como centrada em torno do cuidado da alma.[11] Embora Sexto nos diga que o objetivo de todo o empreendimento é a tranquilidade e embora ele também fale dos enunciados céticos como relatos das disposições do falante (HP I, 187) ou de como as coisas o atingem num dado momento (HP I, 4), de fato seus escritos carecem de maneira notável de qualquer qualidade introspectiva. (Esse é somente um aspecto de seu caráter extraordinariamente esquivo. De fato, não sabemos nada a seu respeito, seja como figura histórica, seja como personalidade). Ele não aparece como uma pessoa engajada numa busca pessoal, mas como alguém transmitindo uma mensagem para seus leitores. Isso é muito óbvio no primeiro livro das *Hipotiposes*. Não tem sentido escrever uma introdução geral sobre a natureza do pirronismo a menos que se queira que

---

10 Marcel van Ackeren negou que Marco Aurélio tenha escrito para outros (em conferência apresentada no colóquio de Würzburg, ver nota final). O uso que van Ackeren faz do termo "autodiálogo" para caracterizar a forma de escrita de Marco Aurélio e sua ênfase na diferença entre essa e as formas (como as cartas) que explicitamente pressupõem outra pessoa como leitora ou interlocutora, parece-me valioso e iluminador. Mas não se segue de maneira nenhuma que Marco Aurélio não quisesse apresentar seus "autodiálogos" como exemplos para um leitor seguir. E acho difícil acreditar que essa obra teria visto a luz do dia se essa não tivesse sido pelo menos uma de suas intenções ao compô-la. Contudo, essa questão particular é irrelevante para minha afirmação sobre Sexto – que sua obra não parece nada a um "exercício espiritual".

11 Ver, por exemplo, Hadot (1995). Partes desse livro apareceram originalmente Hadot (1987).

pessoas externas a leiam. Mas o tom de instrução, de disseminação de uma mensagem para os leitores, está presente em toda a obra.

Qual mensagem e quais leitores? Sexto nunca nos diz explicitamente por que ou para quem ele está escrevendo. Mas há três possibilidades óbvias e não mutuamente exclusivas. A primeira é que ele está defendendo o ceticismo contra ataques de outros filósofos, mostrando que este não é, como eles alegam, inconsistente ou impossível de ser posto em prática na vida real. Em alguns lugares, Sexto deixa muito claro ser isso o que está fazendo. Nas páginas iniciais das *Hipotiposes*, ele diz que "aqueles que dizem que os céticos abolem as aparências parecem-me não ouvir o que dizemos" (HP I, 19) e, então, explica o lugar das aparências no ceticismo. No começo do livro II da mesma obra, ele trata de uma objeção que visa a mostrar que os céticos não estão em posição de investigar ou discutir as teorias avançadas pelos filósofos não-céticos (HP II, 1-11). E no final de uma longa discussão no *Contra os éticos* de por que os céticos se saem melhor em relação à tranquilidade do que quaisquer outros filósofos, ele menciona e responde às objeções "daqueles que pensam que ele [o cético] está condenado à inatividade ou inconsistência" (AM XI, 162-166). Mas também é possível entender as obras muito mais genericamente como uma exibição da viabilidade da perspectiva cética dirigida contra aqueles que a negariam.

Contudo, enquanto Sexto claramente não é alheio à polêmica, também há um caráter expositivo em suas obras, o qual sugere que ele não está escrevendo meramente para defender o ceticismo de críticas. Novamente, isso é muito óbvio no livro I das *Hipotiposes*, que parece planejado primariamente para explicar o caráter do ceticismo para aqueles previamente pouco familiarizados com ele, não para rebater objeções daqueles que o conhecem, mas não gostam dele. Mas o mesmo tom de explicação para pessoas externas pode ser detectado em outros lugares também. Por exemplo, a discussão no começo de *Contra os lógicos* sobre as várias partes da filosofia e a ordem adequada na qual tratá-las (AM VII, 2-24, também lembrada no começo de *Contra os físicos*, AM IX, 1) parece como que planejada para orientar um leitor que desconhece esse assunto. Mais genericamente, sua prática consistente de referir aos dogmáticos na terceira pessoa, explicando o que eles dizem, sugere, pelo menos retoricamente, que ele tem a intenção de se dirigir a leitores que não se identificariam a si mesmos como dogmáticos. Nem, aliás, como céticos, uma vez que ele às vezes se refere aos céticos na terceira pessoa, como, por exemplo, em "essa é a oposição dos dogmáticos e a maneira do cético enfrentá-la é breve" (AM VIII, 470).

Se supusermos que Sexto está escrevendo em parte para pessoas externas interessadas, é uma suposição razoável que um propósito disso é recomendar o ceticismo para esses leitores e, talvez, convertê-los em céticos. As seções finais das *Hipotiposes* (HP III, 280-281) falam dos céticos como "filantrópicos". De fato, Sexto diz que eles querem curar os *dogmáticos* de sua precipitação, substituindo as concepções definitivas que esses dogmáticos costumavam sustentar pela suspensão do juízo (e, assim, induzindo neles a tranquilidade, embora Sexto não a mencione aqui). Não há outra passagem similar a essa e é um pouco difícil levá-la a sério como seu firme propósito. Por que ele deveria se preocupar ou não se os dogmáticos são "curados"? Mas essa passagem abre o tema de um propósito terapêutico para os escritos e não há razão por que aqueles que começam a lê-los sem serem dogmáticos ou céticos não deveriam estar entre as pessoas que Sexto gostaria de trazer para o lado dos céticos.

Finalmente, e essa é minha terceira categoria de possíveis leitores-alvo, podemos entender os escritos como em parte dirigidos a seus colegas céticos, fornecendo-lhes um material rico em sua busca da manutenção da suspensão do juízo e tranquilidade, a qual é claramente uma atividade permanente em vez de um estado a ser atingido de uma vez para sempre. O fato de que ele frequentemente se refere aos céticos, especialmente nas *Hipotiposes*, como "nós" não é, em si mesmo, uma prova disso. Ao explicar o que "nós" céticos fazemos, pode-se considerar que ele está tanto se dirigindo a pessoas externas como revigorando os já convertidos. Mas os meros detalhe e comprimento de suas exposições dos argumentos opostos tornam atraente supor que uma de suas audiências pretendidas são outros céticos, que poderiam usar esses argumentos em sua própria e mais "avançada" atividade de sustentar a suspensão do juízo.

Como disse, é possível que Sexto tenha todas essas diferentes categorias de leitores em mente, embora talvez diferentes categorias sejam predominantes em sua mente em diferentes momentos. Mas, seja lá para qual delas ele esteja escrevendo em algum momento, um fio comum é que seus escritos pretendem exemplificar ou expressar a suspensão do juízo que ele identifica como o caminho para a tranquilidade. E isso significará frequentemente, talvez mesmo comumente, levar com ela um encorajamento em direção à suspensão do juízo no leitor. A próxima questão é o que isso significa para *como* ele escreve ou deveria escrever. A resposta breve é que ele deve escrever de maneira a não parecer estar promovendo qualquer conclusão definitiva. Se está argumentando contra uma posição dogmática, ele não deve dar a impressão de que ele pensa que está *ganhando* a argumentação. Em vez disso, ele deve gerar um senso de empate. Claro, isso é parcialmente uma questão de quais argumentos ele emprega e Sexto realmente diz num lugar específico que ele deliberadamente varia a força dos seus argumentos para igualar a força dos compromissos dogmáticos que seguram a força dos argumentos do outro lado (HP III, 281).[12] Mas também é uma questão de como esses argumentos, bem como os argumentos do outro lado, são apresentados. Incidentalmente, pode haver alguma sobreposição entre os métodos de apresentação que são apropriados para esse propósito e os que seriam adequados à posição de Sexto como um investigador. Com efeito, ele muito deliberadamente contrasta a posição de um investigador com a das pessoas que pensam saber a resposta. Assim, ele apresenta o investigador também como uma pessoa que veio a não ter conclusões definidas. Mesmo que sejam atividades incompatíveis, uma investigação continuada e a produção deliberada da suspensão do juízo têm esse importante ponto em comum. Argumentei noutro lugar que existem passagens em que Sexto realmente chega a conclusões definitivas e que essas conclusões não podem ser eliminadas, entendendo-as como produtos de um lado de um par de argumentos opostos quando o lado oposto estaria implícito. Tentei explicar isso como uma relíquia de uma fase anterior do pirronismo que era bem diferente em caráter da fase oficial-

---

12 A palavra usada para descrever a condição infeliz (*páthos*) dos dogmáticos é *oiêsis*, que pode significar simplesmente "opinião" ou pode significar "convencimento", isto é, ter uma opinião excessivamente elevada de si mesmo. Contudo, neste último caso a base para o convencimento seria a crença de que eles apreenderam a verdade. Portanto, das duas maneiras, os dogmáticos são retratados como pessoas sob o jugo de crenças definidas e a força de sua "aflição" é mensurada pela forma de seu compromisso com essas crenças. Agradeço a Diego Machuca por chamar minha atenção a uma imprecisão em minha formulação original dessa questão.

mente apresentada por Sexto.[13] Mas, para os propósitos atuais, ignorarei essa complicação e me concentrarei nas maneiras em que Sexto escreve quando está legitimamente engajado na atividade que oficialmente apresenta como a atividade do cético.

III.

Ao tratar dessa questão, tenho pouco a dizer sobre o estilo literário de Sexto, porque não penso que isso tenha qualquer lição particular para nós neste contexto. De um modo geral, é um estilo claro e descomplicado, útil para a exposição de ideias filosóficas, mas não comumente chamando a atenção para si; embora suficientemente agradável, não causa qualquer impacto sobre o leitor. É genericamente mais simples e direto nas *Hipotiposes* do que nas demais obras, como exige o caráter resumido dessa obra. Compare, por exemplo, o comprimento e a complexidade das frases que abrem as principais partes das *Hipotiposes* e as frases iniciais de *Contra os lógicos*, *Contra os físicos* e *Contra os éticos* e a obra em seis livros sobre as ciências especializadas. Tratarei somente de dois casos. As transições da lógica para a física na abertura do livro III das *Hipotiposes* e na abertura do *Contra os físicos* são, ambas, frases de duas partes com *men* e *de* e ambas aludem ao fato de que Sexto se concentrará nas questões mais gerais da física, uma vez que, se estas são postas em dúvida, se seguirá que quaisquer questões mais específicas também serão postas em dúvida. Mas a frase das HP III tem seis linhas de comprimento, comparada com as onze linhas da frase em *Contra os físicos*, e a última inclui uma longa referência entre parêntesis aos acadêmicos como que perdendo seu tempo ao lidar com coisas particulares, enquanto a primeira não menciona esse ponto. *Contra os físicos* continua com a comparação de um cerco, seguido por comparações adicionais de caça e, finalmente, uma frase explicitamente associando as comparações de caça com o procedimento de argumentar nesse nível geral (AM IX, 2-3). A passagem das *Hipotiposes* não tem nada disso. A transição da física para a ética em HP III é ainda mais simples, com uma frase de duas linhas, sem nenhum adorno, encerrando a seção física e outra frase de duas linhas abrindo a seção ética (HP III, 167-8). Mas enquanto, na outra obra, a

---

13 Ver especialmente Sexto Empírico (1997); Bett (2000), capítulo 4.

última frase de *Contra os físicos* faz a transição da física para a ética numa frase de três linhas, a primeira frase de *Contra os éticos* repete o ponto de uma maneira um tanto mais verborrágica e, então, acrescenta uma afirmação grandiosa, sustentada por uma citação em verso de Timão, sobre o efeito que isso terá sobre nossa tranquilidade.

Uma vez que chegamos aos argumentos, a escrita também tende a ter uma qualidade mais empobrecida nas *Hipotiposes* do que nas outras obras (não é simplesmente uma questão de número de páginas). Contudo, as diferenças são mais acentuadas em alguns lugares do que em outros e, de qualquer maneira, não alteram a descrição geral do estilo de Sexto que acabei de fazer. Uma vez que o estilo se adapta bem à apresentação dos argumentos filosóficos e é usado de maneira predominante precisamente para isso, ainda resta que ele precisa de expedientes para transmitir o fato de que a suspensão do juízo, e não a vitória argumentativa, é o que ele está almejando.

Um desses expedientes é bem conhecido e o próprio Sexto chama a atenção para ele. Trata-se do repertório das "expressões céticas" que ele emprega para enfatizar o fato de que não está fazendo nenhuma afirmação definitiva sobre a natureza das coisas. Em vez disso, como ele diz, essas são "indicativas da disposição cética e de nossa afecção" (HP I, 187), isto é, elas relatam ou expressam um estado da mente em vez de descrever um estado de coisas no mundo e o estado da mente que relatam ou expressam é um estado em que as impressões ou argumentos opostos parecem igualmente convincentes. Isso é bastante óbvio no caso de expressões que realmente consistem em enunciados de primeira pessoa associados com um estado da mente, como "Eu suspendo o juízo", "Eu não determino nada" e "Eu não apreendo" (HP I, 196, 197, 201). Também é óbvio no caso de "talvez" e "é possível" (HP I, 194-5), os quais, como ele diz, são "reveladores" (*dēlôtikai*) do mesmo estado da mente (rotulado por ele *aphasía*, "não-afirmação") em vez de declarar que se está experimentando-o. Às vezes diz-se que se tem a intenção de que os enunciados céticos devem *expressar* certos estados da mente em oposição a *dizer que* uma pessoa está neles e, assim, não se tem a intenção de afirmá-los de maneira nenhuma.[14] Mas isso parece ser um exagero mesmo se nos confinarmos às

---

14 Ver especialmente Barnes (1997) p. 64-7. Para um exame da interpretação de Barnes, ver Corti (2009), capítulo 6.

expressões céticas, quanto mais se considerarmos o resto dos usos linguísticos de Sexto. As explicações mais detalhadas do que são "Eu suspendo o juízo" e "Eu não determino nada" tornam claro que essas são maneiras de declarar que uma pessoa está num certo estado, e não somente expressões desse estado (HP I, 196, 197). Por exemplo, diz-se do último que equivale a "Sou afetado de tal maneira a não postular dogmaticamente nem eliminar qualquer uma das coisas que cai sob esta investigação".[15] Contudo, a distinção é tal que o próprio Sexto talvez não tenha prestado atenção a ela. Sua maneira de explicar a expressão "Eu não apreendo" é que "é reveladora de nossa própria afecção, em termos da qual o cético deixa nesse momento de postular qualquer uma das coisas não-claras sendo investigadas ou de eliminá-las" (HP I, 201). Isso é lido muito naturalmente como apontando para uma expressão de um estado da mente em vez de uma afirmação sobre o estado de uma pessoa. Contudo, ele imediatamente acrescenta que "isso é claro com base no que foi dito por nós sobre as outras expressões", algumas das quais, como observei, *não* são caracterizadas como meras expressões desses estados.

O ponto importante, de qualquer maneira, é que as expressões céticas são maneiras de se precaver contra fazer afirmações definitivas sobre questões *não-claras* como as que os dogmáticos investigam. Isso fica evidente na explicação de Sexto sobre diversas expressões que têm a forma externa de afirmações que *não* dizem respeito a estados da mente, a saber, "tudo é indeterminado", "tudo é inapreensível", "a todo argumento há um argumento igual oposto" e, também "não mais", que é uma abreviação de "não mais isso do que aquilo". Com relação a todas essas expressões, Sexto diz que ele não as usa para dizer alguma coisa sobre questões não-claras, ou sobre a natureza das coisas, mas, novamente, para relatar que ele está num estado de equipotência entre alternativas opostas. "Isso não é mais o caso do que aquilo", por exemplo, não é (independentemente de como possa soar) sobre os fatos relativos ao tópico em

---

15 Barnes (1997, p. 66), caracterizando a posição que julga ser a que Sexto pretende, diz: "Adultos, quando têm dores, podem pronunciar a frase 'estou com dor'...; por meio dela, eles *expressam* sua dor, mas não *declaram que* (de acordo com Wittgenstein) estão com dor". *Pace* Wittgenstein, isso não tem sentido. Qualquer outra coisa que se esteja fazendo, é claro que "estou com dor", pronunciado por um adulto com dor, declara que o falante está com dor (enquanto "ai!" não declara nada). Suponho que a afirmação no texto principal igualmente não seja problemática.

questão, mas sobre a inabilidade do falante em determinar algo sobre esses fatos (HP I, 190-1). Naturalmente, é um fato que o falante é incapaz de determinar algo, mas isso não é um problema. Noutras passagens (por exemplo, HP I, 19, 20), Sexto reconhece explicitamente que os céticos estão dispostos a declarar que as coisas lhes atingem de diversas maneiras.[16] As expressões céticas, como um grupo, são concebidas para protegê-los de fazer qualquer afirmação que vá além do domínio de como as coisas lhes aparecem.

Na prática, Sexto não usa as expressões céticas tanto quanto sua explicação delas em HP I poderia levar alguém a esperar. "Não mais" ocorre com alguma frequência, assim como expressões com o sentido geral "até agora" ou "até aqui" (*achri nun, mechri nun* etc. – compare "nesse momento" numa citação pouco acima). O efeito delas é tornar claro que o falante não está dizendo como as coisas são em geral, mas somente relatando suas impressões baseado em sua própria experiência limitada. Elas não aparecem entre os exemplos de expressões céticas empregados de fato por Sexto, mas parecem pertencer ao mesmo grupo. Ainda assim, as expressões céticas não desempenham um papel particularmente proeminente nos escritos de Sexto. E isso pode nos levar a perguntar se ele tem outras técnicas para manter a produção de suspensão do juízo no foco central da atenção dos leitores e, talvez, para ajudar a induzi-la neles.

A meu ver, existem essas técnicas em Sexto e eu resumirei algumas delas sob o nome geral de "variações". Há variações nos usos dos termos, variações nas decisões estratégicas e variações nas maneiras em que os argumentos são apresentados. No passado, eu frequentemente acusei Sexto de vários tipos de inconsistência ou incompetência em seus procedimentos.[17] Mas, nesta ocasião, sem renunciar inteiramente a essa atitude precedente, eu gostaria de

---

16 Apesar disso, em dois dos quatro casos recém mencionados Sexto nos apresenta uma interpretação alternativa que, ou assimila a expressão em questão a alguma forma não-declarativa de palavras, ou a transforma nessa forma não-declarativa. Alguns entendem "não mais", ele diz, como equivalente a "Por que esse seria o caso mais do que aquele?" (HP I, 189), e alguns substituem uma versão imperativa de "a todo argumento existe um argumento igual oposto" por "*oponhamos* a todo argumento um argumento igual" (HP I, 204). Assim, aparentemente, alguns céticos realmente sentiram uma maior necessidade de evitar afirmações, mesmo sobre os próprios estados mentais, do que Sexto, em geral, sente.

17 Ver especialmente meu comentário a Sexto Empírico (1997); também, por exemplo, a introdução de minha tradução a Sexto Empírico (2005).

explorar a possibilidade de que, mudando sua história num aspecto ou noutro, ele está deliberadamente tentando colocar o leitor numa posição em que ele ou ela não sabe o que pensar e, dessa maneira, tanto minimizando o risco de parecer, ele próprio, estar sustentando posições definidas, como incitando o leitor em direção a um estado da mente suspensivo. No espaço disponível, certamente não posso argumentar de maneira completa em favor da presença desse fenômeno. Limitar-me-ei a apresentar uns poucos exemplos que me parecem mais notáveis.

IV.

Comecemos com um exemplo de variação no uso de um termo. Vimos, antes, que Sexto parecia, numa passagem, resistir a ser rotulado um filósofo e, mesmo, a pôr em questão a legitimidade do próprio termo. Mas nem sempre ele faz isso. No primeiro capítulo das *Hipotiposes*, ele distingue, no nível mais geral, três filosofias principais, das quais o ceticismo é uma (HP I, 4). No capítulo seguinte, sobre "os discursos céticos", ele distingue um discurso geral e um específico "da filosofia cética" e promete uma discussão na qual a distingue "das filosofias vizinhas" (HP I, 5). E pouco depois, no capítulo brevíssimo de uma única frase, intitulado "do cético" (HP I, 11), ele identifica "o filósofo pirrônico". Todas essas ocorrências estão somente umas poucas seções antes da passagem que examinamos antes (HP I, 18), na qual sua expressão elusiva "o que é chamado de filosofia" parece tanto manter o próprio ceticismo longe da mancha de ser chamado de uma filosofia como levantar a questão se mesmo aqueles que professam ser filósofos têm realmente o direito de pretender usar o termo.[18] Além disso, virtualmente a mesma expressão elusiva[19] aparece já na frase seguinte, depois da referência às "filosofias vizinhas". Sexto diz que o discurso especial do ceticismo é o lugar em que "argumentamos contra cada parte do que é chamado de filosofia". O mesmo tipo de estreita justaposição de

---

18 Ver, novamente, a nota 6.
19 O termo original é "elusive", que significa "evasivo", "esquivo" ou "de difícil compreensão". O Caldas Aulete não registra o termo "elusivo", mas o Aurélio já traz o termo com exatamente esse significado. Como se trata de um termo crucial para a compreensão da interpretação de Bett, optamos por seguir o Aurélio, esclarecendo ao leitor o sentido do novo termo em português. (N. do T.)

casos ocorre no começo do livro II. Sexto contrasta "a filosofia dogmática... e a cética" (HP II, 6) e fala da "filosofia suspensiva" como sendo introduzida para substituir o dogmatismo (HP II, 9). Contudo, exatamente na mesma passagem, ele fala duas vezes do "que é chamado filosofia" (HP II, 1, 12).[20]

A expressão aparece noutra passagem das *Hipotiposes*, especialmente (como na passagem em que chamei a atenção para isso pela primeira vez) quando as três partes tradicionais da filosofia são, elas mesmas, o assunto (HP II, 205, III, 1). Às vezes, o termo "ser chamado de" é aplicado às próprias partes, não à filosofia como tal. Na transição da física para a ética, Sexto observa que já se disse o suficiente sobre "a parte da filosofia chamada de física" (HP III, 167). E, na seção ética final, ele realmente combina ambos os usos. Os dogmáticos vaidosamente se orgulham, ele diz, "no que se diz ser a parte ética do que é chamado de filosofia" (HP III, 278). O pensamento subjacente é que tanto o termo "filosofia" como os rótulos para suas várias partes levam consigo implicações que os dogmáticos não podem cumprir e com as quais os céticos certamente não gostariam de se envolver. Contudo, em outras passagens, ele usa confortavelmente os termos "lógica", "física" e "ética" como designadores neutros de um assunto e, como vimos, em muitas passagens ele aplica confortavelmente o termo "filosofia" para o próprio ceticismo. As outras obras, além das *Hipotiposes*, não apresentam nada semelhante a um contraste tão manifesto. Excluindo as *Hipotiposes*, o termo "ser chamado de" aparece em conexão com filosofia somente uma vez, quando Sexto relata que o jovem Epicuro ouviu seu professor falar sobre "os que são chamados de filósofos" (AM X, 19). Claramente, não se trata de levantar uma suspeita, mas de ensinar um termo. E no *Contra os lógicos, físicos* e *éticos*, Sexto contenta-se em usar o termo

---

20 Annas e Barnes traduzem essa expressão "o que eles chamam de filosofia" sempre da mesma maneira. Não está claro se se supõe que o "eles" se refere aos dogmáticos ou às pessoas em geral. Mas, de qualquer forma, essa tradução é enganadora na medida em que pode ser lida como implicando que outro uso mais aceitável do termo poderia ser desenvolvido por um grupo especial, como os próprios céticos. Não há "eles" em grego. A expressão é simplesmente *hê kaloumenê* (ou *legomenê*) *philosophia*, "o que é chamado de filosofia". Isso implica que o que geralmente recebe o nome de "filosofia" não merece o termo. Não implica que alguma outra coisa, como o ceticismo, o mereceria. E como vimos antes (ver nota 6), o uso mais amplo de Sexto dos epítetos *kaloumenos* e *legomenos* aponta fortemente contra isso. Quando usa expressões da forma *ho kaloumenos/legomenos X*, ele está tanto questionando o emprego do dogmático de certa terminologia como mantendo distância dele.

"filosofia" sem qualificação para referir às várias partes do assunto (por ex., AM VII, 1, IX, 1, XI, 1) e para caracterizar os céticos, bem como os dogmáticos, como filósofos (AM VII, 30, VIII, 191). Contudo, mesmo aqui, há uma sugestão do mesmo tipo de uso crítico que vimos nas *Hipotiposes*. Em *Contra os éticos*, explicando por que o dogmático está sujeito a muito mais perturbações do que o cético, ele diversas vezes usa "o filósofo" como abreviação para "o filósofo dogmático" (AM XI, 135, 136, 138), fazendo parecer que os céticos *não* contam como filósofos.

Claramente, as *Hipotiposes* exibem de maneira mais forte o fenômeno que estou descrevendo. Sexto tanto se apropria como repudia o termo "filosofia", frequentemente em passagens muito próximas. Poder-se-ia acusá-lo de negligência. Mas, dada a proximidade estreita, é difícil acreditar que ele não estava consciente das variações gritantes no uso e isso nos força a considerar a possibilidade de que se trata de uma estratégia deliberada de sua parte. Mas, se for assim, com que propósito? A resposta que mais naturalmente vem à mente é que Sexto está avançando em direção a um tipo de suspensão do juízo sobre a natureza da própria filosofia. É ela, por definição, o tipo de empreendimento em que resultados seguros e definidos são alcançados? Nesse caso, um cético poderia questionar se tal coisa existe. Ou o termo inclui qualquer discussão séria e argumentada, sob qualquer ponto de vista, de um certo âmbito de assuntos? Nesse caso, não haveria dificuldade em falar do "filósofo pirrônico". Não há resposta óbvia para essas questões. Poder-se-ia, naturalmente, estipular um sentido, ou múltiplos sentidos, de "filósofo" de modo a resolvê-las. E o próprio Sexto diz não estar interessado em disputar sobre termos (HP I, 207). Mas, neste caso, ele não tenta resolver a ambiguidade, como ele o faz, por exemplo, na questão se o cético discute física. Antes, ele deixa as intuições rivais sobre o que é a filosofia permanecer em jogo. O resultado é tornar a posição cética em face da filosofia e as aspirações adequadas à filosofia questões elusivas e isso, por sua vez, pode ser visto como uma espécie de instância de um meta-nível de seu projeto geral de subverter a confiança do leitor.

Há, ainda, algo elusivo no que diz respeito à sua relação com a vida ordinária. Embora esta questão não diga respeito aos usos rivais de um termo, o efeito não é inteiramente dissimilar. Algumas vezes, Sexto afirma estar de acordo com as atitudes cotidianas e, nesse sentido, estar "do lado da vida ordinária" contra as abstrações e teorizações dos dogmáticos. Um exemplo óbvio é seu tratamento dos signos, isto é, meios de inferência do observado para o não-observado. Ele aceita os signos baseados na experiência da vida cotidiana, como a fumaça (observada) como um signo do fogo (não--observado) – que ele chama de signos "rememorativos" (*hupomnêstika*) – e concentra sua crítica na espécie de signo (o signo "indicativo", *endeiktikon*) que os dogmáticos pensam que pode levá-los à natureza subjacente das coisas. São estes, ele afirma, que estão desconectados e, inclusive, são subversivos do senso comum (HP II, 102, AM VIII, 156-8). Da mesma maneira, em seu tratamento das ciências especializadas, ele diversas vezes diz que não disputa as habilidades empregadas no curso da vida ordinária, como a habilidade de ler e escrever (AM I, 49), a habilidade de prever o tempo olhando o céu (AM V, 2) ou a habilidade de tocar um instrumento musical bem (AM VI, 1-3). Todos concordam que essas são realizações valiosas e úteis. Aquilo contra o que ele está, falando genericamente, é a tentativa de alcançar um entendimento teórico da natureza dos objetos com os quais essas habilidades cotidianas lidam – nesses casos, a natureza da linguagem, dos movimentos celestes ou do som. Novamente, ao descrever a adesão do cético às leis e costumes, Sexto diz que os céticos "aceitam a piedade como boa e a impiedade como má, de acordo com a vida comum" (*biôtikôs*, HP I, 24). Não está inteiramente claro o que isso quer dizer, mas claramente a intenção é traçar um contraste entre um compromisso cotidiano com certos conceitos ou práticas, que ele endossa, e uma teorização filosófica a respeito deles, que ele evita. Isso é mais explícito numa passagem de *Contra os éticos*, na qual ele diz que "o cético não vive de acordo com o raciocínio filosófico..., mas de acordo com a prática não-filosófica ele é capaz de escolher algumas coisas e evitar outras" (AM XI, 165, que é imediatamente seguida por outra referência a leis e costumes como guias para suas escolhas). E, noutra passagens, menciona-se a religião como um caso em que o cético adere às práticas comuns (incluindo práticas linguísticas) e evita qualquer filosofar precipitado (HP III, 2, AM IX, 49).

Mas Sexto não se alinha uniformemente com a vida ordinária. Imediatamente após dizer, no *Contra os físicos*, que a prática e o enunciado religioso do cético seguem suas leis e costumes nativos, ele diz que, ao lado da maioria dos dogmáticos, "a preconcepção comum da vida ordinária" afirma que o divino existe (AM IX, 50) – enquanto alguns pensadores dizem que ele não existe e os céticos suspendem o juízo. Aqui, então, as atitudes ordinárias entram num lado de um conjunto de argumentos e impressões opostos. Elas pertencem a um grupo de posições filosóficas num campo completamente distinto dos próprios céticos. O mesmo ponto ocorre nas *Hipotiposes*, em que se diz que "os muitos" sustentam que os deuses existem (HP III, 218). Suponho que "os muitos" (*hoi polloi*) incluem as pessoas ordinárias, mesmo se alguns filósofos possam cair sob essa denominação também. E, pouco abaixo, menciona-se outro desacordo, entre aqueles "na vida ordinária" que sustentam que os deuses existem, sobre o número desses deuses (HP III, 219). Todas essas são questões sobre as quais se diz posteriormente que o cético suspende o juízo (HP III, 235). Também no caso do movimento uma opinião cotidiana está incluída de *um lado* de uma controvérsia na qual Sexto está nos conduzindo para a suspensão do juízo. Tanto nas *Hipotiposes* como no *Contra os físicos*, diz-se que a "vida ordinária (*bíos*) afirma que o movimento existe (HP III, 65, AM X, 45). Isso é assim, apesar do fato de que, pouco antes de uma dessas passagens, ele admitiu que havia um sentido frouxo e cotidiano de "lugar" ao qual ele não tinha objeção (AM X, 15; cf. HP III, 119, embora o contraste esteja menos perto e a ordem seja diferente) e há uma óbvia conexão entre os conceitos de lugar e movimento (AM X, 36). Com relação ao assunto do bem e do mal, Sexto explicitamente diz que "pessoas ordinárias" (*idiôtai*) acreditam que as coisas são boas ou más por natureza. Esse é precisamente o erro que as leva, bem como os dogmáticos, à perturbação mental, a perturbação da qual o cético se encontra livre porque não tem essa crença.

Este último caso pode ser uma espécie de exceção, pois é pelo menos possível vê-lo como um caso em que Sexto está atribuindo às pessoas ordinárias uma certa *interpretação* quase filosófica da natureza de seu próprio pensamento e discurso ético, em vez de simplesmente caracterizar esse pensamento e discurso. E, nesse caso, é claro, não precisa haver conflito. Seria possível para o cético manter-se à distância da interpretação quase filosófica, enquanto, contudo, aderindo ao pensamento e discurso ético cotidiano, que é seu assunto. Mas os outros casos mencionados no parágrafo precedente não podem ser analisados dessa maneira. Declarar grosseiramente e sem elaboração que o movimento existe é uma concepção ordinária, não uma interpretação reflexiva de uma concepção ordinária. De fato, esse é precisamente o ponto de Sexto ao declarar que isso é o que a *bíos* diz, assim como, numa passagem citada um pouco antes, *biôtikôs*, "de acordo com a vida ordinária" (HP I, 24), apontava para uma adoção não-reflexiva de certas práticas e formas de falar, em contraste com os tipos de coisas que os filósofos dizem. O mesmo é verdadeiro das ideias das pessoas ordinárias sobre os deuses. A expressão "a preconcepção comum da vida ordinária" (AM IX, 50) tem o propósito de *contrastar* a concepção das pessoas ordinárias de que os deuses existem com a concepção filosófica de que os deuses existem, não de assimilar a primeira à segunda. Contudo, algumas vezes, como na passagem em que essa expressão aparece, Sexto agrupa a concepção ordinária e a concepção filosófica juntas num lado de uma oposição sobre a qual ele próprio suspende o juízo, enquanto noutros momentos ele afirma estar "seguindo a *bíos*" e, em sua própria pessoa, "diz que os deuses existem" (HP III, 2).

Temos, então, duas atitudes aparentemente muito diferentes sobre a relação do cético com as concepções e práticas cotidianas. E há pelo menos um lugar (AM IX, 49, 50), no qual, como no caso da relação dos céticos com a filosofia, as atitudes contrastantes são exibidas numa proximidade desconcertante. Como eu sugeri no caso da filosofia, talvez seja possível passar por essas diferenças aparentes e extrair uma posição consistente sobre como ou em que medida o cético está de acordo com o cotidiano. Essa é uma questão muito complexa e minha intuição é que seria mais fácil encontrar consistência em alguns casos do que em outros. Mas meu ponto aqui é que o próprio Sexto parece não fazer nenhum esforço para esclarecer a questão. Isso pelo menos levanta novamente a suspeita de que Sexto está jogando de maneira deliberada com seus leitores, encorajando-os a ponderar até que ponto se pode considerar o cético uma pessoa comum e até que ponto a vida ordinária deveria ser vista como o pólo oposto da reflexão filosófica. Como no caso precedente, não há respostas simples e o efeito pode ser levar-nos em direção a ainda outra forma de suspensão do juízo.

Meu exemplo final do que estou chamando de "variação" diz respeito à maneira como Sexto constrói suas "oposições". Aqui não se trata de abordagens aparentemente inconsistentes, mas de uma maneira constantemente mutável de organizar seu material.²¹ Se seu procedimento for, como ele diz, reunir essas oposições, poder-se-ia esperar que atenção e espaço mais ou menos iguais seriam dados a cada lado das oposições. Algumas vezes isso realmente acontece. Na seção sobre Deus em *Contra os físicos*, há resumos extensos, de comprimento mais ou menos igual de argumentos a favor e contra a existência de deuses (AM IX, 60-137, 137-190). Novamente, quase todo o primeiro livro do *Contra os lógicos* (AM VII, 25-445) é dedicado ao tópico do critério de verdade, contendo longas seções tanto de argumentos positivos para várias espécies de critérios como de argumentos contra a existência de qualquer critério. E a seção sobre número no segundo livro de *Contra os físicos* inclui uma exposição, que entra em considerável detalhe, da teoria pitagórica sobre a natureza e o significado do número (AM X, 248-284), seguida por contra-argumentos (AM X, 284-309).

Mas muito mais frequentemente são os argumentos negativos, a maioria deles aparentemente inventados pelos próprios céticos, que dominam a discussão. De um modo geral, explica-se esse domínio de uma dessas duas maneiras. Ou os argumentos dogmáticos do outro lado, e sua plausibilidade relativa, são pressupostos (por exemplo, HP II, 79, 192, AM VIII, 159-60, 298 – ou AM IX, 195-267, em que os dois lados são apresentados, mas o lado dogmático muito mais brevemente), ou diz-se que o lado não-cético deve ser fornecido pela simples experiência em vez de por algum argumento filosófico positivo (HP III, 81, 135, AM X, 168). Na prática, essas duas categorias às vezes estão misturadas, quando se diz que os argumentos dogmáticos para a existência de alguma coisa consistem na evidência da simples experiência. Isso é verdade na discussão do movimento e lugar em HP III (66, 120) e essencialmente a mesma coisa acontece na discussão de causa do mesmo livro (HP III, 17-18). Numa passagem, Sexto explica que o cético naturalmente se concentrará no lado mais contra-intuitivo da oposição – essa é a única maneira de alcançar a igualdade em força das impressões opostas (AM VII, 443). E geralmente esse

---

21 Esse terceiro exemplo, portanto, tem um caráter muito diferente dos dois primeiros e é possível argumentar que é mais eficaz. Com efeito, poder-se-ia pensar que uma inconsistência, real ou aparente, na terminologia ou na atitude, simplesmente incomodaria o leitor, a qual dificilmente se esperaria ser útil, seja para exibir a perspectiva cética, seja para atrair o leitor para ela. Assim, se está realmente fazendo o que sugeri nas últimas páginas (em vez de ser meramente incompetente), Sexto está pelo menos supondo um nível relativamente alto de sutileza e indulgência da parte de seus leitores.

lado será uma concepção em que algum fenômeno amplamente reconhecido não existe. Assim, a prevalência de argumentos negativo no texto é realmente instrumental na produção da suspensão do juízo e Sexto frequentemente nos lembra de que é disso que ele está atrás.

Mas a questão é frequentemente mais complicada do que isso. Mesmo nos casos em que há argumento extenso dos dois lados de um tópico, nem sempre encontramos uma exposição pura de cada lado em ordem. No caso do critério de verdade em *Contra os lógicos*, Sexto oferece uma longa série de argumentos contra o critério (AM VII, 261-445). Mas a discussão que a precede não é exatamente um conjunto de argumentos a favor do critério. Antes, é um exame de todas as posições prévias que Sexto entende como tendo relação com o critério, contendo tanto posições que (em sua opinião) favorecem a existência de um certo critério como posições que são contra qualquer critério. As concepções positivas predominam, mas as negativas não são de maneira nenhuma insignificantes. Sexto realmente resume a primeira parte da discussão dizendo que "uma vez que... todo o desacordo sobre o critério está agora exposto" (AM VII, 261), é hora de passar aos contra-argumentos. O exame que precedeu parece, então, ser simultaneamente apresentado como um lado de um desacordo (cujo outro lado será exposto a seguir) e como um desacordo em si mesmo. O resultado é colocar a estrutura da discussão um pouco fora de foco e produzir no leitor alguma incerteza sobre o que exatamente está acontecendo em qualquer momento dado.

Inversamente, ao longo dos extensos argumentos contra o movimento no *Contra os físicos*, Sexto insere vários argumentos de Diodoro de Cronus (AM X, 85-120). À primeira vista, parece que ele está incluindo Diodoro para ajudar seu próprio ponto de vista e, de um modo geral, isso é de fato o que ele está fazendo. Mas ele também insere argumentos que outros ofereceram *contra* Diodoro, bem como algumas das respostas de Diodoro. E aqui seus veredictos são mistos. Enquanto admite que algumas das respostas de Diodoro são efetivas, ele acusa muitas outras de serem sofísticas (AM X, 99, 102, 112-118). O efeito é introduzir um grau de dúvida a respeito dos argumentos contra o movimento, mesmo quando ele os explica, apesar do fato de que depois se dirá que somente uma experiência ordinária equilibra os argumentos negativos (AM X, 168). Sexto está novamente turvando as águas, tornando sua exposição menos sistemática do que se esperaria. E o mesmo é verdade, obviamente, das muitas ocasiões em que as objeções dogmáticas aos argumentos céticos aparecem no meio da apresentação desses argumentos, junto com as réplicas dos céticos a elas. Por exemplo, é assim como termina a discussão dos signos, tanto nas *Hipotiposes*, como no *Contra os lógicos* (HP II, 130-133, AM VIII, 275-297). Nas *Hipotiposes*, essa seção é introduzida como uma exposição dos argumentos positivos a favor da existência dos signos, com a intenção de alcançar "força igual" nas posições opostas (HP II, 130), embora soe no início como se os argumentos negativos fossem tudo o que obteríamos (HP II, 103). Mas, então, a promessa de uma exposição positiva é imediatamente quebrada, quando um argumento positivo é justaposto a um argumento negativo (HP II, 132-133).

Embora eu tenha acabado de dar um exemplo das *Hipotiposes*, minha impressão é que esses casos, em que as expectativas do leitor sobre o que Sexto está fazendo são subvertidas, são mais comuns nos *Contra os lógicos*, *físicos* e *éticos* (AM VII-XI) do que nas *Hipotiposes*. (Deixo de lado, para esse propósito, a obra sobre as ciências especializadas (AM I-VI), que coloca uma série de problemas distintos.) Sem dúvida isso se deve, em parte, ao caráter muito mais longo e muito mais discursivo dessa obra.[22] De novo, poder-se-ia acusar Sexto de simples incompetência nesses casos e eu não rejeitaria essa explicação imediatamente. Sem dúvida, seria mais fácil para ele, numa obra longa, perder-se no que estava fazendo. Mas também vale a pena considerar a possibilidade de que ele vê um propósito em *não* ser muito sistemático em sua exposição, considerando o reverso das expectativas sobre a ordem da discussão como mais um meio para deslocar o leitor de suas posições entrincheiradas. Não vejo nenhuma maneira de provar que essa era sua intenção. Mas é certamente mais caridoso propor que ele quer que nem sempre o leitor saiba o que ele está fazendo do que propor que ele próprio não sabe sempre o que está fazendo. E realmente penso que vemos

---

22 O próprio Sexto parece referir-se a toda a obra mais longa com o título *Skeptika Hupomnêmata* (AM I, 29 [26], II, 106, VI, 52). Isso também parece ser sustentado pelos manuscritos dos dois livros *Contra os físicos* e do único livro *Contra os éticos*, que nomeiam cada um desses três livros como um livro numerado da *Skeptika* de Sexto ou sua *Hupomnêmata*. Ora, um significado padrão de *hupomnêmata* é "notas" ou "apontamentos". Se for isso o que Sexto tem em mente com o termo, então um caráter divagador e não-sistemático para a obra é sugerido até pelo título. Contudo, *hupomnêma* também parece ser usado no sentido mais formal de "tratado", de modo que não se pode inferir muita coisa a partir disso. Devo essas observações sobre o termo a Teun Teilemann. LSJ dá uma amostra do alcance dos usos.

casos em Sexto de um tipo de truque estratégico. Por exemplo, depois de argumentar que os céticos não rejeitam as aparências – contrariamente a uma crítica errada, como notado antes – ele imediatamente inventa uma razão que serviria perfeitamente um propósito antidogmático mesmo se eles as rejeitassem (HP I, 19-20). As estratégias que lhe atribuí sob o tópico "variações" me parecem não ser dessemelhantes a isso em espírito.

Deixe-me terminar com mais uma, talvez irresponsável, sugestão. Eu disse antes que a posição do cético como um "investigador" era incompatível com a atividade decidida de geração de argumentos opostos com a intenção de produzir a suspensão do juízo: no primeiro caso, busca-se a verdade, mas no segundo se desistiu dessa busca. Contudo, aparentemente Sexto apresenta-se a si mesmo dessas duas maneiras. Será essa outra parte de seu caráter elusivo, no qual ele torna sistematicamente ambíguo o que é ceticismo ou, talvez, o que é investigação? Isso talvez atribua a Sexto um nível excessivamente alto de sofisticação ou uma sensibilidade anacronicamente pós-moderna. Mas uma ambiguidade sobre isso não seria, de maneira nenhuma, sem relação com as ambiguidades que apontei anteriormente, sobre a relação do ceticismo com a filosofia e vida ordinária. De qualquer forma, sem ser capaz de explorá-la a fundo aqui, deixo com vocês essa possibilidade.[23]

Referências bibliográficas

ARISTOCLES in Eusebius, *Praep. evang*

BARNES, J. (1997) "The Beliefs of a Pyrrhonist", republicado em BURNYEAT, Myles and FREDE, Frede (eds.). *The Original Sceptics: A Controversy*. Indianapolis: Hackett Publishing, p. 58-91.

---

23 Uma versão prévia deste artigo foi apresentada no *III Encontro Internacional sobre o ceticismo & XIII Colóquio Nacional sobre Ceticismo*, Salvador, Bahia, Brasil, Agosto de 2010, e no 3rd *Kongress der Gesellschaft für antike Philosophie* (Argument und literarisch Form in antiker Philosophie), Würzburg, Alemanha, setembro-outubro de 2010. Agradeço aos organizadores desses dois colóquios (Waldomiro J. Silva Filho e Plínio Junqueira Smith no Brasil, Michael Erler na Alemanha) por terem me convidado, bem como aos presentes nos dois encontros por seus comentários, especialmente Lorenzo Corti e Diego Machuca em Salvador, Gábor Betegh, Charles Brittain, Jörn Müller e Teun Tielemann em Würzburg. Aprendi muita coisa com eles e o resultado foi, espero, que o artigo tenha melhorado.

Bett, R. (2000) *Pyrrho, his Antecedents and his Legacy*. Oxford: Oxford University Press.

Corti, L. (2009) *Scepticisme et langage*. Paris: Vrin.

Diogenes Laercius, IX, 64-5.

Grgic, F. (2006) "Sextus Empiricus on the Goal of Skepticism". In: *Ancient Philosophy* 26, p. 141-60.

Hadot, P. (1987) *Exercises spirituels et philosophie antique*. Paris: Études Augustiennes, 2ª ed.

Hadot, P. (1995) *Philosophy as a Way of Life: Spiritual Exercises from Socrates to Foucault*. Edited with an Introduction by Arnold I. Davidson, translated by Michael Chase. Malden, Oxford: Blackwell Publishing.

Janácek, K. (1963) "Die Hauptschrift des Sextus Empiricus also Torso erhalten?". In: *Philologus* 107, p. 271-7.

Marchand, S. (2010) "Le sceptique cherche-t-il vraiment la vérité?". In: *Revue de Métaphysique et de Morale*, n. 1, p. 125-141.

Palmer, J. (2000) "Skeptical Investigation". In: *Ancient Philosophy* 20 (2000), p. 351-75.

Perin, C. (2006) "Pyrrhonian Scepticism and the Search for Truth". In: *Oxford Studies in Ancient Philosophy* 30 (summer 2006), p. 337-60.

Perin, C. (2010) *The Demands of Reason*. Nova York: Oxford University Press.

Photius, *Bibl*

Sexto Empírico. (1996) *The Skeptic Way: Sextus Empiricus'* Outlines of Pyrrhonism, tradução e introdução de Benson Mates. Nova York: Oxford University Press.

Sexto Empírico. (1968) *Selections from the Major Writings on Scepticism, Man, & God*, ed. Philip P. Hallie, tradução: Sanford G. Etheridge. Indianapolis: Hackett Publishing, edição revista em 1985.

Sexto Empírico. (1997) *Against the Ethicists*, tradução, introdução e comentário por Richard Bett. Oxford: Oxford University Press.

Sexto Empírico. (1997) *Esquisses pyrrhoniennes*, introdução, tradução e comentários de Pierre Pellegrin. Paris: Éditions du Seuil.

Sexto Empírico. (2000) *Outlines of Scepticism*, tradução: Julia Annas and Jonathan Barnes. Cambridge: Cambridge University Press, 1994, edição revista em 2000.

Sexto Empírico. (2005) *Against the Logicians*, tradução, introdução e comentário por Richard Bett. Cambridge: Cambridge University Press.

Sexto Empírico. (AM) *Adversus Mathematicos*. In: *Work in four volumes*, trad. R. G. Bury, col. Loeb. Londres e Cambridge: Harvard University Press, volumes 2 a 4, 1983 (primeira edição, 1935).

Sexto Empírico. (HP) *Outlines of Pyrrhonism*. In: *Work in four volumes*, trad. R. G. Bury, col. Loeb. Londres e Cambridge: Harvard University Press, volume 1, 1993 (primeira edição, 1933).

Striker, G. (2001) "Scepticism as a Kind of Philosophy". In: *Archiv für Geschichte der Philosophie* 83, p. 113-29.

Sexto Empírico: Ceticismo sem dúvida[1]

LORENZO CORTI (SWISS NATIONAL FOUNDATION), SUÍÇA

Introdução

APÓS A OBRA DE RENÉ DESCARTES, associa-se dúvida e ceticismo: o cético é quase por definição uma pessoa que duvida, um indivíduo que está num estado de incerteza ou de falta de crença com relação a um certo conjunto de proposições.[2] Esperar-se-ia a mesma caracterização do cético entre os céticos da Antiguidade. Mas, se examinarmos as obras de Sexto Empírico, nossa principal fonte para o pirronismo, encontraremos muito poucas ocorrências das palavras gregas que correspondem a esse conceito. Esse fato textual surpreendente é sintomático? Há alguma coisa que impediu Sexto de utilizar o conceito de dúvida?

Neste artigo, tentaremos responder a essas questões. Primeiramente, examinaremos como Sexto Empírico caracteriza o cético pirrônico e quais as expressões (portanto, quais conceitos) desempenham um papel chave nessa caracterização. Nessa análise, ficará claro que o conceito de dúvida não desempenha nenhum papel. Tentaremos, portanto, compreender por que Sexto não utiliza essa noção. Num primeiro momento, proporemos uma explicação fundada em algumas observações de Benson Mates e sublinharemos os limites. Concluiremos ao propor uma segunda hipótese explicativa do ceticis-

---

1 Tradução de Plínio Junqueira Smith.
2 Diferentes versões deste texto foram expostas em Paris (no colóquio "A fecundidade da dúvida"), na Universidade de Neuchâtel, e na Universidade de Genebra (numa conferência organizada pelo grupo genebrino da Sociedade Francófona de Filosofia). Agradeço aos meus interlocutores por suas observações. Agradeço, em especial, a Jonathan Barnes por seus comentários preciosos. Certos temas tratados aqui são desenvolvidos em Corti (2009). Este artigo resulta de um projeto de pesquisa financiado pelo *Fonds National Suisse de la Recherche Scientifique* (bolsa PA0011-115325). Agradeço a essa instituição pelo seu apoio.

mo sem dúvida de Sexto Empírico, fundada sobre uma comparação entre o ceticismo pirrônico e o ceticismo cartesiano.

O cético à la Sexto: um esboço

O ceticismo antigo tem uma longa história, na qual é possível distinguir várias fases. Nestas páginas, vamos nos interessar, em particular, numa versão do ceticismo pirrônico tal como apresentado por Sexto Empírico e é essa versão do ceticismo à qual vamos nos referir quando falarmos de ceticismo antigo.

Sexto Empírico é um médico e filósofo do século II a.C, autor de vários textos sobre o ceticismo. Consagraremos nossa atenção a uma de suas obras, as *Hipotiposes pirrônicas* (daqui para a frente HP). Trata-se de uma introdução ao ceticismo em três livros. No primeiro livro, Sexto apresenta uma descrição do ceticismo. No segundo e no terceiro livro, ele propõe uma crítica sistemática das teses principais que os filósofos dogmáticos, isto é, os adversários dos céticos, sustentaram em três domínios nos quais a filosofia estava tradicionalmente dividida: lógica, física e ética.

Como Sexto caracteriza o cético pirrônico? No começo de HP (I, 2-4), Sexto distingue três tipos de filósofos: o dogmático, o acadêmico e o cético. O cético, como o dogmático e o acadêmico, realiza investigações. Mas o que o caracteriza em relação aos dois outros é que suas investigações não levam a nenhum resultado. O filósofo dogmático conclui sua pesquisa sustentando que ele encontrou o que buscava, o filósofo acadêmico, sustentando que não é possível encontrar o que buscava. O filósofo cético continua sua pesquisa.

Para compreender por que o cético continua sua pesquisa, é necessário demorar sobre uma segunda característica que Sexto lhe atribui. O pirrônico possui uma capacidade que ele exerce ao longo de sua atividade de pesquisa (HP I, 11).[3] Como todos os investigadores, o cético começa sua investigação colocando uma questão: é o caso que p? Para utilizar um exemplo de Sexto: existe a providência? Ele busca, em seguida, uma resposta a essa questão, ele tenta estabelecer se é verdade que p ou se é verdade que ~p. Precisamente

---

3   HP I 11: *Kaì ho purróneios dè philósophos dunámei te tês skeptikês agogês ennoíai sunapodédotai: ésti gàr ho metékhon taútes tês dunámeos.*

nesse ponto, o cético exerce uma capacidade que lhe é própria, a capacidade da oposição. Sexto apresenta-a da seguinte maneira:

> O ceticismo é a capacidade de opor os objetos da percepção sensorial e os objetos do pensamento de todas as maneiras, capacidade pela qual, do fato da força igual que existe nos objetos e discursos opostos, chega-se, primeiro, à suspensão do juízo e, em seguida, à tranquilidade.[4] (HP I, 8)

O cético põe uma questão, "é o caso que p?", que admite uma e somente uma resposta: p ou ~p. Ele busca e reúne todas as razões para dar uma resposta afirmativa e todas as razões para dar uma resposta negativa à questão. Com relação às razões a favor de p e às razões a favor de ~p, existem diversas possibilidades, que dependem da natureza da proposição p. É possível que umas e outras sejam percepções sensíveis; que umas sejam percepções sensíveis, as outras, argumentos; que umas e outras sejam argumentos. Depois de ter examinado as razões a favor de p e as razões a favor de ~p, o cético se encontra num certo estado psicológico: parece-lhe que umas e outras têm o mesmo peso. O cético se encontra, assim, no estado de ser incapaz de preferir entre as razões a favor de p e as razões a favor de ~p. Essa incapacidade determina um estado mental, a suspensão do juízo, e esse estado mental causa, por sua vez, um estado de tranquilidade.

Tomemos um exemplo de oposição proposto por Sexto (HP I, 33). O cético levanta a seguinte questão: a neve é branca? Há uma razão para crer que ela é branca: ela aparece branca para a visão. Mas há também uma razão para crer que ela não é branca. Trata-se de um argumento: a neve é feita de água; ora, a água é negra; logo, a neve é negra. Depois de ter considerado as razões a favor de p e as razões a favor de ~p, o cético se encontra no estado de ser incapaz de preferir umas às outras. Ele suspende seu juízo a respeito da brancura da neve.

Mas o que quer dizer, exatamente, suspender o juízo? Sexto introduz essa noção da seguinte maneira: "a suspensão do juízo é o repouso do pensamento

---

4 HP I 8: *Ésti dè he skeptikè dúnamis antithetikè phainoménon te kaì noouménon kath' hoiondépote trópon, ap' hês erkhómeta dià tèn en toîs antikeiménois prágmasi kaì lógois isosthéneian tò mén próton eis epokhén, tò dè metà toûto eis ataraxían.*

em virtude do qual nós não rejeitamos nem colocamos alguma coisa"[5] (HP I, 10). A descrição de Sexto sugere que a suspensão de juízo é um estado mental. De que estado se trata? E o que o cético não faz em virtude desse estado? O que quer dizer, aqui, "colocar" e "rejeitar"?

Encontramos alguns esclarecimentos sobre o conceito de suspensão do juízo em HP I, 196. Sexto comenta, nessa passagem, as expressões que o cético profere no exercício de sua capacidade de oposição, em particular as duas expressões "suspensão do juízo" e "eu suspendo meu juízo". Ao explicar a frase "eu suspendo meu juízo", Sexto nos dá uma indicação interessante: "Nós empregamos "eu suspendo meu juízo" no sentido de "não sou capaz de *dizer* qual dos objetos propostos devo achar convincente e qual não devo achar convincente"[6] (HP I, 196).

O estado no qual o cético se encontra é um estado de *incapacidade*. E o que o cético não é capaz de fazer é *dizer* qual dos objetos propostos, isto é, qual das duas respostas alternativas à questão levantada, ele acha convincente.

Pode-se encontrar uma confirmação dessa indicação numa passagem na qual Sexto comenta outra expressão que o cético profere no exercício de sua capacidade de oposição: "não-asserção". Primeiramente, Sexto diz que a expressão "asserção" pode ser utilizada de duas maneiras. Tomada num primeiro sentido, "asserção" inclui afirmações e negações. Nesse sentido, as duas frases "é dia" e "não é dia" são duas asserções. Mas "asserção" também pode ser utilizada num segundo sentido, que inclui somente as afirmações e, neste caso, uma negação como "não é dia" não é uma asserção. Sexto diz, em seguida, que

> A não-asserção é, portanto, a renúncia à asserção entendida no sentido genérico, no qual dizemos que estão incluídas tanto a afirmação como a negação, de modo que a não-asserção é uma afecção que temos por causa da qual dizemos nada colocar, nem negar.[7] (HP I, 192)

---

5 HP I 10: *Epokhè dé esti stásis dianoías di' hèn oúte aíromén ti oúte títhemen.*

6 HP I 196: *tò dè 'epékho' paralambánomen antì toû ouk ékho eipeîn tíni khrè tôn prokeiménon pisteûsai è tíni apistêsai...*

7 HP I 192 : *he oûn aphasía apóstasís esti tês koinôs legoménes pháseos, hê hupotássesthai légomen tén te katáphasin kaì tèn apóphasin, hos eînai aphasían páthos heméteron di'hò oúte tithénaiti oúte anaireîn phamén.*

A não-asserção é uma afecção do cético. Que afecção é essa? É o estado no qual o cético se encontra após ter considerado as razões a favor de p e as razões a favor de ~p. O cético não faz asserções, isto é, ele não afirma, nem nega nada e, por causa dessa afecção, ele diz não colocar, nem rejeitar nada. Essa passagem sugere claramente que o que o cético não faz, após ter considerado as razões dos dois lados, é precisamente afirmar/negar que p.

Noutras passagens, Sexto sugere que o que o cético não faz depois da suspensão do juízo é dar/não dar seu assentimento às duas respostas alternativas à questão que ele propôs. Por exemplo, tomemos HP I, 191. Sexto nos diz que o cético, no fim de sua investigação, profere uma expressão típica: "não mais isso do que aquilo", e ele explica, em seguida, o significado dessa expressão:

> Empregamos... a expressão "não mais isso do que aquilo"... em lugar de dizer "não sei a qual dessas coisas [isto é, a qual das respostas alternativas] é preciso dar seu assentimento e a qual não dar seu assentimento.[8] (HP I, 191)

O que quer dizer dar seu assentimento? A questão exigiria uma pesquisa aprofundada, que excede os limites deste estudo. Mas basta, para nosso propósito, indicar o que Sexto quer dizer *aqui*. Sexto utiliza essa expressão segundo uma acepção técnica típica da epistemologia estoica, da qual ele dá testemunho numa passagem de seu *Contra os lógicos* (AM VIII, 397). Os estoicos examinam as etapas pelas quais chegamos a apreender, isto é, a conhecer, alguma coisa, e eles distinguem duas etapas nesse processo: (i) o sujeito tem uma aparência, isto é, um certo pensamento se apresenta ao seu intelecto (por exemplo, o mel lhe aparece doce); (ii) o sujeito dá seu assentimento (ou não dá seu assentimento) à proposição que lhe aparece. A primeira etapa é involuntária; a segunda é voluntária e depende do juízo, isto é, do fato de julgar verdadeira a proposição que aparece. O ato de assentimento à proposição de que se fala nesse contexto é um ato do juízo: dar seu assentimento

---

8 HP I 191: *He goûn 'oudèn mâllon' phonè paralambánomen... è toû légein 'agnoô tíni mèn toúton khrè sugkatatíthestai tíni dè mè sugkatatíthesthai*. Mutschmann e Mau, seguindo a tradução latina, omitem o segundo *sugkatatíthesthai*. Prefiro o texto proposto por Annas e Barnes, que, seguindo os manuscritos gregos, retêm *sugkatatíthesthai* (ver Annas e Barnes (2000), p. 47, n. ai). Sobre o uso cético da expressão *oudèn mállon*, ver Corti (2002).

à proposição significa, nesse caso, julgá-la verdadeira e é nesse sentido que é preciso interpretar a tese de Sexto, segundo a qual o cético não dá seu assentimento à proposição examinada.

O que quer dizer que o cético suspende o juízo com relação a uma proposição p, isto é, que ele não põe, nem rejeita a proposição p? À luz dessas passagens, parece que pôr/rejeitar a proposição p equivale a dar seu assentimento à proposição p/à proposição ~p, isto é, julgar que p ou julgar que ~p, afirmar ou negar que p. É claro, portanto, que o que o cético, após sua investigação, não é capaz de fazer/não fazer, é um ato de juízo.

Está na hora de tirar algumas conclusões. O cético, segundo Sexto, é um investigador. Mas o que o caracteriza com relação aos não-céticos é o fato de suspender seu juízo com relação ao objeto de investigação. À luz de passagens que acabamos de examinar, poder-se-ia definir a atitude típica do cético pirrônico, a suspensão do juízo, da seguinte maneira: "x suspende seu juízo sobre a proposição p *se e somente se* x não julga verdadeiro nem que p nem que ~p."

Entretanto, essa definição da suspensão de juízo necessita de uma cláusula. Com efeito, é preciso considerar o fato de que há um grande número de proposições que o cético não julga verdadeiras, mas sobre as quais ele não suspendeu seu juízo. Sexto não julgou verdadeira a proposição "existem cangurus na Austrália", mas ele não suspendeu seu juízo a seu respeito. Levando isso em conta, propomos a seguinte definição da suspensão de juízo: "x suspende seu juízo sobre uma proposição p *se e somente se* x, depois de ter considerado a possibilidade que p, não julga nem que p nem que ~p".[9]

É importante fornecer uma última precisão. O cético, segundo Sexto, não é somente um investigador que não efetua juízo sobre seu objeto de investigação: ele não tem mais inclinação para fazê-lo. Em HP I, 222, por exemplo, Sexto, distinguindo a atitude do cético da de Platão, sugere não somente que o cético não julga verdadeiro que p/que ~p, mas também que p não lhe parece mais plausível que ~p. Além disso, sobretudo em HP I, 187-209, Sexto caracteriza o estado epistêmico do cético pelo advérbio "indiferentemente". O cético está num estado de indiferença com relação às duas respostas possíveis à questão inicial de sua investigação: é o caso que p? Ele não julga que p, nem

---

9   Essa definição da suspensão do juízo é inspirada naquela proposta por Barnes (1990), p. 97.

que ~p; não é o caso que p lhe pareça mais plausível que ~p; ele não tem inclinação a julgar que p mais do ~p (e vice-versa).¹⁰

Por que Sexto não fala de dúvida?

O cético é caracterizado como um investigador que suspende seu juízo sobre o objeto de sua investigação, isto é, como acabei de estabelecer, como um indivíduo que, depois de ter examinado a possibilidade de que p, não julga que p, nem que ~p. Nessa caracterização, não há nenhuma referência explícita ao conceito de dúvida, a um estado de incerteza ou de descrença com relação a qualquer coisa que seja. A língua grega tem muitos termos para exprimir essa condição (por exemplo, *endoiázo* e *distázo*), mas Sexto não os utiliza jamais para falar de seu cético.

O fato textual surpreendente é revelador? Por que Sexto não utiliza o conceito de dúvida na sua apresentação do cético pirrônico?

Pode-se sugerir uma primeira resposta a essa questão com base em algumas observações propostas por Benson Mates na introdução de sua tradução das *Hipotiposes*. Segundo Mates, Sexto utiliza, para designar a atitude característica do pirrônico, os verbos *amekhaneîn* e *aporeîn*, que significam estar perplexo ou embaraçado, estar num impasse. Ele distingue, em seguida, essa primeira atitude típica do cético pirrônico de uma segunda, a qual, ao contrário, é típica do cético moderno ou pós-cartesiano: a atitude dubitativa. Entre essas duas atitudes, existe uma diferença crucial. Duvidar implica compreender: se x dúvida de que p, então x compreende p (isto é, x sabe qual estado de coisas torna p verdadeiro). Por exemplo: uma criança não pode duvidar de que o número de números primos é infinito ou que a água é composta de hidrogênio e oxigênio, se ela não adquiriu os conceitos pertinentes que lhe permitiriam compreender essas proposições. Em compensação, o fato de que x esteja em aporia relativamente a y não implica que x compreenda y.

---

10 Numa dúzia de passagens das HP, Sexto descreve seu cético por meio do advérbio *adoxástos*. O cético vive e age *adoxástos*, isto é, ele vive sem *dóxai* (opiniões). Não podemos apresentar aqui uma análise exaustiva do uso sextiano dessa expressão, mas é importante precisar que, embora o advérbio *adoxástos* tenha sido frequentemente traduzido por "sem crenças", essa tradução não é exata. Viver *adoxástos* significa viver evitando de *doxázein*, isto é, viver evitando proferir juízos e estar inclinado a fazê-los.

Um exemplo esclarece a tese de Mates. Um filósofo declara: "O Ser e o Nada são uma e a mesma coisa". O cético pirrônico está perplexo, num impasse, porque que não encontra nenhum conceito coerente que corresponda às expressões "Ser", "Nada" etc. Ele, portanto, não duvida de que o Ser e o Nada sejam uma e a mesma coisa porque, para duvidar, ele deveria possuir os conceitos de Ser e de Nada e não estar convencido de que essa proposição é verdadeira. O cético contemporâneo, ao contrário, não coloca em discussão a definição das palavras ou dos conceitos em questão. Ele pode, portanto, duvidar do fato de que o Ser e o Nada sejam uma só e mesma coisa e, assim, crer que não.

Do ponto de vista de Frege, a diferença principal entre estar em aporia e duvidar reside em que o objeto de aporia é uma *frase*, enquanto o objeto de dúvida é uma *proposição*. O cético pós-cartesiano, quando duvida, por exemplo, de que a Providência existe, leva em consideração o pensamento de que a Providência existe, mas não está convencido que esse pensamento é verdadeiro. O pirrônico, quando está em aporia sobre a frase "a Providência existe", deixa em aberto a possibilidade de que essa frase seja desprovida de conteúdo cognitivo (cf. Mates, 1996, p. 30-32).

Essas observações de Mates sugerem uma resposta à nossa questão. O fato de que, em sua caracterização do cético, Sexto não utiliza as palavras correspondentes ao conceito de dúvida não é uma coincidência. Sexto não quer utilizar esse conceito porque ele quer caracterizar seu cético, não como alguém que está num estado de dúvida com relação ao valor de verdade de uma proposição, mas como alguém que está num estado de impasse sobre o sentido da frase que o expressa, como alguém que não compreende essa frase.

Ora, a ideia geral de Mates sobre o *aporeîn*, segundo a qual x *aporeî* sobre y não implica que x compreende y, é talvez correta. Eu posso *aporeîn* sobre alguma coisa sem compreendê-la, exatamente com posso estar num impasse sobre uma frase porque eu não a compreendo.

Mas a questão que nos interessa aqui é antes a seguinte. Sugere alguma coisa, no texto de Sexto, que, quando ele diz que o cético *aporeî* sobre as teses e as noções dogmáticas, ele quer dizer que ele não as compreende (ou quer dizer alguma coisa que implica que ele não as compreende)? Mais genericamente: Sexto caracteriza seu cético como um indivíduo que não compreende as teses dogmáticas?

Com respeito à primeira questão, os usos de *aporeîn*, como o próprio Mates observa, mostram que Sexto diz que o cético está num estado de aporia não somente quando ele não compreende as teses dogmáticas, mas também quando ele as compreende, mas não é capaz de determinar se são verdadeiras (cf. MATES, 1996, p. 31-32).

Com respeito à segunda questão, há, é verdade, uma dúzia de passagens nas quais Sexto, discutindo o critério, diz: o conceito de *homem* não é apreensível ou o sentido da palavra "homem" nos escapa (cf. HP II 22-33, AM VII 263 e seg.). Além disso, em HP III, Sexto diz a mesma coisa a propósito dos conceitos de *bem* e *mal* (cf. HP III 169-187). Entretanto, na maioria das passagens, por exemplo, quando ele fala da noção dogmática de causa, Sexto quer indicar antes que um certo conceito (por exemplo, o conceito de *causa*), tal como é definido pelos dogmáticos, não é coerente, que as definições propostas pelos dogmáticos são contraditórias.

Além disso, parece-me imprudente inferir, a partir das passagens nas quais Sexto diz que certos conceitos não são apreensíveis, que o cético pirrônico não possui esses conceitos e que ele não compreende suas expressões linguísticas, já que, numa passagem chave das *Hipotiposes*, Sexto reconhece que o cético pode compreender, e compreende, o sentido das teses dogmáticas. Basta, para nossos propósitos, que esbocemos o conteúdo dessa passagem. Estamos no começo de HP II: Sexto deve começar sua investigação sobre as teses dogmáticas. Antes disso, ele deve enfrentar uma objeção de seus adversários, que se pode expor da seguinte maneira:

1. Ou o cético compreende as teses dogmáticas, ou ele não as compreende.

2. Se o cético compreende as teses dogmáticas, então ele não pode estar em aporia a seu respeito.

3. Se o cético não compreende as teses dogmáticas, então ele não pode investigá-las.

---

4. O cético não pode investigá-las.[11]

---

11 HP II 2-3: *Phasì gàr hos étoi katalambánei ho skeptikòs tà hupò tôn dogmatikôn legómena è ou katalambánei: kaì ei mèn katalambánei, pôs àn aporoíe perì hôn kateilephénai légei; ei d'ou katalambánei, ára perì hôn ou kateí-*

Ora, o que é notável para nós é que, ao responder a essa objeção, Sexto não nega que o cético compreende as teses dogmáticas. Ao contrário, Sexto defende a tese de que aquele que suspende o juízo pode pensar, isto é, possuir os conceitos que lhe permitem compreender as teses dogmáticas:

> (...) não é impossível fazer investigações para aqueles que suspendem o juízo sobre a existência das coisas não-evidentes. Com efeito, o cético não está, eu penso, condenado a dispensar o conceito que nasce a partir das coisas que lhe dão uma impressão passiva, que lhe aparecem de maneira evidente e que não implicam de maneira nenhuma a existência do que é pensado...[12] (HP II, 10)

Sexto reconhece que o cético tem a capacidade de compreender as teses dogmáticas. Naturalmente, seria muito difícil explicar o que o cético pirrônico faz, segundo Sexto, a saber, investigar as teses dogmáticas, sem lhe atribuir a capacidade de compreender o sentido delas.

A tese segundo a qual o cético de Sexto não compreende, não se encontra no texto de Sexto. Não se pode, portanto, explicar o fato de que Sexto não caracteriza o seu cético com o conceito de dúvida fazendo apelo ao fato de que duvidar implica compreender e que seu cético não compreende.

Voltemos, portanto, à nossa questão: por que Sexto não fala de dúvida? A questão se coloca, bem entendido, no domínio da filosofia. Estamos nos perguntando se há razões filosóficas que levam Sexto a não utilizar esse conceito, isto é, se há alguma coisa, no conceito de dúvida, que impediu Sexto de utilizá-lo para caracterizar seu cético.

Uma primeira maneira de responder a essa questão é a seguinte. O cético, tal como definido por Sexto, não faz nenhuma ato de julgamento e igualmente não está inclinado a fazê-lo. Ora, duvidar implica fazer algum ato de julgamento ou estar inclinado a fazê-lo. Portanto, o cético não pode duvidar,

---

lephen oudè oîde légein. ...oudamôs ára dúnatai zeteîn ho skeptikòs perì tôn legoménon parà toîs dogmatikoîs.

12 PH II 10: *ouk éstin adúnaton [en] toîs epékhousi perì tês hupárxeos tôn adélon zeteîn. noéseos gàr ouk apeírgetai ho skeptikós, oîmai, apó te tôn pathematikôs hupopiptónton kat' enárgeian phainoménon autô ginoménes kaì mè pántos eisagoúses tèn húparxin tôn noouménon.* O texto de Mutschmann e Mau apresenta *lógon* depois de *autô*. Prefiro o texto proposto por Annas e Barnes (2000, p. 69, n. c.).

isto é, não se pode pensar, de maneira coerente, que um cético duvida. Eis por que Sexto não diz que seu cético é uma pessoa que duvida: porque se trata de um pensamento contraditório.

Ora, é verdade que duvidar de que p *pode* implicar a inclinação para fazer um julgamento. Esse fato é revelado, na língua francesa, por certos usos da expressão "duvidar". Consideremos o seguinte diálogo. Eu pergunto a meu irmão: "Massa vai ganhar o campeonato de fórmula 1 este ano?" Ele me responde: "No começo da temporada, eu não tinha nenhuma ideia sobre isso, mas depois de seus últimos fracassos, duvido que ele consiga ser campeão" ou "No começo da temporada, eu duvidava que ele pudesse ganhar, mas agora, após seus últimos triunfos, não tenho mais nenhuma ideia sobre isso". "Duvidar de que p", nessas frases, implica estar inclinado a julgar e a crer que ~p. Para ser mais preciso, "duvidar de que p", nesse uso, significa (i) estar inclinado a crer que ~p e (ii) não crer que ~p. Poder-se-ia, então, pensar que Sexto não caracteriza seu cético como uma pessoa que duvida porque duvidar implica estar inclinado a julgar e o cético, por definição, não julga, nem está inclinado a julgar.

Entretanto, a caracterização de "duvidar" que acabamos de propor captura, talvez, um dos sentidos de "duvidar", mas certamente não todos, pois está claro que existe um sentido de "duvidar de que p" que não implica estar inclinado a crer, ou a julgar, que ~p. Consideremos o seguinte diálogo. "Você acredita que Massa vai ganhar este ano?"; "Para dizer a verdade, não se ele vai ganhar, nem se não vai ganhar. Estou em dúvida". Noutros termos: estar num estado de dúvida sobre p pode querer dizer simplesmente não crer que p, nem que ~p. Segue-se que, para explicar por que Sexto não utiliza o conceito de dúvida, não basta recorrer ao fato de que duvidar, em *um* de seus usos, implica estar inclinado a julgar. Com efeito, noutro de seus usos, duvidar não implica julgar e, portanto, crer em alguma coisa. Sexto teria podido se utilizar desse conceito de uma maneira que não implicasse estar inclinado a julgar ou a crer, como todos nós fazemos.

Nas próximas linhas, trabalharemos com a hipótese segundo a qual duvidar de que p significa não crer que p e não crer que ~p e tentaremos explicar, de acordo com essa hipótese, por que Sexto não caracteriza seu cético como uma pessoa que duvida. Esse segundo percurso de pesquisa prevê que nós esbocemos uma comparação entre o cético tal como caracterizado por Sexto e o cético tal como este se apresenta nos escritos de Descartes. Bem entendido, nossa intenção não é, aqui, propor uma exegese do texto de Descartes. Nós simplesmente iremos isolar alguns traços de seu cético que não parecem estar em questão pelos especialistas e que são muito úteis para ressaltar, por contraste, certas características do cético *à la* Sexto.

Descartes é um opositor dos céticos e não um cético. Ele reage contra a crise cética do Renascimento, segundo a qual o ser humano não pode adquirir conhecimento verdadeiro: ele sustenta, ao contrário, que o conhecimento humano é possível. Contudo, o caminho em direção ao verdadeiro conhecimento começa pela dúvida. Na *Primeira Meditação*, Descartes se dá conta de que é necessário destruir todas as crenças e recomeçar desde o princípio para estabelecer um conhecimento estável e durável. Ele propõe, então, uma série de três argumentos céticos feitos para eliminar suas *crenças* atuais e para substituí-las por *certezas*. A estratégia consiste em privar suas próprias crenças de seu fundamento, não uma após a outra, mas destruindo seus princípios fundamentais sobre os quais elas se apoiam.[13]

Depois de ter submetido suas crenças ao ataque dos argumentos céticos, Descartes se encontra num estado de dúvida sobre as proposições que eram o objeto de suas crenças pretéritas. Mas o estado de dúvida em questão não implica, como no exemplo anterior, uma inclinação a julgar ou a crer no que quer que seja. Tomemos o exemplo do célebre argumento do sonho. Descartes toma em consideração a proposição "estou desperto", que ele crê verdadeira. Ele utiliza contra sua própria crença o argumento cético do sonho. O resultado é que Descartes cai num estado de dúvida a respeito dessa proposição: ele não crê que está desperto, nem que não está desperto. Noutras palavras, o cético de Descartes se encontra no estado de não crer que p e de não crer também que ~p.

Para Descartes, se x duvida de que p, então *x não crê que p* e *x não crê que ~p*. Ora, se se quer definir o conceito cartesiano de dúvida, é preciso refletir sobre o fato de que há muitas proposições com relação às quais o cético de Descartes não tem nenhuma crença, mas das quais ele não duvida, porque

---

13 Para esse esboço, apoiei-me em Garber (1998).

ele jamais as considerou. Por exemplo, Descartes jamais duvidou do fato de que existem cangurus na Austrália, mesmo se ele não tenha tido nenhuma crença a esse respeito. Consequentemente, para chegar a uma definição do conceito de dúvida em Descartes, é preciso acrescentar à caracterização proposta outra cláusula do tipo "depois de ter refletido sobre a possibilidade de que p", como se fez para definir a suspensão do juízo em Sexto. Obter-se-ia, assim, a seguinte definição da dúvida cartesiana: "x duvida de que p *se e somente se* x, depois de ter refletido sobre a possibilidade de que p, (i) não crê que p e (ii) não crê que ~p."

Comparemos agora o cético cartesiano ao cético pirrônico. O cético cartesiano apresenta-se como um investigador que, após sua investigação, está num estado de dúvida sobre o objeto de sua investigação. Trata-se de um indivíduo que, depois de ter refletido sobre a possibilidade de que p, não acredita que p e não acredita que ~p. O cético pirrônico, por sua vez, é um investigador que, depois da investigação, suspende seu juízo com relação a seu objeto de investigação: depois de ter refletido sobre a possibilidade de que p, ele não julga que p e não julga que ~p.

Existe uma diferença entre o cético cartesiano e o cético pirrônico tal como acabamos de defini-los? Sim. O cético cartesiano *não crê* que p/que ~p; o cético pirrônico não julga que p/que ~p. E crer que p não é o mesmo fenômeno que julgar que p. A crença é um estado (que tem uma certa duração) e o julgamento, um ato (que tem lugar num certo instante). O cético pirrônico é caracterizado como um indivíduo que não realiza atos de julgamento com relação a seu objeto de investigação; o cético cartesiano, como alguém que não está num estado de crença com relação a seu objeto de investigação.

Essa diferença é importante? Se crer que p implica ter julgado que p, a diferença entre os dois cenários pode ser, afinal, negligenciada. O cético pirrônico não pode ser caracterizado como uma pessoa que duvida, como alguém que não crê que p, mas como alguém que não julga que p. Mas se crer que p implica ter julgado que p (e, portanto, não julgar que p implica não crer que p), decorre dessa caracterização a consequência trivial de que o cético pirrônico não crê que p e não crê que ~p. Noutras palavras, o cético pirrônico, como o cético cartesiano, duvida.

Mas crer que p implica ter julgado que p? Recentemente, Jonathan Barnes escreveu algumas páginas inspiradas sobre esse assunto. Segundo uma opinião muito difundida, crer que p implica ter julgado que p. Mas talvez essa tese seja falsa. Se a crença é um estado ou disposição, o que nos impede de pensar que se pode estar nesse estado ou ter essa disposição sem jamais ter julgado/aceitado alguma coisa? Creio que há pelo menos vinte e três palavras neste artigo, que comecei a escrevê-lo há mais de dez dias etc. No entanto, até agora, jamais realizei os julgamentos correspondentes a essas crenças, eu jamais me disse: "Há pelo menos vinte e três palavras neste artigo", "Comecei a escrevê-lo há mais de dez dias" etc. Os exemplos desse tipo sugerem que se pode pensar, de maneira coerente, que alguém tem uma crença que não é o resultado de um julgamento que tenha feito. Ter julgado que p não é uma condição necessária para crer que p (cf. ANNAS & BARNES, 2000, p. XXIV-XXV).

Essa tese tem para nós uma consequência notável. Se suspender seu juízo sobre p implica duvidar que p, nesse caso o cético pirrônico não é *definido* como uma pessoa que duvida, mas ele é uma pessoa que duvida (o fato de que ele seja uma pessoa que duvida é uma consequência trivial da definição de cético). Mas esse é o caso somente se crer que p implica ter julgado que p. E acabamos de sugerir que essa última tese é falsa.

Em princípio, portanto, é possível que o cético suspenda seu juízo sobre p, mas que ele não esteja em seguida num estado de dúvida sobre p, isto é, que ele creia que p (ou que ~p). Eis um caso que se supõe exemplificar essa tese e que sugere que esse cenário não é tão bizarro como parece. Sempre acreditei que a palavra "julgamento" contivesse a letra "l" e é por isso que sempre escrevi a palavra "julgamento" com a letra "l". No entanto, nunca formulei um julgamento a esse respeito (eu jamais disse para mim mesmo: "a palavra 'julgamento' contém a letra 'l'"). Um dia, leio num jornal essa palavra, escrita da seguinte maneira "jugamento". Eu me pergunto: "A palavra 'julgamento' se escreve com 'l'?" Faço uma pesquisa, cujo resultado é a suspensão do juízo: não julgo verdadeiro que "julgamento" se escreva com um "l", nem que não se escreva com um "l". Contudo, minha crença permanece intacta: eu mantenho a disposição que tenho e continuo a escrever a palavra "julgamento" com um "l".

Voltemos, agora, à questão-chave dessas páginas: por que Sexto não utiliza o conceito de dúvida na caracterização do seu cético? Para responder a essa pergunta, consideremos à luz das últimas observações os dois cenários, o do cético de Sexto e o do cético de Descartes. A fim de perceber melhor a diferença, é útil refletir sobre o caso de um indivíduo que não é, no começo, um cético pirrônico/cartesiano, mas que se torna um depois.

Um indivíduo bate à porta do mestre Sexto: ele quer se tornar um cético. O candidato, antes de se tornar cético, tem um certo número de crenças. Ele adquire a capacidade de oposição e se torna, assim, um cético: ele aprende a se abster de todo julgamento. Ele se põe uma questão: é o caso de que p? Depois de ter refletido sobre a possibilidade de p, ele não julga nem que p, nem que ~p. Ele se abstém de julgar.

Consideremos agora o protagonista do ceticismo cartesiano: o próprio Descartes. Descartes tem crenças. Ele priva suas crenças de seu fundamento destruindo, com a ajuda de argumentos céticos, os princípios fundamentais sobre os quais elas se baseiam. No final desse tratamento, Descartes está num estado de dúvida a respeito de suas crenças pretéritas: ele não crê que p e ele não crê que ~p. Em seguida, ele recupera de maneira mais sólida as crenças que tinha: ele as substitui por certezas.

Segundo essa caracterização, o que faz o cético de Sexto com as crenças que ele tem, no momento em que se torna cético? Nada. O cético não é caracterizado por Sexto como alguém que *expulsa* as crenças que tem (tanto no caso de um cético nato, que desde o princípio não tem crenças, como no caso de um indivíduo que se torna cético). Além disso, o cético pirrônico também não se interessa pelas crenças que ele terá, em si mesmas. Seu interesse diz respeito exclusivamente aos atos de julgamento que ele poderá fazer: se é um bom cético, ele se absterá de julgar no futuro – e ele não terá crenças que sejam produto de um julgamento. Pouco importa que ele tenha crenças que não sejam o resultado de um julgamento.

Mestre Sexto não se coloca o problema: o que fará o candidato cético das crenças que ele já tem? Ele também não se preocupa: o candidato terá crenças? Ele quer, antes, que seu cético se abstenha de todo ato de julgamento no futuro. (Por quê? Não podemos tratar dessa questão aqui. Mas é útil lembrar-se do objetivo do ceticismo (HP I, 25-28): a tranquilidade. O cético exerce sua capacidade de opor as razões a favor de p e a favor de ~p e, portanto, suspende o juízo sobre p, para alcançar a tranquilidade. Talvez, segundo Sexto, o que perturba o cético não sejam as crenças que ele tem ou terá, em si mesmas, mas os julgamentos que ele faz – e essas crenças são seu produto. Segue-se que, a fim de obter a tranquilidade, o que é necessário não é que o cético não possua crenças, mas que ele não efetue julgamentos).

Pode-se, portanto, imaginar que, quando Sexto, em sua apresentação do cético, não caracteriza o cético como alguém que está num estado de dúvida, isto é, que não tem crenças, não é por acaso, nesse sentido que, o que é pertinente para sua ideia de ceticismo, não são as crenças em si mesmas que o indivíduo possui, mas os atos de julgamento que ele efetua. Por que Sexto não caracteriza o cético com a palavra "dúvida" – por que, por exemplo, ele não define o cético como alguém que está num estado de dúvida sobre qualquer questão? Porque o estado de dúvida é um estado de não-crença. E, para Sexto, o que é crucial, não é que o cético não tenha crenças, mas antes que ele não efetue nenhum ato de julgamento. Com efeito, como vimos, pode-se ter crenças que não sejam determinadas por um ato de julgamento. E Sexto é inteiramente indiferente com relação àquelas crenças. O que conta, para os objetivos de Sexto, é o ato de julgar e as crenças que são determinadas por um julgamento, e não o estado de crer em si.

Uma última imagem permite visualizar os dois ceticismos. Imaginemos que Sexto e Descartes estejam diante de mim e que eles possam ver todas as proposições em que eu creio agora. Sexto não teria nenhum interesse pelas minhas crenças; seu interesse estaria dirigido exclusivamente para meus atos de julgamento futuros e seu objetivo seria impedir-me de realizar esses atos de julgamento no futuro (e, portanto, de ter crenças que seriam seu produto). Descartes, em compensação, se interessaria por minhas crenças: ele se orientaria para os fundamentos de todas as minhas crenças, com a intenção de destruí-las e, consequentemente, de me colocar num estado de dúvida sobre as proposições que eram o objeto de minhas crenças passadas.

Conclusão

Duas palavras a título de conclusão. Frequentemente se discutiram as diferenças entre o ceticismo antigo de Sexto Empírico e o ceticismo moderno *à la* Descartes. Sublinhou-se que o ceticismo antigo atacava as crenças enquanto o ceticismo moderno visava ao saber. Sustentou-se que o ceticismo moderno isolava suas dúvidas em relação à vida cotidiana e perguntou-se se o ceticismo antigo fazia a mesma coisa. Sustentou-se também que o ceticismo antigo era mais radical que o ceticismo moderno: que a dúvida do primeiro dizia respeito a toda proposição, enquanto a dúvida do segundo afetava somente certas proposições.

No entanto, prestou-se menos atenção, que eu saiba, a um fato textual fora de discussão: Sexto Empírico não utiliza os termos que correspondem ao conceito de dúvida para caracterizar seu cético. O cético moderno, em compensação, é por definição uma pessoa que duvida.

O fato de que Sexto não utiliza o conceito de dúvida revela, talvez, que o projeto de vida cético que Sexto propõe não é uma vida sem crenças, mas uma vida sem julgamentos. Em todo caso, o fato de que o cético antigo seja caracterizado como um investigador que não efetua nenhum *ato* de julgamento sobre o objeto de investigação, enquanto o cético moderno é definido como um indivíduo que não está num *estado* de crença sobre o objeto de investigação, constitui uma diferença notável entre o ceticismo antigo e o ceticismo moderno: uma diferença que, sem dúvida nenhuma, vale a pena aprofundar.

Referências bibliográficas

Annas, J. & Barnes, J. (2000) *Sextus Empiricus. Outlines of Scepticism*. Cambridge: Cambridge University Press.

Barnes, J. (1990) "La diaphonía pyrrhonienne". In: A. J. Voelke (éd.), *Le scepticisme antique*. Genève, Cahiers de la Revue de Théologie et de Philosophie 15, p. 97-106.

Corti, L. (2009) *Scepticisme et langage*. Paris: Vrin.

Corti, L. (2002) "Scale Pirroniane: 'oudén mállon' in Sesto Empirico". In: *Dianoia* 7, p. 13-48.

Garber, D. (1998) "Descartes". In E. Craig (éd.), *Routledge Encyclopedia of Philosophy*, Londres: Routledge.

Mates, B. (1996) *The Skeptic Way. Sextus Empiricus's Outlines of Pyrrhonism*. Oxford: Oxford University Press.

A natureza local do ceticismo moral moderno[1]

DIEGO E. MACHUCA (CONICET), ARGENTINA

Introdução

UMA DAS FORMAS MAIS COMUNS de ceticismo moral moderno é a negação de que os valores morais ou os atos morais sejam parte do mundo objetivo. O principal defensor desta visão é John Leslie Mackie, que em seu influente livro *Ética* define seu ceticismo moral como a "doutrina negativa [que] diz não existirem entidades ou relações de certo tipo, valores objetivos ou exigências, que muitas pessoas acreditam existir" (MACKIE, 1977, p. 17).[2] Este tipo de posição cética é comumente denominada 'ceticismo moral ontológico', em oposição à versão epistemológica do ceticismo moral, tal como a visão que nega que ser o conhecimento moral possível ou aquela que nega serem as crenças morais justificaveis.[3] Em 1980, ocorreu uma discussão entre Julias Annas e Richard Bett sobre se o ceticismo moral ontológico depende de um contraste entre a moral e algum outro sistema de crenças sobre o mundo que não é posto em questão. A discussão girou em torno de saber se o ceticismo moral ontológico é "local", pois se repousa sobre esse contraste, então esse ceticismo não é parte de um ceticismo global que questiona a verdade de todas as crenças. Annas afirmou que o ceticismo moral ontológico é por natureza local, o que deu origem à objeção de Bett.[4] Infelizmente, não houve nenhuma

---

1 Tradução Jefferson dos Santos Marcondes Leite; revisão Plínio Junqueira Smith.
2 Vários autores adotaram o tipo de ceticismo moral de Mackie. Entre eles estão Snare (1984), Black (1989-1990) e Garner (1990), embora este último prefira designar sua posição de "antirrealismo moral".
3 É claro que o ceticismo moral ontológico implica o ceticismo moral epistemológico (mas não vice-versa). Com efeito, se não existem valores ou fatos morais objetivos, todos os julgamentos morais são falsos (A "teoria do erro" de Mackie: 1977, p. 35, 48-49) e, portanto, não pode haver conhecimento moral, nem justificação para crenças morais.
4 A ideia de que o ceticismo moral ontológico é local foi primeiramente proposta por Annas e Barnes (1985, p. 165), mas foi desenvolvida de maneira completa no artigo de Annas publi-

análise posterior da força do argumento de Bett contra a posição de Annas e, portanto, nenhuma análise mais aprofundada se a ultima tese está correta ou não. Eu acredito que tal análise ainda é relevante, porque nos permitirá identificar mais claramente os fundamentos teóricos desta concepção de que a moral não é objetiva – uma concepção comum em nossos dias. O objetivo do presente trabalho é, portanto, continuar a discussão entre Annas e Bett sobre o caráter local do ceticismo moral ontológico. Uma vez que é usado por Annas e Bett, empregarei o rótulo de 'ceticismo moral moderno' para me referir especificamente ao ceticismo moral moderno.

Começarei apresentando a concepção de Annas sobre o caráter local do ceticismo moral moderno. Depois, apresentarei os argumentos de Bett contra esse ceticismo. Em seguida, retratarei em linhas gerais a concepção cética da moral que se encontra nos trabalhos de Sexto Empírico, um cético pirrônico grego do século II, já que isto tornará possível discernir mais claramente se a característica de ser local é essencial para o ceticismo moral moderno. Finalmente, argumentarei que Bett não foi bem sucedido em provar que a tese de Annas é falsa.[5]

A posição de J. Annas

Segundo Annas, A VISÃO que nega a existência de valores morais objetivos é baseada na ideia de que o realismo moral conflita com o nosso conhecimento do mundo. Isto é, a ideia subjacente é que as teorias éticas que afirmam a existência desses valores conflitam com a visão de mundo objetiva que é compartilhada por todos e afirma a existência de outras entidades.[6] Dentro deste quadro, Annas refere-se a duas linhas comuns de argumentação feitas

---

cado em Schofield e Striker (1986, p. 3-29). Este artigo, que é aquele discutido por Bett (1988), foi reimpresso em 1998 (cf. ANNAS, 1998). Usarei esta última versão.

5   Referir-me-ei somente ao sentido do adjetivo "local" tratado em Annas (1998) e Bett (1988), deixando de lado o sentido de acordo com o qual os argumentos dos céticos modernos contra a moral não estendem o âmbito de suas conclusões para todas as áreas da nossa vida. Annas introduz este segundo sentido em Annas (1996), p. 210-211.

6   Mackie define a parte metafísica do que ele chama "o argumento da estranheza" desta forma: "se há aqui valores objetivos, então eles seriam entidades ou qualidades ou relações de uma classificação muito estranha, totalmente diferente de qualquer outra coisa no universo" (1977, p. 38).

pelo ceticismo moral moderno. Conforme a primeira, "os valores morais não são reais porque há muita disputa sobre eles e nenhuma clareza alguma de como resolvê-la" (ANNAS, 1998, p. 205). Além disso, na investigação moral, em contraste com outros campos da investigação, parece não haver especialistas reconhecidos, progresso ou acumulação de conhecimento. Annas ressalta que as ciências empíricas são o modelo com que a moral é usualmente contrastada, dado que as "normas de objetividade em relação às quais se considera que a moral falha devem ser encontradas, se o são, nas ciências naturais" (ANNAS, 1998, p. 205). Portanto, o contraste com a moral desapareceria e o ceticismo moral perderia suas bases, se o conhecimento científico se tornasse alvo do ataque cético.

A outra linha de argumentação apresentada pelo ceticismo moral moderno não se concentra sobre as imperfeições da investigação moral. Antes, ela propõe uma concepção particular do assunto: valores morais não existem independentemente de nós, mas são meramente nossas projeções. Isto é, os valores morais não são objetivos,

> se o mundo (como ele realmente é) é tal como seria descrito de um ponto de vista não-humano e absoluto. Aqui, o ceticismo moral repousa crucialmente na confiança de que esse ponto de vista existe, mesmo que seja um ponto de vista que não alcançamos, nem jamais alcançaremos. (E, de novo, seria inútil negar que a crença de que é isso o que a ciência real ou idealmente almeja toma parte nisso). (ANNAS, 1998, p. 206)

Portanto, se o ponto de vista que descreve objetivamente o mundo fosse destruído, o contraste com a moral desapareceria e o ceticismo moral perderia seu fundamento.

A concepção de Annas, então, é que o ceticismo moral moderno é local porque é baseado no contraste entre moral e algum outro sistema de crenças cuja verdade não é questionada. Mas ela é mais específica e apresenta a ciência como a única maneira de olhar o mundo que é imune ao ataque cético. De acordo com ela, em ambas as fontes do ceticismo moral moderno às quais se refere, a confiança na objetividade da ciência desempenha um papel chave na argumentação que leva à negação da existência de valores morais objetivos.[7] As observações de Annas sobre o estatuto da ciência parecem não apenas relatar que o ceticismo moral moderno predominantemente adota uma atitude não-cética em relação à ciência,[8] mas também tentar mostrar que não é possível adotar este ceticismo a menos que se creia no poder descritivo e explanatório da ciência. No entanto, esta aparência é enganadora, visto que ela, no encerramento da sua discussão sobre o caráter local do ceticismo moral moderno, ressalta que este ceticismo "é essencialmente local, uma parte de uma visão não-cética global de mundo que é *suscetível* de ter fundamento científico…" (ANNAS, 1998, p. 207; ênfase adicionada). Assim, embora afirme que a confiança na objetividade da ciência é a base provável para negar a existência de valores morais objetivos, Annas não acredita que esse seja o único fundamento possível.[9]

A objeção de R. Bett

Como já foi indicado, Bett opõe-se à concepção de que para negar a existência de valores morais objetivos é necessário que o ceticismo moral moderno seja local. Ao criticar essa concepção, Bett argumenta que existem duas maneiras pelas quais alguém que é cético a respeito da moral e que confia na possibilidade de uma descrição objetiva da realidade pode perder essa confiança. Por

---

7 Francis Snare apresenta explicitamente o ceticismo moral que ele defende como dependente de um contraste entre moral e ciência. Ele afirma que "nós temos razões para supor que há uma descrição melhor, uma explicação que se adapta melhor às ciências existentes, do que a explicação em termos de existência autônoma dos fatos morais", e que o cético moral "toma uma posição não-cética na sua filosofia da ciência" (1984, p. 223). Embora reconheça que, dentro da estrutura conceitual que o cético moral considera para explicar a objetividade da natureza do mundo, "também há muita descrição e explicação 'cotidiana' que não pertencem à ciência formal", Snare sustenta que concepções e crenças cotidianas são adotadas *somente se* elas não entrarem em conflito com as "bem fundamentadas ciências formais" (1984, p. 218).

8 Lowell Kleiman também viu que o ceticismo moral exposto por Mackie e Gilbert Harman, entre outros, depende de um contraste entre moral e ciência. De acordo com ele, esses céticos "sugerem que *por causa* das ciências, especialmente das ciências sociais, a moral não fornece a melhor explicação da conduta ou crença humana" (1989, p. 161). Isto é, a moral é rejeitada porque a explicação moral conflita com a explicação científica, que é a melhor disponível.

9 Annas (1996, p. 210) também torna isso claro, quando observa que, para o ceticismo moral moderno, "a ética é falha porque é incapaz de nos dar uma visão objetiva do mundo – se isso é ciência na prática ou em princípio, *ou apenas senso comum*, o qual se espera que nos dê essa visão objetiva" (ênfase adicionada).

um lado, ele pode chegar à conclusão de que a noção de um mundo "objetivo" não tem sentido, em cujo caso também não teria sentido afirmar ou negar que existe uma maneira adequada de descrever o mundo como ele é em si mesmo. Da mesma forma, não teria sentido aprovar ou rejeitar o ceticismo moral, isto é, a posição que sustenta que os valores morais não são parte do mundo como este é independentemente de nós. Por outro lado, é possível que ele considere que a noção de uma realidade objetiva tem sentido, mas negue que a ciência ou *alguma outra* visão de mundo possa descrever essa realidade. De acordo com Bett (1988, p. 105), não existe razão para acreditar que, neste caso, dever-se-ia abandonar o ceticismo moral, uma vez que

> [o] fato de que uma pessoa começou agora a duvidar de que *qualquer uma* de nossas maneiras de falar sobre o mundo pode esperar para capturá-lo como ele é em si parece não contribuir em nada para *destruir* o ceticismo moral. Isso parece meramente mostrar que estamos tão mal em todas as áreas como se afirmava anteriormente que estávamos na moral.

Assim, uma pessoa poderia continuar a ser cética em relação à moral, sem que seja necessário acreditar que a ciência ou qualquer outra visão de mundo explique como a realidade é em sua natureza real.

A posição pirrônica

Nesta seção, eu brevemente descreverei o ceticismo moral encontrado na obra de Sexto Empírico. A razão para oferecer esta descrição é que, ao contrastar a concepção pirrônica com a do cético moderno, será mais fácil avaliar na próxima seção se a posição de Bett tem algum fundamento.

O pirrônico também não afirma ou nega a existência de valores morais objetivos,[10] uma vez que na ética, como em todos os outros campos da investigação, ele descobre conflitos entre argumentos incompatíveis que lhe

---

10 Como Hankinson (1994, n. 33) ressalta, essa não é exatamente a maneira em que os pirrônicos expressariam sua concepção, uma vez que, como veremos, eles não investigam se existem valores morais objetivos, mas se algo é bom, mal ou indiferente por natureza. Não obstante, para o propósito deste artigo essa diferença não é importante.

aparecem com igual força (*isostheneia*). O fato de que as posições conflitantes parecem ter o mesmo peso torna os conflitos insolúveis (*anepikritoi*). Mais precisamente, o pirrônico encontra (i) um desacordo insolúvel entre as teorias éticas que têm diferentes visões sobre o que o bem, o mal e o indiferente são, (ii) um desacordo insolúvel entre as coisas a que essas ideias se aplicam, e (iii) um desacordo insolúvel entre as teorias éticas que afirmam e as que negam que as coisas são boas, más ou indiferentes por natureza. Uma vez que é impossível concordar com uma das posições aparentemente equipolentes nesses desacordos, o pirrônico suspende o juízo (HP III, 178, 182, 235; AM XI, 111, 144). Assim, o mero fato de que existem diversos pontos de vista, opiniões, ou teorias não é em si mesmo suficiente para induzir a suspensão do juízo (*epoch*), mas também é necessário que nenhum deles pareça ter mais peso do que os outros.[11]

O pirrônico não afirma que cada uma das questões sobre as quais ele suspende o juízo é em si mesma insolúvel,[12] mas, ao contrario, continua a investigar as questões para as quais ainda não encontrou uma resposta (por exemplo, HP I, 1-3, II, 11). Nem afirma que as coisas são como diz que são. Ele deixa claro que, quando emprega o termo 'é' (*esti*), por exemplo, este não deve ser entendido no sentido de "realmente é", mas no sentido de "aparecer" (*phainetai*) (HP I, 135, 198, AD V, 18-20). Assim, se ele diz "Eu penso que assassinato é mal", o que ele quer dizer é "o assassinato aparece mal para mim". O pirrônico, então, restringe seu discurso para o domínio de suas próprias aparências (HP I, 17, 19-22) e suspende o juízo sobre como é a natureza real das coisas (por exemplo, HP I, 78, 128, 134, 140, 163, 167). De acordo com ele, é o "dogmático" que dá seu assentimento a afirmações positivas ou negativas sobre a natureza da realidade.[13]

---

11 De acordo com Sexto, ao suspender o juízo, o pirrônico inesperadamente atinge a tranquilidade (*ataraxia*) (ver especialmente HP I, 25-29), mas esse ponto não é relevante para meus propósitos atuais.

12 Segue-se disso que, quando traduzo o termo *anepikritos* como "insolúvel", não uso esta palavra num sentido forte. Eu penso que, se os argumentos propostos pelas partes numa disputa pareceram ter força igual, é consistente dizer que *pelo menos até agora* não foi *possível* aderir a qualquer uma das posições em disputa.

13 Note-se que, embora o pensamento da pessoa que o pirrônico chama de "o dogmático" seja arrogante e ela esteja convencida de que suas doutrinas não podem ser falsas, ela não prefe-

Para se ter uma ideia da atitude pirrônica em funcionamento, pode ser útil imaginar como um pirrônico lidaria com um desacordo dado – por exemplo, o desacordo sobre se o aborto é moralmente errado. Ele examinaria os argumentos a favor e contra o aborto, tentando determinar se uma das visões opostas apreendeu sua natureza real. Uma das partes da disputa argumentará, por exemplo, que o feto tem uma alma, a qual faz dele/dela um ser humano, e que o assassinato de um ser humano é algo moralmente errado. Esta parte também pode apresentar um argumento baseado em crenças religiosas: uma vez que Deus criou o feto, somente Deus pode tomar decisões sobre sua morte. A parte contrária provavelmente argumentará que é um absurdo afirmar que um feto de dois meses de idade é uma pessoa, que a noção da criação de Deus não tem sentido e que nós devemos privilegiar o direito de a mulher decidir o que fazer com seu corpo e sua vida. O pirrônico pesará esses argumentos contrários e, primeiramente, notará que as opiniões diferentes sobre o aborto que as duas partes sustentam parecem estar relacionadas a fatores semelhantes aos mencionados no chamado Décimo Modo de Enesidemo (HP I, 145–163). Ele ressaltará que essas opiniões parecem depender do contexto familiar, cultural e social de cada lado, bem como de suas religiões, metafísicas e crenças científicas e teóricas, de modo que se pode dizer como o aborto aparece em relação a cada um desses fatores, mas não como ele é em si mesmo. Mas a investigação do pirrônico não termina nesse ponto: ele tentará determinar se alguma das partes em disputa pode justificar suas afirmações. Para fazer isso, o pirrônico voltará a três dos assim chamados Cinco Modos de Agripa (HP I, 164–177), segundo os quais, na tentativa de justificar alguma afirmação, cai-se, ou num regresso ao infinito, ou num raciocínio circular, ou numa afirmação não-justificada. Isso quer dizer que, na tentativa de provar a verdade de uma afirmação, uma das partes terá de provar a verdade da premissa de que infere a afirmação, e assim por diante *ad infinitum*. Ou, para evitar regredir *ad infinitum*, eles tentarão estabelecer a verdade de um dos elos da cadeia de razões, recorrendo ao primeiro elo, cuja verdade eles buscavam estabelecer, assim caindo em circularidade. Ou eles argumentarão que um dos elos da cadeia não precisa de prova para estabelecer sua própria verdade

---

re a autoridade aos argumentos e provas, mas baseia suas afirmações em teorias produzidas por raciocínios.

porque este é autoevidente ou autojustificável. A isso, o pirrônico responderá que a parte oposta pode proceder da mesma forma e, portanto, que não há razão para preferir uma parte à outra. Como resultado, o pirrônico será incapaz de resolver a disputa sobre a natureza moral do aborto e, portanto, suspende o juízo.[14]

Em suma, a posição do cético pirrônico é caracterizada por uma extrema precaução, que ele evita fazer juízos precipitados sobre a natureza e existência de qualquer coisa.

Em resposta a R. Bett

Com base na posição pirrônica descrita na seção anterior, o ceticismo moral moderno não pode ser considerado uma forma autêntica de ceticismo. Pelo contrário, essa é uma posição "dogmática", uma vez que afirma que a natureza da realidade é tal que os julgamentos morais não são adequados para descrevê-los e explicá-los. Mais precisamente, o ceticismo moral moderno é ao mesmo tempo tanto um dogmatismo negativo como positivo. Ele é "negativo" na medida em que o ceticismo moral moderno[15] nega a existência de valores morais objetivos. Ele é "positivo" tanto num sentido ontológico como num sentido epistemológico, já que acredita que existe um mundo externo cuja natureza real é capaz de conhecer. É com base nesse conhecimento que ele nega que as posições que afirmam a existência de valores morais objetivos tenham algum fundamento, ou seja, o dogmatismo negativo na ética é consequência de uma posição dogmática que, deixando de lado as diferentes formas que pode assumir, afirma conhecer quais são os tipos de coisas que realmente existem. Isto pode ser visto mais claramente se compararmos a atitude do ceticismo antigo e moderno. O pirrônico não aceita nem rejeita o

---

14 Há dois pontos importantes que devem ser observados. Primeiro, o pirrônico não está comprometido com os critérios de justificação formulados nos três Modos de Agripa mencionados acima, mas somente usam-nos porque esses critérios são aceitos pelos próprios dogmáticos como a base de seu próprio raciocínio. Segundo, o pirrônico não exclui a possibilidade de alguma vez encontrar uma afirmação ou um conjunto de afirmações que poderia cumprir as condições do dogmático para uma crença justificada.

15 Aceito aqui que o pirrônico suspende o juízo sobre a existência do mundo exterior. Essa é uma questão controversa. Para uma discussão, ver Burnyeat (1982, seção III), Everson (1991) e Fine (2003).

realismo moral porque ele não tem acesso à natureza real de uma suposta existência do mundo e, portanto, não tem nenhuma maneira de determinar se existe algum valor moral. Se ele tivesse confiança, por exemplo, na visão de mundo fornecida pela física ou pelo senso comum, e se esta estivesse em desacordo com o realismo moral, então ele certamente negaria a objetividade dos valores morais. No entanto, o pirrônico não tem esse tipo de confiança: ele é agnóstico não somente sobre as crenças morais, mas sobre *todas* as crenças.[16] Ele diria que os argumentos apresentados contra a moral com base na visão de mundo fornecida pela física ou pelo senso comum aparecem-lhe como tendo a mesma força daqueles avançados pela moral realista e, portanto, que ele deve suspender o juízo sobre a existência de valores morais objetivos. Pelo contrário, o cético moral moderno acredita que o argumento apresentado contra a existência de valores morais objetivos são mais fortes do que aqueles que tentam provar sua existência. Isto é, ele não suspende o juízo porque pensa que há razões suficientes para negar a objetividade da moral. Esta atitude pode unicamente ser explicada pelo fato de que ele acredita que sabe o que existe e não existe no mundo objetivo.

Alguém poderia argumentar que as divergências não resolvidas que existem entre os diferentes realismos morais mostram que os valores morais não são reais. No entanto, o fato de que um desacordo não está resolvido não implica que nenhuma das visões conflitantes seja correta. Mesmo se os desacordos entre os realistas morais fossem em si mesmos insolúveis, isto não seria razão suficiente para negar que os valores morais são objetivos, pois a existência de um desacordo insolúvel somente manifesta a impossibilidade de determinar qual das posições em conflito está correta, se alguma estiver. Por isso, para negar a objetividade da moral, é preciso mais do que conflitos não resolvidos e insolúveis de posições morais: é preciso de uma visão objetiva de mundo com a qual o realismo moral está em desacordo.

Se o cético moral alegadamente não-local retratado por Bett não tem confiança na objetividade de alguma visão de mundo, deve-se perguntar como ele pode saber que todas as nossas representações da realidade não a descrevem e explicam. Na verdade, pareceria que, para saber que não há

---

16 Annas salienta que uma das diferenças cruciais entre o ceticismo moral antigo e o moderno é precisamente o caráter não-local do primeiro (cf. ANNAS, 1998, p. 203-207; 1996, p. 209-210).

nenhuma correspondência entre quaisquer de nossas ideias e o mundo objetivo, o cético moral não-local de Bett deve paradoxalmente ter algum tipo de acesso cognitivo à verdadeira natureza dessa própria coisa que nossas ideias não representam adequadamente, de modo a ser capaz de testá-las. Além disso, se, de acordo com o alegado cético moral não-local descrito por Bett, nossas ideias não representam adequadamente nenhuma coisa fora de nós, cabe perguntar, em primeiro lugar, como ele pode saber que existe um mundo independente da mente, uma vez que conceitos como "existência independente da mente" e "mundo objetivo" são também ideias nossas que poderiam não corresponder a nada. Portanto, para ter certeza de que existe um mundo independente da mente, é preciso ter confiança na validade objetiva de pelo menos alguns de nossos conceitos.

Do que foi dito, fica claro que eu não posso aceitar o seguinte raciocínio de Bett (1988, p. 106) em sua totalidade:

> Se se verificar que o estatuto da ciência não é diferente do que o da moral, isso não mostra que a moral *não* está em boa forma afinal; se mostra alguma coisa, isso simplesmente mostra que a ciência está em má forma também. Novamente, o cético moral precisará ser capaz de explicar claramente o que é que está faltando na moral, mas não está claro por que isto exigiria apontar para outra coisa na qual os aspectos relevantes *não* faltam.

Não posso aceitar a segunda parte desse argumento. Embora a afirmação de que a ciência não descreve o mundo como ele é em si mesmo não implica o abandono do ceticismo moral, a afirmação de que ambas, moralidade e ciência, não são necessariamente objetivas pressupõe a posse de alguma visão de mundo que é considerada objetiva. Com efeito, para afirmar que a moral e as entidades científicas não existem no mundo objetivo, é de fato necessário possuir algum tipo de conhecimento sobre quais entidades realmente fazem parte desse mundo.

Até agora ficou claro que o cético moral alegadamente não-local retratado por Bett não pode afirmar consistentemente que *nenhum* de nossos modos de falar sobre o mundo consegue descrevê-lo de forma objetiva. Em minha opinião, a afirmação de Bett que o ceticismo moral moderno não é essencialmente local parece estar baseada numa inferência inválida. A partir do fato de que, para negar a objetividade da moral, não é necessário estar confiante da verdade de *todos* os outros sistemas de crenças, Bett infere invalidamente que, para negar a objetividade da moral, não é preciso ter certeza sobre a objetividade de *nenhum* outro sistema de crenças.

Para resumir: uma pessoa pode negar a existência de valores morais objetivos sem ter que ser cético somente sobre a moral ou não-cético sobre a ciência, mas esta negação *necessariamente* pressupõe a confiança na objetividade de *alguma* visão de mundo com a qual o realismo moral está em desacordo. Portanto, Annas tem razão quando afirma que o ceticismo moral moderno é essencialmente local.[17]

Referências bibliográficas

ANNAS, J. and BARNES, J. (1985). *The Modes of Scepticism*. Cambridge: Cambridge University Press.

ANNAS, J. (1996). "Scepticism about Value". In: R. H. Popkin (ed.) *Scepticism in the History of Philosophy: A Panamerican Dialogue*. Archives internationales d'histoire des idées. Dordrecht-Boston-Londres: Kluwer Academic Publishers, p. 205-218.

ANNAS, J. (1998). "Doing Without Objective Values: Ancient and Modern Strategies". In: S. Everson (ed.) *Companions to Ancient Thought IV: Ethics*. Cambridge: Cambridge University Press, p. 193-220.

BETT, R. (1988). "Is Modern Moral Scepticism Essentially Local?". In: *Analysis* 68, p. 102-107.

BLACK, R. (1989-1990). "Moral Scepticism and Inductive Scepticism". In: *Proceedings of the Aristotelian Society* 90, p. 65-82.

BURNYEAT, M. (1982). "Idealism and Greek Philosophy: What Descartes Saw and Berkeley Missed?". In: *The Philosophical Review* 91, p. 3-40.

---

17 Eu gostaria de agradecer a um parecerista anônimo pelas sugestões.

Everson, S. (1991). "The Objective Appearance of Pyrrhonism". In: S. Everson (ed.) *Companion to Ancient Thought II: Psychology*. Cambridge: Cambridge University Press, p. 121-147.

Fine, G. (2003). "Sextus and External World Scepticism". In: *Oxford Studies in Ancient Philosophy* 24, p. 341-385.

Garner, R. T. (1990). "On the Genuine Queerness of Moral Properties and Facts". In: *Australasian Journal of Philosophy* 68, p. 137-146.

Hankinson, R. J. (1994). "Values, Objectivity and Dialectic; The Sceptical Attack on Ethics: its Methods, Aims, and Success". In: *Phronesis* 39, p. 45-68.

Kleiman, L. (1989). "Morality as the Best Explanation". In: *American Philosophical Quarterly* 26, p. 161-167.

Mackie, J.-L. (1977). *Ethics: Inventing Right and Wrong*. Harmondsworth: Penguin.

Schofield, M. and Striker, G. (eds.) (1986). *The Norms of Nature: Studies in Hellenistic Ethics*. Cambridge: Cambridge University Press.

Sexto Empírico. (AM) *Adversus Mathematicos* In: *Work in four volumes*, trad. R. G. Bury, col. Loeb. Londres e Cambridge: Harvard University Press, volume 3, 1987 (primeira edição, 1936).

Sexto Empírico. (HP) *Outlines of Pyrrhonism*. In: *Work in four volumes*, trad. R. G. Bury, col. Loeb, Londres e Cambridge: Harvard University Press, volume 1, 1993 (primeira edição, 1933).

Snare, F. (1984). "The Empirical Basis of Moral Scepticism". In: *American Philosophical Quarterly* 21, p. 215-225.

Epokhé e lógos *no pirronismo grego*

VÍTOR HIRSCHBRUCH SCHVARTZ

Introdução

PROPONHO-ME A ABORDAR A QUESTÃO sobre se os pirrônicos suspendem, ou não, seu juízo sobre as crenças e afirmações das pessoas comuns, a partir do debate que, sobre esse tema, tem ocupado a atenção dos mais importantes estudiosos contemporâneos da filosofia pirrônica. Defendo a ideia de que, à luz de certos textos de Sexto Empírico, as interpretações "urbanas" não se sustentam, enquanto as interpretações "rústicas" os explicam perfeitamente.

Em um segundo momento, introduzo uma nova argumentação em favor da interpretação "rústica", comentando textos de Sexto sobre o "percurso" feito pelo cético, que culmina na *epokhé*, e defendo a ideia de que a descrição sextiana desse "percurso" corrobora a interpretação "rústica", ideia essa que, entretanto, os estudiosos do pirronismo me parecem não ter explorado suficientemente.

Ceticismo e *epokhé*

Consideremos, sucintamente, alguns dos itens que caracterizam a posição cética, lembrando que o ceticismo se apresenta como um exame crítico do dogmatismo sob todas as suas formas e que as obras de Sexto Empírico são marcadas por essa postura crítica em todos os temas que elas abordam.

O dogmático profere dogmas e o cético questiona esses dogmas. Ao dogmatizar, o dogmático, nas palavras de Sexto Empírico, "põe algo como real",[1] "como verdadeiro", pretende dizer como as coisas são em si mesmas, isto é, na sua natureza, dá assentimento a algo não-evidente (*ádelon*);[2] já o cético nada

---

1 HP I, 14 "O que dogmatiza põe como *hypárkhon* aquilo sobre o que se diz que ele dogmatiza".
2 Em várias passagens de sua obra, Sexto define *"dógma"* como "assentimento a algo não-evidente (*ádelon*)".

põe como real, não pretende dizer verdade alguma em seu discurso nem nele exprimir a natureza das coisas; tampouco dá assentimento ao não-evidente. Ele questiona a noção de verdade e rejeita a distinção dogmática entre coisas evidentes e coisas não-evidentes, às quais, segundo alguns dogmáticos, se chegaria a partir das evidentes. O cético recusa os critérios dos filósofos para seu pretenso conhecimento das assim chamadas coisas evidentes, criticando também as pretensas provas ou demonstrações e os signos que operariam essa passagem ao não-evidente.

Suspendendo o juízo sobre todo e qualquer dogma, o cético diz seguir apenas o fenômeno (*phainómenon*), isto é, as coisas que lhe aparecem. O cético faz do fenômeno o seu critério de ação (HP I, 2 e HP I, 21) e isso lhe parece suficiente para viver a vida comum, da qual se faz defensor.

A filosofia cética é a filosofia da suspensão de juízo (*epokhê*). Como disse Roberto Bolzani:

> Aqueles que se comprazem em encontrar expressões que sintetizem com eficácia o sentido das diversas concepções filosóficas, bem como forneçam suas características próprias, poderão dizer, sem medo de errar, que no caso do ceticismo pirrônico isso se conseguirá chamando-o de uma 'filosofia da suspensão de juízo'. (BOLZANI FILHO, 1992, p. 15)

Essa suspensão do juízo é definida por Sexto Empírico como um estado do entendimento em que nada se afirma ou nega (HP I, 10). Ela é um não poder dizer em que se deve crer ou não-crer (HP I, 196). A *epokhé* ou suspensão do juízo é, portanto, também uma suspensão de crença.

Nas *Hipotiposes Pirrônicas*, Sexto nos transmite um arsenal de "Modos da Suspensão do Juízo" herdados da tradição cética, assim chamados precisamente por conduzirem à *epokhé*. Merecem atenção especial os dez modos de Enesidemo e os cinco modos de Agrippa. O primeiro desses últimos, o modo da discordância (*diaphonia*), que lembra o conflito interminável de opiniões tanto entre as pessoas comuns quanto entre os filósofos (HP I, 165), é insistentemente utilizado ao longo de toda a obra de Sexto. Mas esse conflito, de que se serve Sexto na sua prática dialética, é um conflito entre discursos e o autor entende que, opondo os discursos conflitantes uns aos outros, se deixa de dogmatizar (HP I, 12).

E é porque esses discursos conflitantes aparecem ao cético como tendo igual força de persuasão, um equilíbrio ao qual o cético dá o nome de equipolência (*isosthéneia*) (HP I, 7; 10), que o cético, não tendo como decidir sobre eles, termina em suspensão do juízo.

O cético diz viver e falar *adoxástos*, isto é, sem crença ou opinião. O que significa viver uma vida sem opinião, aderindo apenas ao que aparece, ao *phainómenon*, é um assunto que tem sido objeto de muitas e diferentes interpretações; e, desde a Antiguidade, opositores dos céticos pirrônicos têm questionado a possibilidade de uma vida sem crenças. Assim fizeram, por exemplo, os estoicos, David Hume e alguns contemporâneos. Hume representa de forma dramática a posição desses críticos, dizendo que um pirrônico:

> ... deve reconhecer, se reconhecer algo, que toda a vida humana deverá perecer, se seus princípios vierem a prevalecer universal e constantemente. Todo discurso e toda ação cessariam imediatamente, e os homens ficariam em uma total letargia, até que as necessidades da natureza, não sendo satisfeitas, pusessem um fim a sua miserável existência. (HUME, 1975b)

Essa pretensão pirrônica de estar livre de *dóxa* representou um obstáculo difícil na interpretação e na reconstrução coerente da obra de Sexto Empírico. Isso porque alguns estudiosos têm visto como ambíguos certos textos de Sexto. O exemplo paradigmático que ilustraria essa aparente ambiguidade está em HP I, 20, onde o filósofo afirma:

> Por exemplo, nos aparece que o mel adoça. Com isso nós concordamos, pois somos sensorialmente adoçados. Mas questionamos se o mel é doce, no que diz respeito ao discurso (*hóson epì tô lógo*); isso não é o que aparece, mas o que é dito sobre o que aparece.

Os intérpretes "urbanos" entendem que essa passagem e outras semelhantes apresentam uma restrição do questionamento pirrônico, por exemplo, ao *lógos*, que eles interpretam no sentido dogmático – o que significa que, para os intérpretes "urbanos", o cético, ao usar o discurso das pessoas comuns, poderia nele exprimir suas crenças não-dogmáticas, assim como seriam também não-dogmáticas as crenças das pessoas comuns. Os intérpretes "rústicos", por outro lado, destacam a restrição sextiana ao âmbito ao qual o cético dá assentimento, lembrando que o cético dá assentimento tão-somente aos fenômenos. Saber se o cético possui, ou não, crenças – em outras palavras, a pergunta pelo escopo da suspensão do juízo pirrônica – é um dos principais objetos de controvérsia na obra de Sexto.

A controvérsia sobre o escopo da *epokhé*

Seguindo Jonathan Barnes, em seu artigo *"The Beliefs of a Phyrrhonist"*, podemos dividir as diferentes interpretações sobre o alcance da *epokhé* pirrônica em dois grupos principais: as que entendem o cético de Sexto Empírico como um "cético rústico" e as que o entendem como "cético urbano":

> O Pirrônico Rústico não tem nenhuma crença sequer: ele dirigirá sua *epokhé* a qualquer assunto que surgir. O segundo tipo de ceticismo eu chamarei de "Pirronismo Urbano". O pirrônico urbano acredita tranquilamente na maioria das coisas às quais as pessoas comuns dão assentimento no desenrolar cotidiano dos fatos: ele dirigirá sua *epokhé* a um alvo específico – genericamente falando, a assuntos filosóficos e científicos. (BARNES, 1982, p. 2-3).

Apesar das nuanças, todo intérprete "rústico" defende a ideia de que o cético não tem as crenças comuns e o questionamento pirrônico não se restringe à teoria filosófica e às ciências, mas atinge também as crenças e as asserções cotidianas das pessoas comuns. Já a interpretação "urbana" distingue nitidamente entre tipos de crença, considerando algumas como dogmáticas, portanto alvejadas pelo combate pirrônico, e outras como não-dogmáticas, que o cético compartilharia com a maioria dos homens. Essa segunda posição foi defendida por Michael Frede em seu artigo *"The skeptic's beliefs"*, e foi criticada por Myles Burnyeat, em *"The sceptic in his place and time"*.

Burnyeat (1984, p. 251) considera a interpretação frediana, não apenas errônea, mas também anacrônica.

Sinto-me mais inclinado a favor de uma interpretação rústica. Isso porque passagens das *Hipotiposes* incluem explicitamente as opiniões das pessoas comuns nas controvérsias sobre as quais o cético suspenderá o juízo. Ao apresentar o primeiro dos cinco Modos que levam à *epokhé*, o da controvérsia (*diaphonía*), em HP I, 165, Sexto afirma:

> E o Modo a partir da controvérsia (*diaphonía*) é aquele segundo o qual, com relação ao assunto proposto, descobrimos uma divergência indecidível que tem lugar tanto entre as pessoas comuns (*parà tô bío*) quanto entre os filósofos, devido à qual, não podendo escolher ou rejeitar alguma coisa, terminamos em suspensão de juízo.

O intérprete "urbano" dirá que o fato de essa "controvérsia indecidível" incluir afirmações das pessoas comuns não ameaça sua interpretação, pois Sexto poderia estar referindo-se às questões morais e religiosas, nas quais frequentemente as pessoas comuns são dogmáticas (e ninguém disso discorda). Mesmo assim, não vejo como possa ser tão fácil, para essa interpretação, explicar por que o filósofo inclui as pessoas comuns na *diaphonía*, bem no momento em que está explicando o primeiro dos cinco modos que englobam todos os assuntos sujeitos à investigação: "Mostraremos que tudo que é investigado se pode referir a esses Modos (...)" (HP I, 169). E, aliás, não são apenas os assuntos morais ou religiosos os objetos da investigação filosófica.

Cabe citar também o texto de AM VIII, 362, no qual Sexto afirma:

> Mas nós argumentamos anteriormente que as coisas que aparecem (*tà phainómena*), sejam elas sensíveis ou inteligíveis, são objeto de grande conflito tanto entre filósofos como entre pessoas comuns (*para tò bío*)(...). (AM VIII, 362)

Já o texto de HP III, 65, que citarei a seguir, com certeza não se refere a assuntos morais ou religiosos. Nele, Sexto Empírico descreve as posições conflitantes, sobre as quais suspenderá o juízo em seguida, acerca da existência ou da inexistência do movimento, de sua realidade ou irrealidade. E a primeira dessas posições em atrito, Sexto a atribui tanto a alguns filósofos quanto aos homens comuns:

> Três foram, penso, as principais posições sobre o movimento. Pois as pessoas comuns (*ho bíos*) e alguns dos filósofos assumem que existe (*eînai*) o movimento, enquanto Parmênides e Melisso e alguns outros, que não existe. Mas os céticos disseram que o movimento não mais existe do que não existe. (HP III, 65)

Na vida comum, assume-se que o movimento existe, que é real, mas esse modo de pensar obviamente não leva em conta argumentos filosóficos contra a existência do movimento. Se esse modo de pensar é considerado dogmático pelo cético, então temos aí um bom exemplo de uma crença comum sobre a qual o cético suspende o juízo. Sexto continua:

> Nós, porém, não sendo capazes de rejeitar nem esses discursos (*lógoi*) (*isto é: contra a existência do movimento*) nem o fenômeno, conformando-se ao qual introduzem a hipóstase do movimento, suspendemos o juízo sobre se existe o movimento, ou não existe... (HP III, 81)

Introduzir a hipóstase do movimento é substancializá-lo, dizê-lo real – e o contexto todo, aí se incluindo as passagens que antecedem o texto, mostra que Sexto está atribuindo a filósofos (realistas) e às pessoas comuns essa postura dogmática, que o cético obviamente questiona. Semelhante argumentação é encontrada nos argumentos de Sexto, por exemplo, sobre o lugar e o tempo, tanto nas *Hipotiposes* como em "*Adversus Mathematicos*": também aí, a suspensão de juízo incide tanto sobre as teses filosóficas quanto sobre o que dizem as pessoas comuns. Ora, esses textos todos, nos quais Sexto afirma que o cético suspende o juízo, não somente sobre teses filosóficas, mas também sobre as posições das pessoas comuns, parecem-me representar um obstáculo bastante difícil para a interpretação "urbana". Por outro lado, a interpretação "rústica" sobre o tema pode explicar as passagens anteriormente mencionadas de maneira convincente, uma vez que ela estende a crítica cética também ao que dizem as pessoas comuns, um radicalismo plenamente conciliável com a ideia de uma suspensão cética do juízo sobre a totalidade do discurso assertivo das pessoas.

Ceticismo e *lógos*

No capítulo X de HP I, intitulado "Se os céticos suprimem os fenômenos", Sexto Empírico apresenta, como objeto de suspensão cética de juízo, a sentença "O mel é doce", conforme citado acima. Sexto explica que os céticos reconhecem que o mel aparece como doce, mas questionam o que *é dito* sobre o mel e afirma que o cético suspende o juízo sobre essa sentença "*hóson epì tô lógo*" (HP I, 20):

> Quando investigamos se o objeto é tal como aparece, concedemos que aparece, mas investigamos, não sobre o que aparece (*perì toû phainoménou*), mas sobre o que se diz do que aparece; isso é diferente de investigar sobre a própria coisa que aparece. Por exemplo, nos aparece que o mel adoça. Com isso nós concordamos, pois somos sensorialmente adoçados. Mas questionamos se o mel é doce, no que diz respeito ao discurso (*hóson epì tô lógo*); isso não é o que aparece, mas o que é dito sobre o que aparece.

Sexto usa a mesma expressão (*hóson epì tô lógo*) em muitas passagens de sua obra.[3] Consideremos uma delas, que se encontra na secção XXXI do primeiro livro das Hipotiposes, que tem como título "Se a filosofia cética é diferente da cirenaica" (HP I, 215). Opondo ao dogmatismo dos cirenaicos a posição dos céticos, Sexto afirma: "... nós suspendemos o juízo sobre os objetos exteriores, no que diz respeito ao discurso (*hóson epì tô lógo*)..."

A primeira dessas duas passagens que acabamos de citar, a de HP I, 20, ocupou um lugar importante e teve importância crucial na controvérsia entre Burnyeat e Frede e seus respectivos seguidores acerca da questão sobre se os pirrônicos tinham, ou não tinham, crenças, portanto na controvérsia entre as interpretações "rústica" e "urbana".

---

3   Por exemplo, em HP I, 215; II, 2; 95; III, 29; 65; 95; 104 etc.

Uma sentença como "O mel é doce", que está no texto de HP I, 20, foi certamente usada por milhões de pessoas em seu dia a dia, desde a Antiguidade Clássica até os nossos dias. Nesse texto, Sexto a toma como uma sentença dogmática, sobre a qual os céticos suspendem seu juízo. Sexto a toma como um discurso que diz algo sobre o que aparece (a doçura do mel) e ele opõe "é" (*estin*) a "aparece" (*phaínetai*). Para ele, o simples uso do verbo "ser" numa sentença qualquer, seja ela usada pelas pessoas comuns seja por filósofos, é suficiente para que o significado da sentença transcenda o âmbito fenomênico.

Em outro contexto, na secção V de HP III, intitulada "Se algo é causa de algo" (HP III, 16-29), após expor argumentos tanto favoráveis como contrários à existência de causas, ao apresentar, no final da seção (HP III, 29), a conclusão cética sobre a equipolência dos argumentos opostos, Sexto afirma, acerca de uma das posições dogmáticas: "é necessário suspender o juízo também sobre a hipóstase da causa, dizendo que uma causa não mais existe que não existe, no que respeita às coisas ditas pelos dogmáticos (*hóson epì toîs legoménois hypò tôn dogmatikôn*)". Uma vez que Sexto entende como dogmáticos tanto os filósofos como as pessoas comuns, parece-nos que se podem dizer sinônimas, no uso sextiano, as expressões "*hóson epì tô lógo*" e "*hóson epì toîs legoménois hypò tôn dogmatikôn*". A suspensão de juízo *hóson epì tô lógo* é a suspensão de juízo sobre um discurso que se pretende expressão da verdade e da realidade.

Mas os intérpretes "urbanos" não aceitam a interpretação "rústica" (é "rústica" a interpretação que estou defendendo) das sentenças em que Sexto fala da suspensão de juízo *hóson epì tô lógo*. Para eles, o uso dessas expressões denotaria a insistência do autor em restringir o âmbito da *epokhé* ao discurso dogmático filosófico.[4] Eles entendem que Sexto, nessas sentenças, tem em vista somente o discurso dos filósofos, mas não o *lógos* das pessoas comuns.

---

4 Hankinson, comentando um artigo de Brunschwig precisamente sobre o tema, fala de várias interpretações possíveis para a expressão em questão, embora lembre o fato de Brunschwig ter julgado sua própria posição indiferente quanto ao debate entre os ceticismos " rústico" e "urbano": "*Syntactically, the phrase hóson epi toi lógoi, can be either adverbial, qualifying the manner in which something is done, or 'objective', qualifying the object, or proposition, under discussion (as Frede and I take it). Secondly, it can be either 'anaphoric', referring to a previous stretch of argument, or not (as again Frede and I take it). (...) Brunschwig rejects the non-anaphoric options since they demand taking logos to mean 'essence', and he detects no* **such** *use in Sextus. But Sextus does sometimes use logos to mean 'definition' (e.g. PH 2 212). A definition, in his sense, is a Lockean real definition-it picks out what it is to be something, or its essence. But even if Brunschvicg is right, he allows that his account is indifferent between rustic or urbane Scepticism.* " (HANKINSON, 1998, p. 247)

Para eles, haveria uma identificação entre o sentido de boa parte do discurso corrente das pessoas e o sentido do discurso utilizado cotidianamente pelos céticos; ambos esses discursos seriam não-dogmáticos, exprimiriam crenças não-dogmáticas. O simples uso do verbo "ser" nas sentenças proferidas pelas pessoas comuns não seria suficiente para transcender o âmbito dos fenômenos. Seria preciso filosofar para que houvesse uma tal transcendência no uso de sentenças banais do dia a dia, tais como "há uma porta ali" ou "o mel é doce". Assim, sentenças que obviamente não dizem respeito a temas filosóficos estariam fora do questionamento pirrônico.

Entenda-se, porém, que os intérpretes "urbanos" não afirmam que o discurso inteiro das pessoas comuns está imune ao questionamento e a *epokhé* dos céticos. Eles concordam, por exemplo, que, em matéria moral, esse discurso é basicamente dogmático e que a influência que a filosofia do passado pode ter exercido sobre ele é grande e difícil de ser rastreada. Mas, de um modo geral, o discurso das pessoas comuns não seria dogmático.

Entretanto, em face dos textos de Sexto acima citados na parte 2 ("A controvérsia sobre o escopo da *epokhé*") e do exame do uso sextiano da expressão *"hóson epì tô lógo"*, não vemos como se poderia justificar uma interpretação "urbana" do pirronismo.

Lembro apenas que o cético se pode permitir, em sua vida cotidiana, o uso de uma sentença tal como "o mel é doce". Ele a estaria usando em um sentido diferente, ele estaria usando "é" (*esti*) no sentido de "aparece" (*phaínetai*). Sexto distingue entre dois sentidos de *"esti"*: o sentido dogmático e o sentido cético. No sentido dogmático, *"esti"* exprime uma afirmação de realidade; no sentido cético, *"esti"* tem o sentido de "aparece" (*phaínetai*).[5]

Parece-me que um resultado importante se impõe, a partir de tudo quanto vimos, a hipótese de que uma compreensão adequada da filosofia pirrônica pressupõe uma atenção especial à questão sobre como os céticos lidam com a linguagem, assim como uma investigação sobre se o próprio Sexto terá eventualmente tratado, de modo direto, ou indireto, dessa questão.

A centralidade do tema da linguagem para o pirronismo antigo parece não ter chamado particularmente a atenção de estudiosos importantes como

---

5   Em muitas passagens de sua obra, Sexto diz que o cético usa *"esti"* no sentido de *"phaínetai"*, por exemplo em HP I, 135; 198; 200 etc.

Burnyeat e Frede. Mas, já em 1982, Barnes publicou um artigo (cf. BARNES, 1982), no qual recorreu ao conceito wittgensteiniano de "*avowal*" para explicar como, à luz da filosofia contemporânea da linguagem, o cético pirrônico pode usar uma linguagem não-proposicional em seu dia a dia (tal é a interpretação de Barnes, para quem isso tornaria coerente a figura do cético "rústico" e tornaria sua vida sem crenças possível de ser vivida). Alguns estudiosos do pirronismo têm explorado essa linha.

Recentemente, Lorenzo Corti (2009, p. 154) dedicou um livro inteiro a esse tema, muito embora tenha apontado os limites de uma leitura "wittgensteiniana" de Sexto. No Brasil, Danilo Marcondes também se serve da moderna filosofia da linguagem para, como ele diz, dar coerência ao pirronismo, a partir da noção de "atos de fala", propondo uma espécie de "superação" da *epokhé* pirrônica:

> Penso, com efeito, que numa concepção de linguagem, como a que propus e em que não se tomam mais as noções de proposição e juízo como noções centrais, mas que se caracteriza como ação, como realização de atos de fala, a suspensão do juízo talvez não faça mais sentido, talvez não seja mais possível, mas também não será mais necessária. (MARCONDES, 2007, p. 81).

Em artigo posterior, com o título "Rústicos X Urbanos: O Problema do Insulamento e a Possibilidade de uma Filosofia Cética", o autor desenvolve uma "análise pragmática da suspensão de juízo", concluindo que: "A expressão da afecção pelo cético teria assim o caráter expressivo do avowal, não tendo as características do juízo com sua natureza descritiva e sua pretensão à verdade" (MARCONDES, 2008, p. 146).

Em face dessas complexas interpretações baseadas na filosofia contemporânea da linguagem, proponho, no entanto, que se volte à pergunta simples do debate tradicional. "Rústicos" e "urbanos" se perguntaram se o questionamento cético do discurso dogmático se estende, ou não, ao discurso cotidiano das pessoas comuns. Ora, a leitura da obra de Sexto me convenceu de que nela se encontra uma resposta sextiana, pelo menos indireta, a essa pergunta. Esse me parece o caminho a ser seguido para tentar encontrar uma solução não-anacrônica para esse difícil problema.

Danilo Marcondes, ao abordar essa questão, afirmou:

> Minha hipótese mais geral em defesa de uma interpretação da viabilidade da epoché e, em consequência, do ceticismo, vai na seguinte direção. A interpretação da epoché segundo a qual esta inviabilizaria nossa ação pressupõe uma determinada concepção de juízo e de relação entre juízos e crenças e entre crenças e a ação. De acordo com esta concepção, agir pressupõe ter determinadas crenças que por sua vez nos levam a julgar ou decidir se devemos (ou não) fazer algo determinado pelo conteúdo dessas crenças. Supõe, portanto, uma teoria do juízo, uma concepção de que há, de certo modo, duas operações da mente ou do intelecto envolvidas no ato de julgar – a formação da crença e a decisão de afirmá-la; e supõe também uma teoria da ação segundo a qual ao agir levamos em conta determinadas crenças e a partir delas tomamos a decisão de agir. Estas duas teorias são complementares. (MARCONDES, 2007, p. 70-71)

Embora eu tenha sugerido poder haver certo anacronismo no recurso à filosofia contemporânea da linguagem, penso, no entanto, que Danilo Marcondes, na passagem acima reproduzida, propôs o que se me afigura como uma boa defesa contra a "objeção da inação" e portanto contra a frequente rejeição da posição "rústica". Isso porque Marcondes aí denuncia a postura dogmática que sustenta a objeção, isto é, a pressuposição dogmática e altamente teórica de que não é possível agir sem crer. Com efeito, são muitas as teorias filosóficas da ação e elas conflitam entre si. Assim, basta que o cético adote, com relação a elas, sua postura habitual com relação a qualquer conflito entre teorias dogmáticas; a investigação sobre elas mostrando que se podem fazer igualmente persuasivas, a *epokhé* se impõe e não se tem como aceitar nenhuma delas. O que abre um caminho em direção à aceitação da interpretação "rústica", *desde que* os textos de Sexto a corroborem e *mostrem que ela não depende*, como a interpretação urbana "depende", de qualquer pressuposto teórico. Entretanto, penso que a elucidação desse ponto exige toda uma investigação sobre a relação entre a vida sem opinião nem crença do cético e o "fenomenismo" sextiano.

Seja como for, penso ter mostrado que, para apreender adequadamente a figura do pirrônico que o pirrônico Sexto Empírico nos propôs, é preciso levar a sério a descrição do pirrônico como um filósofo que afirma ser possível viver sem crenças e afirma assim viver.

O percurso cético

Mencionei, neste texto, muitas passagens da obra de Sexto que apontam para uma interpretação "rústica" do pirronismo. Mas há, pelo menos, um texto, a meu ver importante, que as corrobora, ainda que de modo algo indireto. E penso que esse texto traz uma luz particular ao debate entre as interpretações "rústica" e "urbana". Ele ocupa a maior parte do capítulo VI (HP I, 12) de HP I, intitulado "Sobre os princípios da filosofia cética", onde Sexto Empírico descreve o que veio a ser chamado por alguns autores de "percurso cético". O curioso é que, via de regra, os autores não parecem ter-se interessado tanto por essa passagem, que merece ser examinada mais de perto. Nela, Sexto afirma:

> Dizemos que o princípio "causal" da postura cética é a esperança de obter a tranquilidade. Com efeito, homens de talento perturbados devido à anomalia nas coisas e em aporia sobre a quais delas é preciso antes dar assentimento, foram investigar nas coisas o que é verdadeiro e o que é falso, de modo a obter a tranquilidade a partir do julgamento delas. O principio da ordenação cética é, sobretudo, opor a todo *lógos* um *lógos* igual. Pois, a partir disso, pensamos cessar de dogmatizar. (HP I, 12)

Sexto nos descreve aí o primeiro momento do percurso feito pelos futuros céticos em direção à *epokhé* (suspensão de juízo) e à *ataraxía* (tranquilidade de espírito). Lembremos que os pirrônicos, em geral, disseram ser *télos* (fim, objetivo) da filosofia cética a *ataraxía*, mas alguns acrescentaram a *epokhé*, como o próprio Sexto nos relata no final do capítulo XII de HP I, intitulado "Qual o fim da filosofia cética" (HP I, 12).

Homens de talento, diz Sexto, perturbados pela anomalia das coisas (*tèn en toîs prágmasin anomalían*), sem saber a que coisa, a que opinião, dar assentimento, entre as muitas que umas com as outras conflitavam, foram investigar o que é verdadeiro e o que é falso nelas. Vemos, então, que foi um conflito de opiniões que moveu inicialmente alguns "homens de talento" em direção à investigação e, em HP I, 26, no capítulo há pouco citado, Sexto nos explica que essa investigação teve lugar no campo da filosofia.

Ora, é importante ressaltar, para entender melhor esse percurso "cético", que o primeiro "movimento" do ceticismo ocorreu antes mesmo da investigação filosófica em busca da verdade, na experiência das dificuldades sobre a qual coisa dar assentimento. A filosofia pareceu, para aqueles homens de talento que posteriormente viriam a tornarem-se filósofos céticos, ser um caminho natural a seguir para resolver aquelas suas dúvidas e dificuldades, já que ela os deveria ensinar acerca da verdade e da falsidade. Foi no âmbito da vida comum e cotidiana, portanto, que primeiro surgiu a dificuldade (pré) cética em dar assentimento, dificuldade essa que levou, quando esses homens de talento se tornaram céticos, a uma generalizada suspensão cética de juízo, por terem eles descoberto que não havia como darem assentimento a opinião nenhuma. Como disse Sexto, ainda em HP I, 26, na incapacidade de decidir, eles suspenderam o juízo e a essa suspensão seguiu-se a *ataraxía*. Essa impossibilidade cética de dar assentimento deu origem a uma máxima famosa, que os céticos fizeram um dos motes de seu filosofar: "não mais" (*ou mâllon*).

A importância do fato de aquela primeira dificuldade dos homens de talento em dar assentimento ser anterior à busca filosófica da verdade e da realidade que os fez encontrar, também em filosofia, um conflito insanável de opiniões do qual resultaram a *epokhé* e o viver sem crenças nem opiniões (*adoxástos*), parece-me grande e merece nossa atenção. Essa importância reside no fato de que fica claro haver, segundo a ótica sextiana, uma total continuidade entre o questionamento inicial dos homens de talento acerca de coisas e fatos de sua experiência cotidiana e o estado posterior de *epokhé* - cujo escopo também abarcaria, assim, aquelas mesmas questões iniciais.

É claro que o contato com as doutrinas filosóficas provavelmente mostrou a esses homens de talento uma quantidade enorme de problemas filosóficos que eles nem imaginavam existir e os instruiu em conceitos sofisticados de filosofia. Mas, insistimos, o ponto de partida, o estado inicial e "pré-filosófico" desse percurso, foi um questionamento acerca de problemas do cotidiano. Esses homens de talento, dotados de maior dose de espírito crítico, atentaram naquelas anomalias e se preocuparam com elas. Isso certamente não ocorre com a grande maioria dos homens, que se apegam às suas fortes opiniões sobre os mais variados temas e acreditam firmemente na verdade de um grande número de proposições banais.

Esse texto de HP I, 12, que resolvi comentar mais demoradamente, complementando-o com citações de outras passagens complica – e muito – a interpretação "urbana", que restringe, como vimos, o escopo da *epokhé* pirrônica aos discursos da filosofia e das ciências.

Mas, se os futuros céticos experienciaram, desde o início de seu "percurso cético", uma grande dificuldade para formar opiniões e se sua jornada filosófica somente reforçou essa dificuldade, não há por que pensar em qualquer identificação entre a vida "opinativa" das pessoas comuns, de um lado, e a vida cética de adesão aos *phainómena* de outro. Isso porque o cético sextiano não é uma pessoa comum, ele não comunga de suas crenças; seu ponto de identificação com o comum dos homens é meramente prático – ainda que muitos intérpretes contemporâneos do ceticismo tenham sustentado o contrário.[6]

Assim como o cético também não segue um discurso filosófico dogmático que tenha consequências marcantes e substanciais no seu comportamento cotidiano e o diferencie nitidamente do comum dos homens (tornando-o, para dar um exemplo, impassível diante da dor ou de qualquer outra afecção). A meu ver, é sob esse aspecto que o cético está ao lado do *bíos*: ele compartilha da maneira de viver das pessoas comuns, mas jamais de suas afirmações dogmáticas. A observância cética da vida comum (*biotikè téresis*) implica que a pretensão à verdade de discurso nenhum influenciará a vida do cético – ao contrário do que ocorria com os estoicos, seus grandes adversários filosóficos. Em *epokhé* sobre todas as crenças, o pirrônico questiona também aquelas que levam os homens a uma alteração significativa de atitudes e comportamentos no seu dia a dia, em nome de dogmas filosóficos. E ele questiona, porque dogmática, qualquer doutrina que pretenda fundamentar uma "arte de viver".

---

6   A última formulação dada por Gisela Striker a essa questão é a de que o cético terá as crenças dos seus concidadãos, mas não as endossará : "*But this seems to be what Sextus postulares– a Pyrrhonist will indeed have the same beliefs as his fellow citizens, but he will preserve his peace of mind by endorsing none of them.*" (STRIKER, 2004, p. 20). Não vejo, contudo, como ter uma crença sem endossá-la.

É o que Sexto nos diz em HP III, 239, no início do capítulo XXIII (HP III, 239-49) do livro terceiro das *Hipotiposes,* capítulo que tem como título "Se existe uma arte de viver" (*"Ei estì tékhne perì biôn"*).

Espero ter deixado bastante claro por que me inclino fortemente em favor da ideia de que o cético de Sexto Empírico não tem crenças de qualquer espécie, nem aquelas mais sofisticadas dos filósofos, que ditam sua forma de viver e agir no mundo, nem as crenças comuns e não-refletidas, comungadas pela maioria dos homens. Em verdade, seria muito estranho se, após aquela longa e peculiar experiência filosófica e a consequente *epokhé* sobre todas as coisas, o pirrônico ainda mantivesse as crenças das pessoas comuns.

Conforme essa interpretação "rústica" aqui delineada, *somente é possível não dogmatizar a partir do percurso cético*; se não fosse assim, bastaria, para que o homem comum não fosse dogmático na maioria dos assuntos, que ele nada conhecesse de filosofia. Entendo, assim, que, se não se está em *epokhé*, se está dogmatizando e é por isso que Sexto nos diz, no texto de HP I, 12, acima comentado, que a consequência da suspensão do juízo é cessar de dogmatizar. Antes da suspensão, por mais sofisticada que fosse sua formação, o homem de talento comungava de inúmeras crenças comuns para as quais, tendo-se tornado cético, não encontra qualquer justificação. *Nesse sentido*, isto é, no que concerne a seu olhar filosófico sobre as coisas do mundo, o cético é um homem profundamente afetado por sua investigação filosófica. Seu percurso filosófico em direção à *epokhé* propiciou-lhe uma perspectiva filosófica sobre as coisas que nada tem a ver com as visões-de-mundo das pessoas comuns. Assim como uma perspectiva filosófica totalmente diferente das perspectivas que têm um bom número de filósofos dogmáticos acerca de nosso discurso cotidiano. Ao menos, assim me parece. O cético questiona de modo radical a pretensa capacidade do discurso humano, teórico ou não, para dizer verdades e exprimir realidades.

Sobre dois neopirrônicos "urbanos"

Antes de minhas considerações finais, quero falar sucintamente de dois estudiosos contemporâneos do pirronismo, R. J. Fogelin e Oswaldo Porchat, que se chamaram a si mesmos de "neopirrônicos" e subscreveram a interpretação "urbana" que Frede deu ao pirronismo. De fato, minha discordância das interpretações que esses especialistas ofereceram da obra de Sexto Empírico e minha crítica à influência que elas têm tido no contexto brasileiro têm sido fonte de inspiração para este trabalho.

No caso de Fogelin, a adesão à interpretação frediana da obra de Sexto é totalmente explícita e Fogelin diz que ela inspirou sua filosofia. Em seu artigo *"The Skeptics Are Coming! The Skeptics Are Coming!"* (FOGELIN, 2004, p. 163-4), Fogelin afirma que é justamente por adotar a interpretação frediana do pirronismo que sua filosofia não enfrenta as famosas objeções de incoerência e apraxia. Ele diz:

> Since, following Michael Frede, I adopt the urbane interpretation of the text, this choice does not come up. So when I speak of Pyrrhonism, I mean Pyrrhonism urbanely understood. When I speak of neo-Pyrrhonism, I have in mind classical Pyrrhonism urbanely understood, updated, where necessary, to make it applicable to contemporary philosophical debates. (FOGELIN, 2008, p. 163-4)

Quanto a Porchat, vou referir-me a passagens de dois de seus artigos publicados em 1991, "Sobre o que Aparece", (PORCHAT, 2006b) e 1995, "Verdade, Realismo, Ceticismo", (PORCHAT, 2006c), respectivamente. No primeiro desses artigos, Porchat escreveu:

> Ao dizer, por exemplo, que o mel é doce, não nos pronunciamos sobre a natureza real do mel ou da doçura, sobre a eventual realidade substancial do mel, sobre se a doçura é ou não uma propriedade real a ele inerente, sobre a natureza da relação entre sujeito e predicado; nem disso nada pressupomos, já que temos nosso juízo suspenso sobre todas essas questões. Porque isso tudo não é o fenômeno, mas "o que dele se diz".

> Suspendemos nosso juízo sobre se o mel é doce *hóson epì tô lógo* (cf., *ibidem*, I, 20; também I, 215; II, 95; III, 29, 65 etc.), isto é, enquanto esse enunciado ("o mel é doce") é matéria da razão filosófica, é objeto de comentário ou interpretação dogmática. Esclarecido esse ponto, permitimo-nos usar a linguagem corrente dos homens, nela dizendo quanto nos aparece. (PORCHAT, 2006b, p. 125-6)

E, no segundo, assim se exprimiu:

> Com grande frequência se serve Sexto, como nas duas passagens citadas, das palavras *hóson epí* seguidas do dativo de certas expressões (assim, *hóson epì tô lógo, hóson epì tô philosópho lógo, hóson epì toîs legoménois hypò tôn dogmatikōn* etc.) para – tal é minha interpretação – qualificar o questionamento e a consequente suspensão pirrônica do juízo, restringindo-os tão-somente a leituras, comentários ou interpretações dogmáticas dos temas que discute, cf., por exemplo, H. P. I, 20, 215; II, 26, 95, 104; III, 6, 13, 29, 135, 167; A. M. VIII, 123; IX, 49 etc. Michael Frede também assim interpreta essas passagens (...) (PORCHAT, 2006c, p. 205, n. 35)

Como se vê, Porchat defende a tese de que a suspensão de juízo *"hóson epì tô lógo"* sobre uma afirmação qualquer, sobre a afirmação de que o mel é doce, por exemplo, deveria ser entendida como dizendo apenas respeito a uma interpretação dogmática dessa afirmação. Desse modo, Porchat restringe o questionamento pirrônico do discurso assertivo e o escopo da *epokhé* pirrônica tão somente aos discursos dogmáticos dos filósofos e ao discurso comum por eles cotidianamente usado *somente enquanto* interpretado por eles dogmaticamente.

No mesmo artigo a que pertence a última passagem que citamos "Verdade, Realismo, Ceticismo" (PORCHAT, 2006c), o autor fala das "crenças fenomênicas" dos céticos e introduz as noções neo-pirrônicas de verdade e realidade. E, já em 1991, ele tinha exposto sua nova interpretação do ceticismo pirrônico, em substituição à que defendera em seus artigos anteriores, nos quais atribuíra a Sexto e aos céticos uma postura crítica em relação ao discurso das pessoas comuns, que eles teriam classificado como dogmáticas. Embora Porchat jamais tenha expressamente afirmado que os pirrônicos davam assentimento a algo além do que aparece (*tò phainómenon*), sua nova interpretação do pirronismo permite facilmente caracterizá-lo como um neopirrônico "urbano".

Considerações finais

Nenhum consenso há entre os intérpretes e entre os tradutores acerca de como traduzir e explicar termos gregos que exprimem conceitos que todos, entretanto, reconhecem como centrais para a compreensão do pirronismo, tais como os de *"phainómenon"*, *"phantasia"*, *"agogé"* e muitos outros.

Com efeito, a coerência de uma vida cética sem crenças e do uso pirrônico da linguagem só pode ser defendida com a formulação de uma visão global sobre o ceticismo pirrônico de Sexto Empírico, com a articulação dos principais conceitos desse autor – algo que transcende as possibilidades deste artigo.

De qualquer modo, creio ser possível desenvolver uma interpretação "rústica" que confira ao pirronismo a merecida coerência e cidadania filosófica, uma interpretação que endosse, assim, a opinião de Porchat sobre a objeção estoica e humeana:

> Os estoicos repetiram à saciedade essa objeção contra o pirronismo e Hume a retomou com vivacidade numa passagem de sua obra que se tornou justamente célebre. A *epokhé* generalizada pareceria condenar-nos inexoravelmente à inação e à morte. A prática sincera da filosofia cética, se acaso possível, encaminharia a um rápido e infeliz desenlace nossa "miserável existência"..., pondo um bem triste fim a nosso itinerário filosófico. Tolice e contra-senso! Mas tão grande é – ou precisa ser – a ignorância filosófica acerca do ceticismo grego que objeções como essa se repetem corriqueiramente até os nossos dias. (PORCHAT, 2006b, p. 122)

Concordando com essa opinião, mas não pelas mesmas razões.

Referências bibliográficas

BARNES, J. (1982). "The Beliefs of a Pyrrhonist". In: *Proceedings of the Cambridge Philological Society*, 208 (New Series 28). Cambridge: Cambridge University Press.

BARNES, J. (2007). "Sextian Scepticism". In: *Maieusis: Essays in Ancient Philosophy in Honour of Myles Burnyeat*. Oxford: Oxford University Press.

BARNES, J., BURNYEAT, M. F., and SCHOFIELD, M. (eds.). (1980). *Doubt and Dogmatism*. Oxford: Oxford University Press.

BOLZANI FILHO, R. (1992). *O ceticismo pirrônico na obra de Sexto Empírico* (dissertação de mestrado apresentada ao DF/FFLCH-USP. São Paulo.

BRENNAN, T. (1994). "Criterion and Appearance in Sextus Empiricus: The Scope of Sceptical Doubt, The Status of Sceptical Belief". In: *Bulletin of the Institute of Classical Studies* 39.

BURNYEAT, M. (1982). "Idealism and Greek Philosophy: What Descartes Saw and Berkeley Missed". In: *Philosophical Review* 91 (1), p. 3-40.

BURNYEAT, M. (1983b). "Can the skeptic live his skepticism?". In: BURNYEAT, M. 1983a (as referências das páginas são a esta última obra).

BURNYEAT, M. (1984). "The sceptic in his place and time". In: R. Rorty, J. B. Schneewind and Q. Skinner (eds.), *Philosophy in History*. Cambridge: Cambridge University Press.

BURNYEAT, M. (ed.) (1983a). *The Skeptical Tradition*. Berkeley: University of California Press.

CORTI, L. (2009). *Scepticisme et langage*. Paris: Librarie Philosophique J. Vrin.

FOGELIN, R. J. (2004). "The Skeptics Are Coming! The Skeptics Are Coming!". In: W. SINNOTT-ARMSTRONG (ed.), *Pyrrhonian Skepticism*. Oxford: Oxford University Press, p. 161-173.

FREDE, M. (1987a). *Essays in Ancient Philosophy*. Oxford: Oxford Clarendon Press.

FREDE, M. (1987b). "The skeptic's beliefs". In: FREDE, M. (1987a).

HANKINSON, R. J. (1998). *The Sceptics*. Londres, Nova York: Routledge.

HOUSE, D. (1980). "The Life of Sextus Empiricus" in *Classical Quarterly* 30, p. 227-38.

HUME, D. (1975a). *Enquiries concerning Human Understanding and concerning the Principles of Moral* ed. by L. A. Selby-Bigge, 3rd edition, with text.

Hume, D. (1975b) *An Enquiry concerning Human Understanding*. In Hume, D. (1975a).

Marcondes, D. (2008). "Rústicos X Urbanos: O Problema do Insulamento e a Possibilidade de uma Filosofia Cética". In: *O que nos faz pensar*, n. 24.

Marcondes, D. (207). "Juízo, suspensão do juízo e filosofia cética". In: *Revista Sképsis*, vol. 1, número 1, p. 69-82.

Mates, B. (1996). *The Skeptic Way –Sextus Empiricus's Outlines of Pyrrhonism*. Nova York, Oxford: Oxford University Press.

Porchat Pereira, O. (2006a) *Rumo ao Ceticismo*. São Paulo: Editora Unesp.

Porchat Pereira, O. (2006b). "Sobre o que aparece". In: Porchat Pereira, O. (2006a). Porchat Pereira, O. (2006c). "Verdade, Realismo, Ceticismo". In: Porchat Pereira, O. (2006a).

Sexto Empírico. (1976). *Sextus Empiricus in four volumes* (v. 1: *Outlines of pyrrhonism*; v. 2-4: *Adversus Mathematicos* VI-XI). Cambridge (Mass.), Londres: Loeb Classical Library, Harvard University Press and William Heinemann.

Sexto Empírico. (1977). *Sextus Empiricus – Against the Ethicists* (*Adversus Mathematicos XI*) (*Translation, Commentary and Introduction by Richard Bett*). Oxford: Clarendon Press.

Sexto Empírico. (1994). *Sextus Empiricus – Outlines of Scepticism* (translated by Julia Annas and Jonathan Barnes). Cambridge: Cambridge University Press.

Smith, P. J. "Wittgenstein e o Pirronismo: sobre a natureza da filosofia", *in* Smith, P. J., *in Ceticismo Filosófico*. São Paulo: EPU e Curitiba: Editora da UFPR, 2000.

Striker, G. (2004). "Historical Reflections on Classical Pyrrhonism and Neo-Pyrrhonism". In: W. Sinnott-Armstrong (ed.), *Pyrrhonian Skepticism*. Oxford: Oxford University Press.

Vogt, K. (2007). "Activity, Action and Assent: on the life of the Pyrrhonian Sceptic" (não-publicado). In: www.katjavogt.com.

PARTE II
Ceticismo moderno

Ceticismo e Novo Mundo

DANILO MARCONDES DE SOUZA FILHO (PUC-RIO)

> Notre monde vient de trouver un autre.
> Michel de Montaigne, *Essais* (III, 6)

Introdução

É SIGNIFICATIVO QUE RICHARD POPKIN (1966, p. 23-30) comece sua antologia de textos sobre o pensamento moderno[1] com a carta de Américo Vespucci de 1502 dirigida a Lorenzo de Píer Francesco di Médici.[2]

Segundo Popkin (1966, p. 23) na apresentação deste texto, "[a] carta de Vespucci mais do que a de Colombo ou de qualquer outro dentre os primeiros exploradores indica o significado revolucionário das terras recém descobertas para o mundo intelectual da época". É curioso, contudo, que Popkin não tenha desenvolvido essa questão em sua análise da retomada do ceticismo antigo na formação do pensamento moderno.

Com efeito, a ausência de discussão sobre o Novo Mundo na história da filosofia moderna é surpreendente. Por exemplo, na *Cambridge History of Renaissance Philosophy* (cf. SCHMITT & SKINNER, 1988), nenhuma menção é feita a essa questão embora o século XVI seja amplamente discutido. Sequer o longo capítulo sobre a ciência natural (SCHMITT & SKINNER, 1988, p. 199-301) se refere a qualquer impacto das navegações e das descobertas, de importância fundamental para a redefinição desde a geografia e as técnicas de navegação até a história natural propriamente dita (botânica, zoologia, geologia etc.). O mesmo pode ser dito sobre a *Routledge History of Philosophy* (PARKINSON, 1999), cujo

---

1   Contudo, o próprio Popkin não retoma esta questão em sua *História do Ceticismo*, nem em outros textos.
2   Trata-se da famosa carta intitulada *Mundus Novus*, dirigida em 1502 ao então embaixador de Florença na corte de Carlos VIII, rei de França e publicada em 1503, com mais de onze edições entre 1503-1506 (cf. VESPUCCI, 2005).

vol. IV *The Renaissance and the 17th Century Rationalism* não menciona o descobrimento do Novo Mundo uma única vez. O mais claro exemplo disso talvez seja a *História da Filosofia* organizada por François Châtelet (1975), cujo volume 3 é precisamente intitulado *A Filosofia do Mundo Novo* (no original francês *La philosophie du Monde Nouveau*) e apesar disso não faz uma única referência ao impacto do descobrimento do Novo Mundo sobre o pensamento europeu do século XVI.

Portanto, a história da filosofia recente não parece ter reconhecido essa questão como tendo qualquer relevância.[3] Tradicionalmente se considera que o Humanismo Renascentista, a Reforma Protestante e a Revolução Científica são os principais fatores constitutivos do contexto histórico de formação do pensamento moderno, provocando uma profunda transformação na visão de mundo da época, o que Christopher Hill (1975), em um texto já clássico, denominou de um "mundo virado de cabeça para baixo". Esses eventos históricos têm sido interpretados também em relação à retomada da filosofia cética antiga no século XVI por conduzirem ao conflito de doutrinas e ao questionamento da tradição, suscitando a discussão sobre o problema do critério de validade de teorias filosóficas, científicas, teológicas e mesmo jurídicas. Segundo Popkin (2000, 2002) nos mostrou, os argumentos dos céticos antigos foram retomados e reformulados à luz dessa nova problemática.

Pretendo levar adiante o projeto de Popkin, discutindo o surgimento do ceticismo moderno em seu contexto inicial, contrastando-o com o antigo quanto ao caráter inovador e original dessas novas questões céticas. Proponho enfatizar a importância da descoberta do Novo Mundo, a partir de 1492, como um dos elementos constitutivos desse contexto histórico uma vez que seu impacto econômico, político e cultural efetivamente levou a uma profunda transformação do mundo europeu a partir desse momento, contribuindo inclusive, para a perda de credibilidade da ciência antiga ao revelar uma realidade até então desconhecida, levando com isso à necessidade de um novo conhecimento desde a geografia até as espécies naturais e, sobretudo, aos povos encontrados nas Américas.

---

3   Uma exceção é Hannah Arendt (1993, cap. VI) que reconhece a importância da descoberta do Novo Mundo para a formação da Modernidade, porém não chegar a desenvolver isso.

Em segundo lugar, visando desenvolver essa nova hipótese sobre a relevância da descoberta do Novo Mundo, proponho também o exame de questões encontradas em textos da chamada *literatura das navegações*, fortemente marcada pelo Humanismo Renascentista e contendo relatos tanto de primeira mão, os dos navegadores, quanto indiretos, os dos cronistas, sobre o Novo Mundo. Esses textos levantam questionamentos que vão da ciência antiga até a universalidade da natureza humana, radicalizando, a partir de um novo contexto, as questões céticas. De início pretendo me concentrar apenas nas primeiras décadas do século XVI, no momento de constituição das assim chamadas "primeiras imagens" do Novo Mundo, quando esses autores escreveram ainda sobre o impacto da descoberta dessa nova realidade,[4] produzindo uma interpretação desse evento histórico que marcará fortemente os relatos posteriores. A descoberta do Novo Mundo como fato histórico e geográfico tem como correlato uma descoberta intelectual do Novo Mundo, o que significa a necessidade de interpretar esse acontecimento, de lhe dar sentido, de incorporá-lo ao pensamento e ao imaginário europeus.[5] Isso se torna necessário sobretudo a partir de um conflito básico que se dá entre o objetivo primordial e declarado dos primeiros exploradores como Colombo e Vespúcio, que seria o de encontrar o caminho para as Índias e trazer riquezas para seus patrocinadores e o objetivo efetivamente alcançado, a descoberta de terras desconhecidas, com povos desconhecidos e, ao menos inicialmente, sem as riquezas pretendidas.

Esse evento histórico produz de início uma perplexidade que deverá ser elaborada e superada. A primeira tentativa de se formular uma ciência do Novo Mundo só se encontra na *Historia natural y moral de las Índias* do jesuíta espanhol José de Acosta (1590).

Formulo assim uma distinção entre duas ordens de fatores que devem ser levadas em conta como intervindo diretamente na retomada do ceticismo antigo, e que influíram na formação do pensamento moderno:

---

4   Ver *The first images of America*, Fred Chiappelli, org., Berkeley e Los Angeles, Univ. of California Press, 1976.
5   Ver o prefácio de T. Todorov (2004) à edição francesa dos textos de Colombo, Vespúcio e Pedro Mártir em *Le nouveau monde*.

(1) um contexto de crise que levanta questões céticas; para o qual o descobrimento do Novo Mundo teve uma importância capital. Isso significa uma série de crises no pensamento europeu desde o final da Idade Média levando à perda de credibilidade da autoridade institucional da Igreja e da ciência tradicional. Essas transformações de caráter teórico, mas também sobretudo histórico, econômico e social representam mudanças no próprio contexto da época (sécs. XV-XVI), profundamente diferente dos séculos anteriores e explicitamente consciente disso. Os vários aspectos dessa ruptura são discutidos de Petrarca a Montaigne, embora é claro a descontinuidade não tenha sido total sendo que os defensores da tradição permanecem em diferentes contextos institucionais.

(2) a leitura e interpretação efetiva de textos céticos antigos à luz dessa crise no contexto da visão de mundo e de natureza humana do Humanismo.

A retomada do interesse pelos textos clássicos no contexto do Humanismo, sobretudo de início italiano e até mesmo mais especificamente florentino, possibilitou a recuperação de obras de Cícero, Diógenes Laércio e Sexto Empírico, mas também de outros pensadores importantes para o debate cético como Heródoto, o próprio Platão e Plutarco. Mesmo textos conhecidos no período medieval passaram a circular com maior intensidade e a receber nova atenção à luz das transformações indicadas no item anterior (1). É significativo que os primeiros autores da *literatura das navegações* como Colombo, Pedro Mártir e Américo Vespúcio pertenciam ao contexto cultural italiano, sendo que ao menos os dois últimos receberam uma sólida formação humanística. A relação da família Vespucci com o círculo de Savonarola em Florença torna plausível supor o contato entre Américo Vespucci e essas obras da tradição cética.[6]

A conjunção desses dois fatores permitiu com que as crises e transformações no mundo pudessem ser pensadas a partir das leituras dos céticos como conflito de doutrinas, *diaphonia* e como levantando mais uma vez o problema do critério devido à perda de credibilidade das autoridades tradicionais, sobretudo os dois pilares da tradição, a ciência e a Igreja, provocando assim

---

6   Ver a esse respeito Floridi (2002), Popkin (2003) e Fernandez-Armesto (2007).

uma *aporia*, um impasse, resultante de um conflito entre visões de mundo e entre teorias que não dão mais conta dessa nova realidade e entre as teorias e a experiência dos navegadores e colonizadores que primeiro entraram em contato com essa nova realidade. As várias ordens de conflito que Sexto Empírico explicita nas *Hipotiposes* (XIII, 30-34), se ampliam nesse caso: conflito entre as teorias da tradição, conflito entre as teorias da tradição e as novas descobertas, conflito entre os diferentes relatos das novas descobertas.[7]

Portanto, pode-se dizer em um sentido geral que a descoberta do Novo Mundo é de grande relevância para a formação da Modernidade na medida em que:

1) antecipa a Revolução Científica Moderna.

2) Levanta a questão religiosa sobre a necessidade de catequização e conversão ao Cristianismo dos povos indígenas e de como fazê-lo.

3) Em consequência de (2), mas não apenas, leva a uma discussão sobre a universalidade da natureza humana e sobre o sentido da diversidade cultural, questão nova porque embora no ceticismo antigo se encontre uma discussão a esse propósito em alguns dos tropos de Enesidemo, o foco nos tropos é sobretudo a inconfiabilidade das fontes do conhecimento, à exceção talvez do 10° tropo, o tropo moral, mais diretamente relevante para essa discussão.

Proponho concentrar-me no que denominei de "argumento antropológico", acerca de como devem ser considerados os povos do Novo Mundo, tomando-o como um novo argumento cético. Entendo como argumento cético um questionamento sobre pressupostos não examinados da tradição que são então postos em questão, nesse caso, a concepção de universalidade da natureza humana. Um argumento cético nesse sentido explicita uma *diaphonia*, um conflito, entre uma concepção prévia aceita tradicionalmente e uma nova situação ou contexto de que essa concepção não dá mais conta. Ceticismo

---

7 Esse conflito entre os relatos é importante, por exemplo, em Montaigne, que para "Os coches" leu Gomara e Las Casas e para "Os canibais" leu Thevet e Léry, em ambos os casos, relatos conflitantes, o que contribuiu para a visão relativizadora que ele apresenta (cf. MONTAIGNE, 2002; VILLEY, 1933).

sobre a natureza humana significa então que não temos mais critério para a caracterização da suposta essência do ser humano.

O contato com os povos indígenas levanta a questão sobre a universalidade da natureza humana dada a diferença radical entre esses povos, os povos europeus e os povos de outras regiões. Povos africanos e asiáticos já eram conhecidos desde a Antiguidade e relatos como os de Heródoto e posteriormente dos viajantes da Antiguidade e do período medieval já haviam sido incorporados à tradição. A descoberta de novos povos e de novas culturais produz um impacto inesperado, renovando e ampliando a visão do desconhecido.

A Descoberta do Novo Mundo

A formação das primeiras imagens das Américas pode ser ilustrada pela seguinte gravura, embora do final do século XVI (cf. SCHREFFLER, 2005, p. 295-310), bastante difundida devido à popularidade das obras do gravador flamengo Theodore Gallé.

Amerigo Vespucci et l'Amérique. Dessin de Jan van der Straet gravé par Théodore Galle, 1589.

Essa imagem alegórica é significativa do confronto entre as duas culturas e de uma visão idealizada produzida a partir disso. Américo Vespúcio desembarca no Novo Mundo, ao qual seu nome será dado posteriormente com base no famoso mapa de Waldsemüller de 1507. Inicialmente está só, o que ressalta sua importância, coragem e liderança. Porta um estandarte com o símbolo da cruz porque traz às novas terras a religião cristã, o que visa legitimar sua conquista e enobrecer seus propósitos. Na outra mão, traz um astrolábio, instrumento de navegação que representa o conhecimento científico que tornou possível essa descoberta. Veste uma túnica que oculta quase que totalmente uma espada. Em contraste, a "América" é uma jovem nativa, nua, que desperta, ou melhor, é despertada pela chegada de Vespúcio de seu sono em uma rede. Está também sozinha, porém cercada de animais selvagens, desconhecidos dos europeus, mas que não parecem particularmente ferozes. Embora de início os dois personagens se confrontem, seu gesto em direção a Vespúcio é amigável, parecendo convidá-lo a vir. Ao fundo, há uma cena de canibalismo, mas trata-se de algo longínquo, que ele não parece ver ainda. Apoiada numa árvore, ao lado da "América", há um tacape ou borduna, arma tradicional dos nativos. Portanto, as armas estão presentes, tanto a espada de Vespúcio, quanto o tacape dos nativos, porém, não de forma ostensiva, porque o primeiro contato parece pacífico; mas, em caso de necessidade, podem recorrer a elas. A imagem pretende representar que Vespúcio traz a civilização, em seus dois grandes símbolos, a religião e a ciência, para o Novo Mundo, transforma essa terra incógnita em América, dando-lhe nome e incorporando-a à tradição ocidental. Desperta assim esse povo que parece adormecido até a sua chegada e que parecia esperá-lo e o recebe com um gesto pacífico, mesmo amigável. Mas, os símbolos do perigo e do conflito, do desconhecido e do hostil, o canibalismo, as armas, os animais selvagens, se encontram aí, ainda que em um segundo plano, revelando a atitude ambivalente diante dessa nova realidade.

A descoberta do Novo Mundo, cujo marco inaugural é tradicionalmente 1492, a chegada de Cristóvão Colombo às Antilhas,[8] contribui decisivamente

---

8 Até hoje se discute o lugar exato da chegada de Colombo às Américas. Os dois candidatos mais fortes são a ilha de Watling nas Bahamas e mais recentemente a ilha de Samana Cay, também nas Bahamas. Ver *National Geographic*, vol. 170, n. 5, 1986, "Our search for the true Columbus landfall".

para o descrédito e perda de autoridade da ciência antiga cinquenta anos antes do questionamento da cosmologia ptolomaica por Copérnico. Segundo o cronista Pedro Mártir (*op. cit.*, 2004) "Deus deu aos cristãos a graça de circundar a Terra além do que Ptolomeu e os historiógrafos conheciam". Isso revela a falsidade da geografia antiga, da *imago mundi* da tradição, desde a verdadeira dimensão da Terra até o desconhecimento dos novos territórios – a ideia de *novo mundo* precede assim a da *ciência nova* (termo efetivamente empregado por Galileu).

A necessidade de um novo conhecimento se justifica sobretudo devido a dois fatores:

1) Primeiro, a perda de autoridade da ciência antiga que, por omissão, nada diz sobre esta nova realidade, ou então devido ao conflito entre as antigas doutrinas.

2) Segundo, a inconfiabilidade das narrativas antigas como as da Atlântida, das Ilhas Afortunadas (Plutarco) ou das Terras do Prestes João, sobre as regiões desconhecidas, que em nada correspondem ao encontrado, revelando a inutilidade da tradição para o conhecimento dessa nova realidade. Montaigne (2002, I, 31), no ensaio "Os canibais", afirma que, "a narrativa de Aristóteles não está de acordo com nossas terras novas".

Enquanto questionamento do conhecimento, o descobrimento do Novo Mundo:

1) Revela a insuficiência do conhecimento da tradição, que desconhecia essa nova realidade: leva ao questionamento da ciência tradicional e abala dessa forma a sua autoridade, apontando para a necessidade de produção de um novo conhecimento.

2) Valoriza o conhecimento empírico, já que a única forma de conhecer essa nova realidade é pela experiência, esse conhecimento é necessariamente limitado e provisório.

3) Levanta a questão sobre a natureza humana dos povos nativos do Novo Mundo e consequentemente sobre a variação no conhecimento dependendo da natureza humana.

O argumento antropológico

O total desconhecimento sobre o ser humano, ou seja, sobre os habitantes nativos dessas terras, sua natureza e sua origem é um dos fatores de maior impacto nessa sucessão de eventos que consiste na descoberta do Novo Mundo e na formação progressiva e contraditória das "primeiras imagens" das Américas, enfatizo o plural porque de fato não foi apenas uma imagem que se produziu, mesmo quando se considera um único autor, mas um conjunto de imagens, por vezes complementares, por vezes dissonantes, frequentemente cambiáveis, o que revela a dificuldade de se ver algo nunca antes visto, de se confrontar com o novo.

No caso da descoberta dos povos do Novo Mundo a dificuldade principal consiste na ausência de elemento de intermediação, ao contrário da geografia que permitia uma hipótese da descoberta de um novo caminho para as Índias, ou de relatos populares como as viagens de Marco Pólo, uma das inspirações de Colombo. Essa dificuldade é representada de início, sobretudo, pelos obstáculos quanto à comunicação, pela incompreensão das línguas nativas, de seus costumes, de seus símbolos.

É importante a este propósito enfatizar que o descobrimento do Novo Mundo se deu no contexto do Humanismo Renascentista dos séculos XV-XVI, da valorização do ser humano, a *dignitas hominis*, e da discussão sobre a natureza humana e sua suposta universalidade, quando essa problemática adquire uma centralidade não encontrada no contexto histórico anterior da escolástica medieval (cf. COPENHAVER & SCHMITT, 1992), cuja imagem da *miseria hominis* parece agora se inverter. Isso se dá no momento mesmo em que se constituía uma visão de homem como um ser empreendedor, autônomo, criativo, capaz de produzir uma nova realidade política, científica, artística, quase um herói. E efetivamente a imagem do herói do mundo clássico Greco-romano será a imagem por excelência segundo a qual o Humanismo Renascentista representará esse novo homem. Esse é o momento de valorização do indivíduo empreendedor que por iniciativa própria, desafiando perigos e preconceitos, faz grandes descobertas e realiza grandes feitos. Os navegadores portugueses desde o início do século XV e, sobretudo, Colombo, são os principais exemplos dessa nova concepção de homem que inclui ainda os *condottieri* italianos, os grandes artistas do Renascimento de Leon Battista Alberti a Leonardo Da Vinci, os burgueses e comerciantes de Bruges a Florença que geram a imensa riqueza dessa época.

Mas como integrar os povos recentemente encontrados nessa imagem que estava ainda começando a se delinear?

O grande desafio cético que esse contexto apresenta não consiste apenas no confronto e logo no conflito entre doutrinas, como no contexto antigo retratado por acadêmicos e pirrônicos, mas em um conflito ainda mais radical, entre o antigo e o novo, entre o conhecido e o desconhecido, entre o conhecimento estabelecido e o que a tradição ignorava, entre um conhecimento teórico e um saber da experiência que começa a se constituir e que introduzirá um novo critério de validade para o conhecimento, o empírico.

Em relação às Américas uma distinção mais ampla é necessária entre os impérios como os dos Aztecas no México, dos Maias na América Central e dos Incas no Peru que permitiam uma analogia com os impérios antigos dos egípcios, assírios e persas com seus reis, classe sacerdotal, templos e pirâmides e as culturas tribais da América do Sul (Brasil) e do Caribe, considerados em geral pelos primeiros exploradores como povos totalmente bárbaros, o que já consiste em uma resposta à questão sobre a natureza desses seres humanos e em que categoria devem ser incluídos.[9]

A imagem abaixo ilustra uma das formas por excelência de se integrar os povos do Novo Mundo à visão de mundo e à cultura europeia.

Livro de Horas do Rei D. Manuel I [1517]. Presença de um índio do Novo Mundo em um texto tipicamente medieval. Ilustrado por Antonio de Holanda, Museu Nacional de Arte Antiga, Lisboa.

---

9   Montaigne (2002, III, 6) comenta em "Os coches", a diferença entre as várias culturas das Américas.

Retrata um elemento típico da representação portuguesa do Novo Mundo, no caso especificamente do Brasil, contendo uma ambiguidade que imediatamente ressalta.[10] O *Livro de Horas* é caracteristicamente medieval, um manuscrito iluminado contendo orações e leituras religiosas, enquanto que a imagem do índio é inevitavelmente moderna, porque inexistente na Idade Média. Temos então a incorporação de um elemento do novo contexto em uma obra medieval ainda corrente no século XVI, como se essa imagem representasse um ponto de encontro entre passado e futuro. Padrões medievais são utilizados para interpretar o novo, que é assim simplesmente sobreposto ao medieval, porque não se dispõe ainda de uma visão da "história da humanidade" que permita incorporar esses povos à tradição dominante.

É nesse sentido que podemos afirmar que a descoberta dos povos do Novo Mundo na radicalidade de sua diferença com o homem europeu, leva à formulação de um novo argumento cético, referente à universalidade da natureza humana.

O argumento antropológico caracteriza-se pelo questionamento de uma natureza humana universal, por um ceticismo acerca da existência de uma natureza humana única e homogênea, levando a um relativismo cultural quanto à possibilidade de entender, classificar, categorizar essas diferentes culturas tão radicalmente distintas da europeia.

Com a retomada do ceticismo antigo no Renascimento, torna-se possível a evocação a esse propósito do segundo tropo, ou modo, de Enesidemo (ANNAS e BARNES, 1985, p. 56) encontrado na filosofia cética antiga sobre as variações radicais entre os seres humanos, agora em relação ao Novo Mundo – a tal ponto que podemos nos perguntar se seriam realmente seres humanos.

Na versão do segundo tropo em Sexto Empírico embora o argumento básico diga respeito a variações físicas e eventualmente de pensamento entre indivíduos, há pelo menos uma passagem (HP I, 89) em que é dito que "é possível que dentre algumas nações das quais não temos conhecimento o que é raro entre nós seja verdade para a maioria". E na versão de Diógenes Laércio (IX, 80-1, *apud* ANNAS e BARNES, 1985, p. 56), "o segundo é o modo dependendo da natureza, os costumes e a constituição dos humanos". O segundo tropo

---

10 Sobre a interpretação dessa imagem ver Batoréo (2001, p. 123-133) e Faria (1999, p. 305-326).

pode assim igualmente ser visto como indicando variações culturais (nações, costumes) como um fator levando à suspensão do juízo.

É igualmente relevante nessa mesma direção o décimo tropo (HP I, 143-160), ou tropo moral, sobre as variações entre os hábitos e costumes dos diferentes povos frequentes dentre os gregos desde os relatos de Heródoto. Aponta para diferenças entre formas de vida, costumes, leis, crenças míticas e suposições dogmáticas. Encontramos entre diferentes povos, oposições entre cada um desses elementos e nos relatos sobre o Novo Mundo, afirma-se de leis e de religião.

Nesse caso, em que medida é possível recorrer aos padrões cristãos para julgar esses povos? A questão moral, sobretudo o questionamento da suposta superioridade moral cristã é levantado por pensadores como Montaigne, em seus *Ensaios* dentre eles o mais famoso, "Os Canibais" (I, 31), e também em "Os Coches" (III, 6). O problema do critério se coloca assim de modo mais radical do que o encontrado no ceticismo antigo.

Isso se dá precisamente no contexto da Reforma Protestante, da ruptura no interior do Cristianismo, e das guerras religiosas daí decorrentes. Ocorre também como indicamos anteriormente no contexto do tema humanista da *miseria hominis*, levando no caso à demonização do indígena enquanto bárbaro, em um sentido diferente do ser caído e pecador do pensamento medieval; mas também em contraste com a *dignitas hominis* a afirmação do bom selvagem, do homem natural, integrado à natureza, epicúreo como é dito na carta de Vespucci. Essa perplexidade diante dos indígenas e a dificuldade de entendê-los evidencia-se na ambivalência dos relatos que ora os apresentam como seres puros, inocentes, na "infância da humanidade", aproximando-os da imagem do homem na Idade de Ouro encontrada em Hesíodo e em Platão (*Leis*, III), vivendo felizes dos frutos da natureza; ora como selvagens lúbricos e indolentes, que mutilam o próprio corpo e praticam o canibalismo.

Como explicar essa diferença radical e como explicar a imensa diversidade cultural, entre os povos nativos eles próprios? A filosofia grega já nos apresentava imagens contraditórias da natureza humana, mesmo se considerarmos apenas Platão e Aristóteles. Parece efetivamente haver uma oscilação entre uma natureza humana universal e uma variação radical entre os homens, por exemplo, desde todo o homem dotado por natureza do desejo de conhecer da *Metafísica* (I, 1) até o escravo por natureza da *Política*. Até que ponto trata-se no Novo Mundo de uma "infância da humanidade", de um ser humano que permanece na infância, cujo potencial não se desenvolveu pela ausência dos elementos civilizatórios: a vida política, a religião cristã, o conhecimento científico? Esse argumento será crucial na legitimação da conquista e da colonização e na defesa da missão civilizatória do conquistador europeu que traz consigo exatamente esses elementos como evidencia o simbolismo da gravura da chegada à América de Vespucci, comentada anteriormente.

O Novo Mundo e o pensamento moderno

Mas, retomando nossa questão inicial, como interpretar o desinteresse da história da filosofia pela Descoberta do Novo Mundo? Porque esse evento histórico não se tornou uma questão filosófica? Em grande parte porque já os filósofos do início da Modernidade, dos séculos XVI e XVII, não se interessaram eles próprios por essa questão. Várias hipóteses podem nos permitir explicar isso: 1) as grandes navegações, o descobrimento e colonização do Novo Mundo foram eventos principalmente ibéricos, enquanto que a filosofia mais influente na época se produziu na França, na Inglaterra e na Alemanha; 2) a problemática epistemológica, provocada pela Revolução Científica, devido a seu interesse teórico tornou-se mais central para a discussão filosófica; 3) a perspectiva universalista ou universalizante da maioria dos filósofos fez com que não se interessassem por diferenças culturais; 4) a visão eurocêntrica impediu o interesse por outras regiões e culturas, consideradas primitivas, não só do Novo Mundo, mas inclusive da Ásia e da África; 5) a Reforma protestante afetou mais diretamente a Europa provocando uma série de guerras religiosas, mais uma vez à exceção da península ibérica.

Por outro lado, certamente a história, a literatura e a teologia se interessaram por essa questão. Alguns filósofos como Montaigne, desenvolveram efetivamente uma reflexão filosófica sobre o significado do descobrimento do Novo Mundo e do contato com outros povos. O descobrimento do Novo Mundo teve uma importância simbólica e forneceu uma metáfora de uma sociedade alternativa à da época em pelo menos dois grandes exemplos, a *Utopia* (1516) de Thomas Morus e o *New Atlantis* (1624) de Francis Bacon.

A questão que está na base do desenvolvimento da antropologia na modernidade e consiste no núcleo do que denominei argumento antropológico parece ser precisamente qual o limite entre natureza e cultura para a compreensão do ser humano (cf. HODGEN, 1964). Até que ponto a diversidade cultural pode ser relevante para o conhecimento e a moral? E, sobretudo, até que ponto essa questão levanta a dificuldade de julgarmos os outros povos por ausência de critério? Mais radicalmente ainda, até que ponto esses outros povos não nos fornecem modelos alternativos de sociedade, de vida, da possibilidade de uma felicidade terrena, de volta à Idade de Ouro, de uma nova experiência humana? Essa questão se encontra presente, por exemplo, em Montaigne, contudo desaparece da discussão filosófica do século XVII em diante que a relega ao plano do empírico, portanto, sem relevância filosófica, embora se aplique diretamente à questão crucial da epistemologia acerca das fontes e da justificativa do conhecimento como indicam os tropos de Enesidemo (segundo e décimo, como vimos anteriormente), e também à questão sobre a possibilidade de uma moral universal e de direitos humanos universais, as bases mesmo do pensamento iluminista, permanecendo, contudo, por muito tempo como pressupostos não tematizados.

Referências bibliográficas

ANNAS, Julia e BARNES, Jonathan (1985). *The Modes of Scepticism*. Cambridge: Cambridge University Press.

ARENDT, Hanna (1993). *A condição humana.* 6ª ed. Rio de Janeiro: Forense.

BATORÉO, Manoel (2001). "O índio na arte portuguesa do Renascimento". In: *Da visão do paraíso à construção do Brasil*. Ericeira: Mar de Letras, p. 123-133.

CHÂTELET, François (1975). *História da filosofia: ideias e doutrinas*, 8 volumes. Rio de Janeiro: Zahar (original francês pela ed. Hachette, 1972).

CHIAPPELLI, Fred (ed.) (1976). *The first images of America*. Berkeley: University of California Press.

COPENHAVER, Brian e SCHMITT, Charles B. (1992) *Renaissance Philosophy*, vol. 3 *A history of Western Philosophy*. Oxford: Oxford University Press.

FARIA, Miguel Figueira de (1999). "Imagens de Santa Cruz: os primeiros testemunhos visuais europeus do Brasil; da utopografia à topografia". In:

Actas do Congresso Luso-Brasileiro Memórias e Imaginário, vol. II, Lisboa, Fundação Calouste Gulbenkian, p. 305-326.

FERNANDEZ-ARMESTO, Felipe (2007). *Amerigo: the man who gave his name to America*. Nova York: Random House.

FLORIDI, Luciano (2002). *Sextus Empiricus: the transmission and recovery of Pyrrhonism*. Oxford: Oxford University Press.

HILL, Christopher (1975). *The world turned upside down: radical ideas during the English Revolution*. Harmondsworth: Penguin.

HODGEN, Margaret T. (1964). *Early anthropology in the sixteenth and seventeenth centuries*. Philadelphia: University of Pennsylvania Press.

MONTAIGNE, M. (2002). *Essais*. 3 vols. Paris: Arléa.

National Geographic (1986), Vol. 170, n. 5.

PARKINSON, G. (ed.) (1999). *Routledge History of Philosohy, vol. IV: The Renaissance and 17th Century Rationalism*. Londres: Routledge.

POPKIN, Richard H. (1966). *Philosophy of the sixteenth and seventeenth centuries (Readings in the History of Philosophy)*. Nova York: The Free Press.

POPKIN, Richard H. (2003). *The history of skepticism from Savonarola to Bayle*. Oxford: Oxford University Press.

SCHMITT, Charles B. e SKINNER, Q. (1988). *Cambridge History of Renaissance Philosophy.* Cambridge: Cambridge University Press.

SCHREFFLER, Micheal J. (2005). "Vespucci rediscovers America: the pictorial rhetoric of cannibalism in early modern culture". In: *Art History*, June, 28, 3, p. 295-310.

TODOROV, T. (2004). "Préface". In: *Le nouveau monde*. Paris: Belles Lettres.

VESPUCCI, Américo (2005). *Le nouveau monde: les voyages d"Amerigo Vespucci (1497-1504), traduction, introduction et notes de Jean-Paul Duviols*. Paris: Chandeigne.

VILLEY, Pierre (1933). *Les sources et l'évolution des Essais de Montaigne*. Paris: Hachette.

Do ataque cético ao dogmatismo à recusa baconiana da tradição

PLÍNIO JUNQUEIRA SMITH (UNIFESP, CNPq, FAPESP)

> Qualquer coisa sugerida é bem mais eficaz do que qualquer coisa apregoada. Talvez a mente humana tenha uma tendência a negar declarações. Lembrem o que dizia Emerson: argumentos não convencem ninguém. Não convencem ninguém porque são apresentados como argumentos. E então o contemplamos, e refletimos sobre eles, e os ponderamos, e acabamos decidindo contra eles. Mas quando algo é simplesmente dito ou, melhor ainda, insinuado, há uma espécie de hospitalidade em nossa imaginação. Estamos dispostos a aceitá-lo.
>
> Jorge Luis Borges, *Esse ofício do verso*, p. 40.

Introdução

EMBORA NÃO COMPLETAMENTE IGNORADO, o ceticismo é um assunto que ainda precisa de um tratamento mais minucioso por parte dos comentadores de Bacon.[1] No volume organizado por Peltonen (1996), não há nenhum artigo dedicado a esse assunto e somente umas poucas observações dispersas aqui e ali mal tocam nele. Mesmo aqueles que estudam a história do ceticismo, como Richard Popkin (2000) e Larmore (1998), não despendem muita energia para entender cuidadosamente o que Bacon tinha a dizer sobre os céticos, nem consideram os detalhes de seu uso do ceticismo.

Dessa perspectiva, Bacon quase não teria se ocupado com o ceticismo na parte destrutiva e teria se afastado dele na parte positiva, em que apresenta

---

1 Eu gostaria de agradecer a alguns amigos e colegas que discutiram versões prévias deste artigo e que, de algum modo, contribuíram para esta versão publicada. Primeiro, àqueles que participaram do colóquio, em particular a Luiz Antonio Alves Eva; em seguida, aos membros do Projeto Temático "Gênese e significado da tecnociência: das relações entre ciência, tecnologia e sociedade", em particular a Pablo Ruben Mariconda e Maurício de Carvalho Ramos.

uma nova concepção de ciência. Ele não tinha tempo a perder com os céticos, mesmo na parte destrutiva, pois seu interesse residia no fornecimento de auxílios para os sentidos e intelecto e na reconstrução da ciência, não no seu impedimento. Assim, não haveria razão para desespero, uma vez que outra via para a verdade era possível. Todo o seu esforço residiria precisamente em nos mostrar essa via nova. Ao dizer que "Bacon jamais levou a sério o desafio cético como uma filosofia", Zagorin (1999, p. 36) resume bem essa interpretação tradicional.

A situação, contudo, progrediu recentemente, pois vemos um número crescente de artigos sobre esse assunto.[2] Esses artigos, se tomados coletivamente, sugerem uma nova leitura das relações de Bacon com o ceticismo. Não somente se argumentou que o ceticismo é fundamental na *pars destruens*,[3] como também se sustentou que mesmo na tarefa positiva e científica o ceticismo seria um ingrediente importante de sua filosofia (cf. MANZO, 2009; OLIVEIRA & MAIA NETO, 2009). Assim, enquanto alguns estão inclinados a ver a parte destrutiva como cética, outros caracterizam a parte positiva como uma forma de ceticismo construtivo.[4]

O que me proponho a fazer aqui é examinar a relação de Bacon com o ceticismo no que diz respeito à parte destrutiva, deixando para outro trabalho o exame do suposto ceticismo ou de sua suposta rejeição na parte positiva. Defenderei uma posição moderada, diferente tanto da interpretação comum, como da nova interpretação, mas retendo algo de cada uma. Da interpretação comum, aceito a ideia de que a recusa baconiana da tradição é diferente do ataque cético ao dogmatismo. No entanto, não me parece correto dizer que o ceticismo é irrelevante para compreender essa recusa baconiana; muito ao contrário, procurarei mostrar como o ceticismo é um interlocutor privilegiado para Bacon desenvolver sua própria maneira de recusar a tradição. Da nova interpretação, portanto, aceito a ideia de que, sem essa confrontação

---

2 O artigo de Prior (1968), originalmente publicado em 1954, já chamava a atenção para a importância do ceticismo em Bacon. Aparentemente, o primeiro trabalho nessa direção é o de Wolff (1910), p. 294-301.

3 Entre os artigos mais recentes, ver Granada (2006), Eva (2008) e Eva (no prelo).

4 Ver Jardine (1985) para a ideia de que a interpretação da ciência baconiana como um cético é bastante antiga.

com o ceticismo, não seremos capazes de compreender como Bacon recusa a tradição. Não se segue, porém, do fato de que a interlocução com o ceticismo é um elemento indispensável para a adequada interpretação do pensamento de Bacon, que a recusa baconiana seja, em algum sentido, uma forma de ceticismo. A meu ver, a recusa baconiana da tradição tem um sentido específico, que é muito diferente do ataque cético ao dogmatismo.

Para defender essa interpretação equilibrada, que procura compreender o sentido específico (e não-cético) da recusa baconiana da tradição por meio do seu diálogo com o ceticismo, partirei da concepção de ceticismo apresentada por Bacon, relembrando algumas passagens em que Bacon se refere a essa filosofia, para atestar sua importância no interior do pensamento baconiano. Em seguida, discutirei criticamente algumas das principais interpretações propostas sobre a relação de Bacon com o ceticismo em torno de sua afirmação de que haveria uma semelhança inicial e uma oposição final. Em terceiro lugar, sustentarei minha interpretação à luz de dois pontos: de um lado, a atitude de Bacon e dos céticos com relação às proposições "nada é conhecido" e "nada pode ser conhecido" e, de outro, o método de rejeição da tradição ou do dogmatismo. Finalmente, farei uma breve conclusão, resumindo minha interpretação e o que se pode aprender com ela.

A importância do ceticismo para Bacon

Pode-se rejeitar rapidamente a ideia de que Bacon jamais levou o ceticismo a sério. Um exame, mesmo que superficial, da quantidade das passagens em que o ceticismo é claramente mencionado atesta sua importância para o pensamento de Bacon. Já no final do século XVI, em *The Praise of Knowledge*, Bacon aludia aos céticos (cf. GRANADA, 2006, p. 3). Encontram-se inúmeras referências em obras da primeira década de 1600 como *Valerius Terminus* (VT, p. 25), *Temporis Partus Masculus* (TPM, p. 73), *Redargutio Philosophiarum* (RP, p. 131), e *Cogitata et Visa* (CV, p. 165) e *Sapientia Veterum* (SA, p. 133). Todo um texto, o *Escada do entendimento*, é dedicado a esse assunto. No *Progresso do conhecimento*, há referências ao ceticismo tanto no Livro 1 como no Livro 2. E após 1620, quando elabora a *Instauratio Magna*, Bacon continua a referir-se constantemente aos céticos: no prefácio à *Instauratio Magna* (PIM, p. 68-71), na *Distributio Operis* (DO,

p. 86-84), no *Novum Organum*, tanto no prefácio (NO, p. 93-86), como diversas vezes ao longo desse livro (NO, p. 37, 46, 67, 75, 92, 115, 126), na *Historia Vitae et Mortis* (HVM, p. 247 e 163), que compõe a parte 3, na introdução à parte (EE) e, mesmo, na parte 5 (DO, p. 86/84). Em muitas obras, ao longo de toda sua vida, Bacon se referiu com constância aos céticos.

Um exame qualitativo dessas passagens mostra de maneira ainda mais clara a importância do ceticismo para Bacon. Embora digam mais ou menos a mesma coisa, de forma que a quantidade de referências explícitas possa parecer indicar poucas ideias sobre o assunto, um exame mais cuidadoso revela não somente que Bacon conhecia diversas facetas do ceticismo, mas também que ele considerou o ceticismo como um interlocutor privilegiado para certos assuntos, em particular para a *pars destruens*. Primeiro, vale a pena lembrar os diversos tópicos céticos que Bacon menciona, como, por exemplo, o método de argumentar a favor e contra uma doutrina, bem como suas dúvidas, denunciando a precipitação que conduz a erros e elogiando a *akatalepsia*.[5] Em seguida, como veremos mais adiante, o ceticismo certamente desempenha um papel de destaque na busca de uma forma para recusar a tradição filosófica nos textos de 1603-1608.

Deve-se ressaltar também o lugar estratégico ocupado pelo ceticismo na economia interna de seu pensamento, em particular no *Novum Organum*, livro I, em que aparece em praticamente todos os tópicos e sempre em momentos cruciais do texto. Por exemplo, o ceticismo é mencionado na introdução à doutrina dos ídolos (NO, I, 37) e na passagem dessa doutrina para os signos e causas (NO, I, 67 e 46.). Além disso, é considerado a principal causa para o desespero e o que mais impediria a busca do conhecimento (NO, I, 92). O ceticismo aparece ainda na passagem da esperança para a preparação da mente (NO, I, 115) e, finalmente, perto da conclusão dessa preparação (NO, I, 126). A presença do ceticismo se estende para quase todas as partes da *Instauratio Magna*, inclusive as mais avançadas, quando a parte positiva já está bem

---

5 O número de vezes que esses tópicos céticos ocorrem somente no *Progresso do Conhecimento* nos dá uma ideia da recorrência do ceticismo em suas obras: i) a suspensão do juízo é mencionada em (PC) I, iv, 12, p. 56; I, v, 8, p. 60 e, talvez, em II, xviii, 7, p. 221-2; ii) a argumentação dos dois lados de uma questão é mencionada em I, vii, 15, p. 82; I, viii, 1, p. 89; iii) as dúvidas são mencionadas em I, viii, 5, p. 159-162; I, xvii, 8, p. 212; iv) a menção à precipitação ocorre em I, xii, 3, p. 189; o elogio à *akatalepsia* em I, xiii, 4, p. 190-2.

adiantada, embora não tenhamos ainda ciência propriamente dita. O texto *Escada do entendimento* deveria ser incorporado na introdução da parte 4, na qual algumas aplicações preliminares do método baconiano seriam levadas a cabo. E mesmo na parte 5 há uma importante e talvez surpreendente referência ao ceticismo e à suspensão do juízo, pois nela se recolheriam alguns resultados, "coisas que eu mesmo descobri, provei ou acrescentei" (DO, p. 86-84). É curioso notar que Bacon, ao tentar estabelecer uma correlação entre a longevidade e as filosofias, afirma que "as seitas de Carnéades e dos acadêmicos" contribuem para uma vida longa, enquanto "filosofias que lidam com sutilezas, dogmáticas," tendem a diminuí-la (HVM, p. 263).

À luz da quantidade, qualidade, diversidade e importância estratégica dessas passagens sobre o ceticismo, pode-se concluir tranquilamente que o ceticismo não pode ser negligenciado numa interpretação mais cuidadosa e abrangente da filosofia de Bacon, em particular da *pars destruens*. Não se deve ignorar, como se ignorou frequentemente, a relação de Bacon com o ceticismo. Como, então, Bacon concebe o ceticismo? E de que modo deveremos proceder para explicar essa relação que parece tão importante?

Bacon tinha, ao menos, duas concepções de ceticismo, uma estrita, outra ampla. Às vezes, ele concebe o ceticismo de maneira mais exata, porque parece ter se restringido ao ceticismo antigo, em particular, ao ceticismo acadêmico. Suas referências ao pirronismo, embora não poucas, nem sempre são muito precisas de um ponto de vista histórico (por exemplo, NO I, 67), como se seu interesse estivesse concentrado nos céticos acadêmicos, de quem ele fala com mais rigor e consideração. Nesse sentido estrito, Bacon identifica a suspensão do juízo, a oposição de proposições e a *akatalepsia*, de um lado, e o probabilismo, de outro, como os principais conceitos céticos. Como a *akatalepsia* é entendida de modo genérico, contra todos os dogmatismos, e não limitada contra o estoicismo, e o aspecto positivo do ceticismo é, sobretudo, a teoria da probabilidade (e não o razoável), pode-se dizer que Bacon tem particularmente em vista o ceticismo de Carnéades, mais do que o de Arcesilau.

Primeiro, vejamos alguns comentários tecidos por Bacon sobre os conceitos da polêmica cética contra o dogmatismo. Tanto a oposição de proposições como a *akatalepsia* conduziriam o cético à suspensão do juízo. Bacon conhece bastante bem o método cético da oposição, em que se argumenta dos dois lados de uma questão. Já em *The Praise of Knowledge*, (*apud* GRANADA, 2006, p. 3) Bacon se refere favoravelmente à ideia de contradição e à busca de contra-exemplos na investigação. Em *O Progresso do conhecimento*, o método de argumentar a favor e contra uma determinada posição também será explicitamente associado à dúvida (PC, VIII, 1, p. 89); noutra passagem, é associado à filosofia aristotélica (PC, VII, 15, p. 82), como se esse método também fosse o método aristotélico; numa terceira, receberá um uso positivo por parte de Bacon na retórica (PC, XVIII, 7, p. 221-2). Nessa mesma obra, vemos Bacon tocar em alguns conceitos fundamentais do ceticismo, como a suspensão do juízo (PC, IV, 12, p. 56; V, 8, p. 60) e a precipitação (PC, XIII, 3, p. 189). Parece claro que Bacon conhece e aprecia o método cético da oposição, que examina de maneira neutra os dois lados de uma questão, sem precipitar-se no juízo ou sem aderir apressadamente a um dos lados e, finalmente, suspende o juízo, já que nenhum lado se revela mais forte do que o outro. Uma das críticas de Bacon aos filósofos seria sua "impaciência para duvidar" (*Praise of Knowledge*, p. 125, *apud* GRANADA, p. 3). A esse respeito, os céticos, tanto acadêmicos, como pirrônicos, estariam "certos" (PC, XIII, 4, p. 190-2). Não por acaso, um dos principais signos da situação calamitosa do conhecimento seria precisamente o desacordo entre os filósofos. Dadas "a extrema diversidade das escolas" filosóficas de outras épocas e "a permanência de inumeráveis questões e controvérsias" na época de Bacon, "aparece claramente que nada é certo ou sólido nas próprias filosofias, nem nos modos de demonstração" (NO I, 76).

Passemos, agora, ao conceito de *akatalepsia*. Se, num primeiro momento, Bacon parece se referir com mais frequência à oposição de teses e argumentos, posteriormente a *akatalepsia* parece chamar mais a sua atenção. Tal como a oposição de proposições, a *akatalepsia* também está associada à suspensão do juízo (cf. NO I, 126). O cético suspenderia o juízo quando sustenta "simplesmente que nada pode ser conhecido" (DO, p. 86/84), terminando por afirmar que as coisas não podem ser apreendidas, seja pelos sentidos, seja pelo intelecto. Bacon menciona, em diversas obras, os tópicos tradicionais invocados pelos céticos: seus exemplos para minar a confiança nos sentidos, seus argumentos para mostrar a fragilidade do entendimento, o apelo à obscuridade das coisas etc. Poder-se-ia dizer talvez que a *akatalepsia*, segundo Bacon, seria alcançada graças às críticas céticas à confiabilidade dos sentidos e da razão, não propriamente devido ao método de oposição (por exemplo, PC II, XIII, 4, p. 190-2). Voltarei a este ponto logo abaixo.

A meu ver, Bacon confere dois sentidos precisos à *akatalepsia* cética, dando-lhe alcance bastante geral e não a restringindo à polêmica com os estoicos. Na *Escada do entendimento*, Bacon atribui aos céticos a "opinião rígida" (*decretum durum*) de que "nada é conhecido" (EE, p. 197) e, logo a seguir, diz que os céticos afirmam "absolutamente" (*prorsus*) que "nada é conhecido" (EE, p. 199). Quando se considera que o conhecimento de alguma coisa é o conhecimento de suas causas, então os céticos parecem ter razão em sustentar que "nada é conhecido", já que não temos o conhecimento das causas das coisas. E Bacon, com efeito, assim concebe o conhecimento (NO, II, 2). Assim, num primeiro sentido, a *akatalepsia* significa que, de fato, não temos o conhecimento de nada porque não conhecemos adequada ou inteiramente a causa de nenhuma coisa.

Noutras passagens, entretanto, a *akatalepsia* é formulada de maneira ainda mais forte, não somente afirmando o fato de que "nada *é* conhecido", mas introduzindo a impossibilidade completamente geral de que "nada *pode ser* conhecido" (EE, p. 199). Para Bacon, os céticos "afirmaram que absolutamente nada pode ser conhecido" (NO, pref., p. 93/86). Este segundo sentido da *akatalepsia* depende, não da correta concepção de conhecimento, mas da "via" ou do método a ser empregado no conhecimento. Com efeito, dado o método empregado até então, segue-se, como os céticos argumentam, que "nada pode ser conhecido". Os céticos, entretanto, não concebem outra "via" ou outro "método" e, portanto, aceitam essa impossibilidade irrestrita do conhecimento. Não somente não se obteve nenhum conhecimento, no sentido próprio de "conhecer", como também não se poderá jamais obter qualquer conhecimento, pois o método empregado para produzir conhecimento seria inteiramente inadequado.

Portanto, para uma comparação sistemática entre Bacon e o ceticismo, deve-se focalizar principalmente as proposições "nada é conhecido" e "nada pode ser conhecido". Toda a questão reside em comparar as posições de Bacon e dos céticos (como Bacon a entende) diante delas. Segundo Bacon, os céticos, ao suspenderem o juízo, foram levados a sustentar de maneira completamente geral a tese de que o conhecimento é impossível, de que o conhecimento não pode ser alcançado. A respeito dessas proposições, os céticos não teriam suspendido o juízo, mas as teriam endossado plenamente, isto é, tratar-se-ia de uma "opinião rígida", algo afirmado de maneira "absoluta". Assim, parece que Bacon interpreta a *akatalepsia* de maneira similar à maneira como Sexto interpretava a Nova Academia, como uma espécie de dogmatismo negativo.

Confirma-se a ideia de que, para Bacon, a *akatalepsia* cética é um dogma por um comentário sobre seu desenvolvimento histórico. Esta teria sido introduzida, num primeiro momento, como uma espécie de gozação ou ironia e, depois, teria sido transformada num dogma (NO I, 67; NO, pref., p. 93/86). Assim, no período especificamente cético da Academia platônica, a *akatalepsia* é considerada por Bacon uma doutrina, uma tese, uma afirmação ou um dogma (NO I, 37, 75; RP, p. 131). Há, naturalmente, uma ironia de Bacon ao caracterizar o seu emprego cético dessa maneira, pois faz voltar contra os céticos a crítica que estes dirigem contra os dogmáticos. Percebe-se, portanto, que Bacon acusará os céticos de preservarem o que gostariam de rejeitar.

Qual a relação entre a oposição de proposições e a *akatalepsia*? São argumentos independentes a conduzir o cético em direção da suspensão?[6] Pode parecer que sim, já que o método de oposição e os argumentos que minariam a confiança nos sentidos e na razão não são necessariamente os mesmos. De outro lado, talvez, num certo sentido, todos esses argumentos e considerações em favor da *akatalepsia* devam ser interpretados à luz do método cético da oposição. Bacon, entretanto, não desce a esses detalhes e é difícil afirmar qualquer coisa mais precisa a respeito da relação da *akatalepsia* com o método cético da oposição. Ele se refere, com frequência, às "dúvidas" (por exemplo: PC VIII, 5, p. 159-162; XVII, 8, p. 212), sem especificar exatamente o que entende por "dúvida", não raro associando-a explicitamente com o ceticismo. Assim, várias são as considerações que podem levar o cético à suspensão do juízo, mas, certamente, o método cético da oposição e a *akatalepsia* ocupam um lugar importante entre elas, sem que se possa dizer de maneira segura a relação que Bacon via entre o método cético da oposição e a *akatalepsia*.

---

6   Striker (1996, p. 96), referindo-se aos céticos acadêmicos antigos, diz que estes propuseram dois argumentos para chegar à suspensão do juízo: a oposição de proposições e a *akatalepsia*. Assim, ela distingue claramente o método de oposição e a *akatalepsia*, bem como afirma que a *akatalepsia* é um argumento para a suspensão do juízo.

Segundo, Bacon está consciente de que os céticos falam de probabilidade, concebem a ciência como um empreendimento provável e entendem a ação como baseada em probabilidades que permitem fazer escolhas. A esse respeito, uma consequência importante que se deve analisar, mas que ficará para outra oportunidade, é o divórcio entre verdade e probabilidade. Se não há absolutamente nenhum critério de verdade, se absolutamente nada pode ser conhecido, então a probabilidade diz respeito somente à ação e ao uso da ciência. Nesse sentido, Bacon parece seguir a interpretação de Carnéades oferecida por Cícero: a suspensão do juízo é compatível com a probabilidade.[7] Noutra passagem (NO, I, 67), Bacon distingue entre o ceticismo acadêmico e o pirronismo porque o último aboliria "toda investigação", enquanto o primeiro aceitaria o resultado da investigação como provável. Assim, num sentido estrito, "ceticismo" significa ceticismo acadêmico, especialmente o ceticismo carneadeano.

Há, ainda, um sentido amplo de ceticismo. Às vezes, Bacon assimila ceticismo acadêmico e pirronismo, como se ambas as vertentes pertencessem à mesma seita (TPM, p. 73; NO I, 67; PC, 2, XIII, 4, p. 190-2). Essas passagens sugerem que, no fundo, a antiga controvérsia sobre pirrônicos e acadêmicos, de saber se eram duas correntes ou uma só, não lhe interessava muito, ora confundindo-as, ora distinguindo-as. Além disso, ele às vezes incluía na seita dos céticos, não somente essas duas formas de ceticismo, mas também muitos outros filósofos que comumente não são vistos como céticos. Assim, além dos acadêmicos (e pirrônicos), Bacon inclui na categoria de céticos: i) aqueles que questionam e objetam da mesma maneira; ii) aqueles que proclamam a obscuridade das coisas; iii) aqueles que confessam-na na sua intimidade em silêncio (EE, p. 199). Quem seriam esses filósofos "céticos", mas que usualmente não são considerados assim? No primeiro grupo, poder-se-ia talvez incluir Sócrates e, mesmo, Platão, já que este introduziu a *akatalepsia*, ainda que de maneira irônica (NO, I, 67); no segundo grupo, Demócrito certamente seria o mais importante de todos, mas também se deve incluir Empédocles (SA, p. 132); no terceiro grupo, aparentemente Bacon incluiria todos os filósofos que "quando voltam a si mesmos, queixam-se da sutileza da natureza, dos esconderijos da verdade, da

---

7   Com efeito, Bacon explicita suas fontes a respeito da filosofia grega. Para nossos propósitos, é interessante notar que ele cita Cícero e Diógenes Laércio (cf. CV, p. 173).

obscuridade das coisas, das complicações das causas, da fragilidade da mente humana" (PIM, p. 68/71). Entendida dessa maneira frouxa, a seita dos céticos incluiria "de longe os maiores homens desde os tempos antigos, uma vez que a maioria afirmou sem confiança" (EE, p. 199).

Assim, quando se discute a relação de Bacon com o ceticismo, deve-se levar em conta não somente os céticos acadêmicos, mas também os pirrônicos (ainda que ele possa não ter conhecido as obras de Sexto Empírico diretamente); não somente os céticos antigos, mas também os céticos renascentistas, como Agrippa, Sanches e, sobretudo, Montaigne (cf. GRANADA, 2006, p. 2; EVA, 2008, [no prelo]); e, finalmente, não somente os céticos confessos, mas todos aqueles dogmáticos que, num momento mais consciente e de franqueza, levantam dificuldades sobre suas próprias doutrinas e admitem que nada é certo. Neste último grupo, Demócrito é certamente o filósofo mais admirado por Bacon, mais talvez que os próprios acadêmicos. Com efeito, Bacon diz que Demócrito se queixava com moderação da obscuridade das coisas, enquanto Empédocles o fazia com veemência e os céticos acadêmicos teriam ido "longe demais nessa direção" (SA, p. 133).

Do acordo inicial à oposição final

Uma vez estabelecida a importância do ceticismo, tanto antigo como moderno, para a filosofia de Bacon, passemos para a discussão de algumas das principais interpretações oferecidas sobre o sentido mais geral da posição de Bacon em face do ceticismo.

O próprio Bacon indica quais são essas relações. De um modo geral, Bacon simultaneamente aponta semelhanças e restrições ao ceticismo, sugerindo que essa relação tem, ao menos, dois momentos. A esse respeito, uma passagem crucial é NO I, 37, na qual Bacon reconhece haver algum acordo no início, mas uma oposição no final. Duas questões surgem imediatamente. Primeiro, no que exatamente Bacon concorda e discorda dos céticos? Segundo, o que se deve entender por "início" e por "no fim"? Naturalmente, as duas perguntas estão mutuamente associadas.

Uma interpretação é a de que o contraste entre início e fim corresponde ao contraste entre uma primeira leitura e uma leitura mais atenta e cuidadosa.

Assim, se no início há semelhança e no fim, oposição, isso significaria que, aparentemente, há similaridades entre a doutrina dos ídolos e o ataque cético ao dogmatismo, mas, no fundo, há somente oposição. Pode parecer que a rejeição do dogmatismo seria um ponto comum entre Bacon e os céticos, quando, em verdade, Bacon não estaria interessado em recusar a tradição, mas somente em abrir espaço para sua nova concepção de ciência. Essa é, aproximadamente, a interpretação tradicional, que rejeita qualquer comparação mais detalhada entre Bacon e o ceticismo. Somente uma leitura superficial poderia levar a pensar que há semelhanças entre Bacon e o ceticismo; um pouco mais de atenção bastaria para ver que são duas filosofias opostas, porque a intenção mesma de rejeitar a tradição é oposta. Assim, mesmo para a rejeição da tradição, o ceticismo não seria relevante para a doutrina dos ídolos e esta teria sido elaborada por Bacon de maneira independente do ceticismo.[8]

Essa interpretação não parece correta. Não somente pelo que já vimos acima, mas também porque o próprio Bacon parece indicar que, no "início", as semelhanças com o ceticismo são muito extensas. Num texto crucial para esse assunto, Bacon fornece uma lista dessas similaridades: ambos insistem na inconstância dos sentidos, na falta de firmeza do julgamento, na necessidade de reter o assentimento (EE, p. 199). De fato, há inúmeras passagens em que Bacon endossa a suspensão do juízo e a atitude dubitativa, bem como critica a precipitação e parcialidade dogmática, que são tópicos céticos recorrentes. Por fim, concede que, entre sua recusa da tradição e o ataque cético, há somente "uma diferença" (EE, p. 199), coincidindo em tudo o mais. A meu ver, essa é uma declaração de profunda afinidade entre seu pensamento e o dos céticos. A tal ponto Bacon enfatiza essas similaridades, que ele admite compartilhar a companhia desses filósofos e não se envergonhar dela (EE, p. 199). Assim, parece seguro dizer que no "início" não significa "aparentemente" ou "superficialmente", mas indica que há efetivamente grandes semelhanças e mesmo companhia entre eles.

Uma segunda interpretação, mais natural e espontânea, é a de que Bacon comparte com os céticos a rejeição do passado, mas se opõe a eles no que diz respeito ao futuro, pois, enquanto os céticos acham que jamais teremos um

---

8 Por exemplo, Deleule (2009, p. 36) rejeita explicitamente a origem cética da doutrina dos ídolos e prefere referi-la a Platão e Epicuro.

conhecimento, Bacon tem a esperança de construir uma nova ciência com a adoção de um novo método. Dessa forma, por "início", Bacon se referiria à *pars destruens* e, por "fim", ao seu novo método e à *pars construens*. Se essa interpretação estiver correta, então a grande similaridade apontada implicaria, na verdade, uma quase total identificação entre a doutrina dos ídolos (junto com os signos e as causas) e o ceticismo, a ponto de se poder dizer que a doutrina dos ídolos seria uma doutrina cética.

A interpretação mais recente revelou o uso extenso do material legado pelos céticos, tanto antigos como modernos, por parte de Bacon. Nesse sentido, as referências explícitas, ainda que muitas, não exaurem as similaridades que se podem descobrir entre a recusa baconiana da tradição e o ataque cético ao dogmatismo. O primeiro a sugerir essa interpretação foi Wolf, que se limitou às referências explícitas de Bacon aos céticos antigos (cf. GRANADA, 2006, p. 1). Villey (1973) mostrou, posteriormente, os débitos de Bacon com Montaigne. Granada (2006), bem mais recentemente, ampliou essa comparação, incluindo todos céticos modernos, não somente Montaigne, mas não desenvolveu o ponto. Os trabalhos de Luiz Eva (2008; [no prelo]) examinam em detalhe, considerando ídolo por ídolo, como Bacon teria retomado os modos céticos e os argumentos presentes em Cícero, Sexto Empírico, Agrippa, Sanches e Montaigne. Trata-se da contribuição mais significativa nessa direção, ao mostrar como o conhecimento de Bacon era extenso e como o uso foi amplo. Oliveira (2002, p. 75) afirma que, "além da aceitação parcial e histórica da crítica cética, há por parte de Bacon uma utilização não explícita de alguns de seus argumentos".

Vale a pena insistir nesse ponto estabelecido pelos intérpretes mais recentes, segundo o qual há um uso implícito de diversas ideias céticas. Indicarei alguns dos modos pelos quais Bacon as teria empregado. Por exemplo, Bacon mostra que as doutrinas filosóficas são problemáticas por meio de certos signos e um desses signos é o grande desacordo entre os filósofos e a diversidade das escolas filosóficas. A conclusão desse signo é que "aparece claramente que nem nos próprios sistemas, nem nos modos de demonstração existe alguma coisa certa ou sólida" (NO, I, 76). Esse é um tipo de observação recorrente em sua obra. Obviamente, Bacon está se apoiando na ideia cética de que existe um conflito insuperável entre os dogmáticos. Neste caso, temos uma incorporação consciente, embora implícita, da mesma ideia, tal como foi usada pelos céticos.

Outro exemplo de incorporação implícita diz respeito ao sentido frouxo de ceticismo empregado por Bacon. Antes de tudo, cabe notar que também Montaigne considera acadêmicos e pirrônicos como pertencendo igualmente à seita dos céticos. De acordo com Montaigne, das três seitas da filosofia duas (pirronismo e ceticismo acadêmico) "fazem profissão expressa de dúvida e de ignorância" (E, II, 12, p. 260). Mas, sobretudo, vimos como Bacon admitia que muitos filósofos, aparentemente dogmáticos, poderiam ser considerados céticos. Nesse ponto, Bacon está seguindo uma ideia já presente em Cícero (Ac, II, 72-76) e que será retomada por Montaigne na "Apologia de Raimond Sebond", a de que a história da filosofia estaria repleta de céticos não confessos e mesmo os dogmáticos seriam, no fundo, céticos disfarçados, já que não teriam confiado plenamente em suas próprias doutrinas.[9] Sigamos a mesma ordem de inclusão na seita dos céticos apresentada por Bacon mais acima. Primeiro, Montaigne também incluiu Sócrates e Platão na seita dos céticos, quando diz, por exemplo, que "o condutor de seus diálogos [de Platão], Sócrates, está sempre perguntando e agitando a discussão, nunca decidindo, nunca satisfazendo, e diz não ter outra ciência além da ciência de opor objeções" (E, II, 12, p. 264; cf. também E, II, 12, p. 261 e p. 265). Montaigne refere-se a Empédocles como sustentando que "todas as coisas nos são ocultas" (E, II, 12, p. 266) e a Demócrito como um exemplo de alguém que tem uma "paixão diligente que nos ocupa em perseguir coisas que estamos desesperançados de alcançar" (E, II, 12, p. 267), com "intenção mais de indagar do que de instruir" (E, II, 12, p. 264). A ideia baconiana de que os filósofos são sensatos em seus momentos de dúvida e insensatos em suas afirmações dogmáticas pode ter sido extraída de Montaigne. Por exemplo, Montaigne diz que "não me convenço facilmente de que Epicuro, Platão e Pitágoras nos tenham oferecidos como moeda sonante seus átomos, suas ideias e seus números. Eles eram sensatos demais para fundamentar seus artigos de fé em algo tão inverto e tão discutível" (E, II, 12, p. 268). Também lemos que os dogmáticos "amiúde eram forçados a forjar conjecturas frágeis e loucas – não que eles mesmos as tomassem como

---

9   Para uma comparação geral entre Bacon e Montaigne, ver Villey (1973).

fundamento, nem para estabelecer alguma verdade, mas como exercício de reflexão" (E, II, 12, p. 269). Assim, ponto por ponto, o sentido mais frouxo de Bacon encontra-se claramente na passagem mais importante da "Apologia" de Montaigne sobre o ceticismo.

Um terceiro exemplo de uso implícito de material cético diz respeito ao valor do conhecimento. Bacon, em diversos textos, procura defender o conhecimento contra algumas críticas. Numa passagem particular (cf. PC, I, iv, 12, p. 56), ele endossa a ideia de que, para obter conhecimento, devemos ser cuidadosos, de que deveríamos suspender o juízo antes de seguir adiante. É óbvio que Bacon está implicitamente se referindo aos céticos, uma vez que fala da suspensão do juízo. Neste caso, contudo, seu objetivo é completamente diferente do objetivo dos céticos, quando estes suspendem o juízo e acusam os dogmáticos de precipitação. Essa é uma incorporação que se poderia chamar de inovadora, uma incorporação em que Bacon está consciente da novidade que introduz na ideia cética.

À luz dessas análises, dizer que há somente algum acordo, como às vezes faz Bacon (NO, I, 37), é uma admissão muito modesta de seus débitos. O exame detalhado dos comentadores mais recente estabeleceu, a meu ver, uma ampla presença do ceticismo no pensamento de Bacon, em particular na *pars destruens*. No entanto, a questão é saber se essa presença permite afirmar que a doutrina dos ídolos (junto com os signos e as causas) é uma doutrina cética. A afirmação de Bacon, no *Escada do entendimento* (EE, p. 199), em que ele admite somente uma diferença entre sua parte destrutiva e o ceticismo estará mais perto da verdade? Não se deve esquecer, por outro lado, que, apesar dessas semelhanças todas, Bacon nunca se esquece de manter certa distância dos céticos. O acordo, no entender de Bacon, nunca é total, sempre há acordo numa certa medida ou com uma ressalva. Assim, não parece correto qualificar, sem mais, a doutrina dos ídolos como uma doutrina cética. Mesmo com grandes semelhanças, é preciso explicar cuidadosamente a diferença existente entre a recusa baconiana da tradição e o ataque cético ao dogmatismo. Quais são, de fato, as diferenças entre eles? E qual é, exatamente, sua importância?

Eva, em distintos artigos, ofereceu interpretações bastante sofisticadas das semelhanças e diferenças entre a recusa baconiana da tradição, em particular a doutrina dos ídolos, e o ataque cético ao dogmatismo. Numa dessas interpretações,[10] Eva sugere que, por "início", Bacon entende os dois primeiros tipos de ídolos e, por "fim", ele entende o último ídolo. Assim, quando diz que, no início, há semelhanças, Bacon estaria dizendo que os dois primeiros tipos de ídolos são muito próximos dos modos céticos e, quando diz que, no fim, há oposição, é porque ele criticará os céticos no último tipo de ídolo. A interpretação de Eva é sustentada por uma longa análise de cada um dos tipos de ídolo e uma comparação com os céticos antigos e modernos, de forma que é impossível discuti-la em detalhe aqui. No entanto, levantarei algumas dificuldades que me parecem tornar difícil de sustentá-la.[11]

Se essa interpretação de Eva é correta, então deveríamos observar, no último tipo de ídolo, críticas ao ceticismo que não se encontrariam no início da doutrina dos ídolos. Além disso, deveríamos encontrar, no início, algumas semelhanças explícitas indicadas por Bacon. No entanto, não vemos nenhuma dessas duas coisas. Primeiro, Bacon não mostra semelhanças entre seus dois primeiros tipos de ídolo e o ceticismo, mas, ao contrário, já indica tanto semelhanças como diferenças, de tal modo que, desde o início, as diferenças já estão claramente apresentadas ao leitor. Segundo, embora seja verdade que em NO I, 67 Bacon é mais explícito em suas críticas aos céticos, também é certo que ele mesmo alude à NO I, 37, indicando que essa crítica já tinha sido feita na abertura da doutrina dos ídolos. A meu ver, isso sugere que Bacon está somente ampliando um pouco a mesma crítica, isto é, não há uma progressão de um acordo para uma oposição, mas somente uma maior explicitação de uma crítica já formulada.

Além disso, deveríamos observar um contínuo afastamento do ceticismo, ídolo após ídolo, de forma que o primeiro tipo de ídolo seria o mais cético de todos, o segundo um pouco menos cético, o terceiro pouco cético e o quarto, nada cético. Mas não é isso o que acontece. De fato, como o próprio Eva reconhece (2008, p. 51), o segundo tipo de ídolo é mais próximo do ceticismo

---

10 Em Eva (2008, p. 73) lê-se: "parece-nos possível descrever o percurso que se inicia no aforismo I, §37 (onde, como vimos, Bacon declara sua concordância "inicial" com os céticos) como o de uma explicitação progressiva da divergência para com esses filósofos, que culmina com uma crítica explícita".

11 Muitas das coisas que sustento neste artigo estão de acordo com boa parte das interpretações de Eva. No entanto, misturados aos pontos que me parecem corretos (e que retomo aqui), estão alguns outros que me parecem menos aceitáveis.

do que o primeiro. Isso faz com que Eva altere, em suas análises, a ordem dos ídolos, começando pelos ídolos da caverna, e passe, em seguida, para os da raça. Ora, a ordem de Bacon não obedece a esse princípio, indo do mais inato ao mais adquirido. Assim, "início" e "fim" não correspondem ao progressivo afastamento do ceticismo, mas ao progressivo afastamento do mais interno ao mais externo. Eva é obrigado a reordenar os ídolos para que estes se adaptem à sua interpretação, e não o contrário. Por essas razões, creio que se deve rejeitar a primeira interpretação de Eva.

Uma segunda interpretação oferecida por Eva[12] também procura mostrar como, no interior da doutrina dos ídolos, Bacon se aproxima e se afasta do ceticismo. Agora, entretanto, Eva não atribui um afastamento progressivo da argumentação cética ao longo dos ídolos, mas enxerga um aprofundamento da crítica cética, que seria, aos olhos de Bacon, insuficiente e demandaria uma radicalização de sua postura. A ideia principal de Eva é que os céticos teriam atacado o dogmatismo somente por meio dos ídolos adquiridos, o que conduziria a uma crítica superficial do conhecimento, ao passo que Bacon teria ido até os ídolos inatos: como estes não podem ser erradicados, sua recusa da tradição seria mais contundente do que o ataque cético. Deste novo ponto de vista, Eva inverte sua interpretação: agora, os dois primeiros ídolos apresentam a inovação de Bacon, enquanto os dois últimos guardam mais semelhanças com o ceticismo. O que pensar dessa interpretação que atribui um "aprofundamento" do ceticismo na doutrina dos ídolos?

É verdade que os céticos estavam certos em mostrar o fracasso do dogmatismo por meio de argumentos "que não devem ser desprezados" (NO, pref., p. 93/86). Contudo, essa crítica cética era um "excesso" que "não leva a nada" (NO, I, 67; cf. SA, p. 133). Os céticos foram longe demais, levados por zelo e inclinação (NO, pref., p. 93/86) e por não se moderarem (EE, p. 198). Assim, há um sentido em que a recusa da tradição por parte de Bacon é menos dura do que o ataque cético, já que a primeira preserva algum conhecimento e tenta

---

12 Em Eva ([no prelo], p. 4) lê-se: "Mas mesmo se compartilha alguns dos problemas epistêmicos dos céticos, ele [Bacon] não compartilha suas conclusões. Essa é a consequência, como argumentarei no final deste artigo, da maneira particular em que os elementos céticos são adaptados dentro de sua nova doutrina [dos ídolos], com a finalidade de alcançar um nível mais profundo de crítica do que o deles [céticos]". A ideia de que a crítica de Bacon é mais profunda que a dos céticos reaparece ao longo do texto, em particular nas páginas 12, 16, 24 e 26.

aprender com suas falhas,[13] enquanto o segundo demole todo o edifício do suposto conhecimento dogmático, sem deixar pedra sobre pedra: a disposição cética conduz o cético a destruir tudo, indo além do que deveriam. Por essa razão, parece-me enganoso afirmar, como o faz Eva, que Bacon precisa de uma "crítica mais profunda" (EVA [no prelo], p. 4 e 26), sugerindo que os céticos não foram longe o suficiente e que Bacon teria levado a crítica cética adiante. Como veremos adiante, não se deve esperar nenhuma crítica mais profunda que a dos céticos, uma vez que se aceitam os primeiros princípios e as regras da demonstração postos pelos dogmáticos. Dados os pressupostos da tradição, os céticos foram tão longe quanto se poderia ter ido. Bacon não aprofundou a crítica cética, mas propôs uma crítica de tipo diferente.

Nada é ou pode ser conhecido?

Devemos investigar agora o núcleo central da questão, que gira em torno das proposições "nada é conhecido" e "nada pode ser conhecido". Considerando suas respectivas atitudes diante delas, podemos ver em que medida a perspectiva de Bacon é próxima da perspectiva cética e em que medida, embora possa haver pouca diferença, essa diferença é notável.

Eles concordam em grande parte, como acabamos de ver, porque ambos assentem às duas proposições. Bacon não se cansa de repetir os méritos dos céticos quando denunciam a ciência grega, mostrando as deficiências dos sentidos e a limitação da razão humana, ressaltando a obscuridade das coisas. Creio que se pode afirmar, à luz dos itens precedentes, que há um grande acordo de Bacon com os céticos no início, isto é, em alguma forma de adesão às proposições em questão.

No entanto, eles assentem a elas de maneiras muito diferentes, já que o acordo entre eles não é completo, mas parcial. Examinemos cada proposição em separado. Primeiro, não é exatamente verdade que Bacon aceita que "nada é conhecido". O que Bacon realmente pensa é que pouca coisa foi descoberta e o que foi descoberto o foi por acaso e sem nenhuma articulação numa ciência integrada. *O Progresso do conhecimento*, por exemplo, não é simplesmente uma recusa do conhecimento passado, mas um exame completo

---

13 Como veremos a seguir.

com o propósito de corrigir e melhorar as ciências que nos foram legadas. "Com efeito, eu pensei que fosse bom demorar-me sobre o que recebemos, para que o velho possa ser mais facilmente aperfeiçoado e o novo mais facilmente abordado" (DO, p. 75-76). Algum conhecimento foi adquirido e até as deficiências do passado podem nos ajudar no futuro (NO I, 94). Assim, em sua revisão, Bacon está longe de condenar absolutamente todos os conhecimentos legados pela tradição.

Vejamos, agora, qual é, exatamente, a posição de Bacon diante da proposição "nada pode ser conhecido". Enquanto os céticos assentem a ela "sem qualificação", Bacon qualifica-a acrescentando "pela via que está em uso". Os céticos enunciam uma opinião rígida, afirmando-a de modo absoluto. Dizer que eles simplesmente a afirmam, ou que a afirmam absolutamente ou sem qualificação é dizer que os céticos aceitam a proposição em sua forma declarativa simples: "nada pode ser conhecido". Por essa razão, transformaram a *akatalepsia* num dogma. Bacon é mais prudente, não somente porque não fecha as portas para investigações futuras sobre a natureza das coisas, mas também porque seu endosso da proposição é meramente condicional, isto é, sua adesão se dá no interior de uma frase condicional: "*se* nos confinarmos ao método em uso, *então* nada pode ser conhecido". Assim, nada é dito sobre o conhecimento se usarmos outro método.

Portanto, em pelo menos dois pontos Bacon não partilha das opiniões céticas: a adesão de Bacon à proposição é condicional, não absoluta, e Bacon nem sequer pensa que nada pode ser conhecido por meio da via agora em uso, já que o que ele realmente quer dizer é: pouco conhecimento foi adquirido por essa via. Enquanto o cético assente às proposições "nada é conhecido" e "nada pode ser conhecido", Bacon assente às seguintes proposições: "muito pouco foi conhecido até agora" e "*se* nos confinarmos ao método em uso, então muito pouco pode ser conhecido".

Da refutação à recusa da tradição

Há, ainda, um terceiro ponto a ser mencionado, talvez o mais importante de todos. De acordo com esse ponto, não se pode dizer que a *pars destruens* de Bacon está no mesmo barco dos céticos. A pergunta que se deve colocar é: está correto dizer que Bacon faz o mesmo *tipo* de crítica que os céticos? Quais as características da recusa baconiana da tradição e as do ataque cético ao dogmatismo?

Os céticos têm um método dialético de refutação. De acordo com esse método, eles argumentam dos dois lados de uma questão para suspender o juízo e mostrar que os dogmáticos não sabem o que dizem saber. Se os dogmáticos argumentam a favor de uma tese, os céticos argumentam contra ela, mesmo que somente para mostrar que a posição oposta é igualmente persuasiva. Assim, se os dogmáticos argumentam que podemos conhecer as coisas, os céticos argumentam que não podemos conhecer as coisas. Para isso, os céticos lançarão mão de uma diversidade de argumentos, que pretendem estabelecer, por exemplo, as deficiências dos sentidos, a fragilidade da razão humana ou a obscuridade das coisas. O ataque cético está repleto de argumentos, argumentos do mesmo *tipo* que os argumentos dogmáticos, só que em sentido contrário. De fato, os céticos fazem os argumentos dogmáticos conflitarem uns com os outros de modo que eles se destruirão mutuamente. Dessa forma, enquanto os dogmáticos oferecem argumentos para sustentar uma opinião, os céticos oferecem argumentos conflitantes justamente para não ter nenhuma opinião.

Embora, aparentemente, Bacon não faça nenhuma referência ao caráter dialético da argumentação cética, não cabe dúvida de que ele o tinha em vista. Por um lado, Bacon conhecia bem o procedimento cético de argumentar dos dois lados de uma questão.[14] Ora, esse procedimento é precisamente o procedimento do método dialético. Além disso, as considerações de Bacon sobre o tipo de rejeição da tradição tratam exatamente das características do método dialético. O ponto fundamental para pensar o tipo de rejeição gira em torno da aceitação ou não aceitação de princípios primeiros e regras de demonstração, de modo que, caso os aceitemos, a rejeição se fará de maneira argumentada a partir de dentro da própria tradição (esse é o ataque cético) e, caso não os aceitemos, teremos de buscar outro tipo de rejeição da tradição (será a recusa baconiana).[15]

---

14 Como vimos em nota anterior, Bacon menciona a argumentação dos dois lados de uma questão já no *Progresso do conhecimento*: I, vii, 15, p. 82; I, viii, 1, p. 89.

15 Várias são as passagens em que Bacon diz que sua recusa não pode apoiar-se em argu-

Para Bacon, os céticos compartilham primeiros princípios e regras de demonstração com os dogmáticos. Isso está obviamente presente em sua concepção de um método dialético, de acordo com o qual eles podem usar somente o que seus adversários aceitam. Embora não a explorem a fundo, essa interpretação já foi apontada antes por Oliveira e Maia Neto (2009, p. 250-1), quando sustentam que "os céticos apresentaram suas objeções dentro da própria tradição filosófica, isto é, eles usaram os mesmos tipos de raciocínio e instrumentos conceituais empregados pelos filósofos dogmáticos que tentavam refutar para mostrar as inconsistências de seus sistemas filosóficos". Também Eva apontou nesse direção, explorando-a mais longamente.[16] Com efeito, Bacon parece atribuir aos céticos muitas, se não a maioria, das características presentes na filosofia e na ciência gregas.

Talvez valha a pena chamar a atenção para um ponto crucial na mudança da concepção de conhecimento e sua implicação para a questão do ceticismo. Prior (1968, p. 143) e Granada (2006, p. 3) afirmam, por exemplo, que os céticos partilham da mesma concepção individualista do conhecimento que os dogmáticos e, por isso, o aforismo "a vida é breve, a arte é longa" pode ser um argumento a favor do ceticismo. É natural que, se alguém espera que a verdade seja produzida por um único indivíduo, sozinho, ao longo de sua breve vida, então o ceticismo parece inevitável. Afinal, quem poderia desvendar tantas verdades ocultas e tão difíceis num pequeno intervalo de tempo e sem ajuda nenhuma? Mas por que esperar essa descoberta de um único homem em tão pouco tempo? Ora, a descoberta da verdade exigirá uma legião de investigadores, uma quantidade imensa de experimentações. Numa concepção como a de Bacon, em que o conhecimento é construído ao longo de gerações e por muitos cientistas, esse aforismo perde sua força cética. O que no contexto da

---

mentos que pressupõem os primeiros princípios e as regras de demonstração. Por exemplo, Bacon (RP, p. 79 e NO, I, 115).

16 Em Eva ([no prelo], p. 4) lê-se: "Também tentarei mostrar que a proximidade dos ídolos de Bacon com os temas céticos é útil para mostrar que sua crítica dos céticos é essencialmente metodológica". Não está claro, porém, qual sentido de "metodológico" Eva tem em mente. Por um lado, Eva parece estar se referindo ao método dialético dos céticos (cf. [no prelo], p. 25-26), mas, por outro, ele parece se referir ao método científico, isto é, ao fato de Bacon propor uma nova via em contraposição aos métodos usuais, como a dedução silogística e a indução por enumeração.

filosofia grega pode passar por um bom argumento cético, deixa de sê-lo na concepção baconiana de ciência. Se alguém aceita a concepção grega de conhecimento e ciência, então o ceticismo parece ser o resultado inevitável, mas, uma vez que se ponha de lado essa concepção, talvez o ceticismo deixe de ser uma alternativa viável. Assim, para Bacon, o ceticismo parece depender visceralmente da concepção dogmática de ciência, compartilhando-a com o dogmático para melhor destruí-la.

Os elementos dialéticos presentes no método cético não são somente epistêmicos, mas também incluem valores. Para Bacon, os céticos realizam seu ataque ao dogmatismo de maneira similar ao que criticam, isto é, os céticos também são levados por "zelo e inclinação" (NO, pref., p. 93/86), mantêm a maneira contenciosa de fazer filosofia (cf., por exemplo, EE, p. 198; TPM, p. 73), sendo tão beligerantes quanto os dogmáticos. O ataque cético ao dogmatismo deve ser entendido nesse sentido retórico em que a filosofia é um campo no qual uma batalha é travada e os argumentos são como armas (PIM, p. 73). Não é por outra razão, creio, que Bacon frequentemente inclui os céticos acadêmicos entre os filósofos dogmáticos, sem pensar que constituem uma classe específica de filósofos. Enquanto os céticos pretendem traçar uma distinção fundamental entre eles e os dogmáticos, Bacon traça uma distinção original entre três gêneros de filosofia, sem que o ceticismo seja um gênero autônomo, mas, ao contrário, integra-os com as demais seitas filosóficas.[17]

Bacon pensa que, em função de suas características, há uma grande limitação no método cético de argumentação. O máximo que uma refutação dialética consegue é mostrar que os dogmáticos não alcançam o que pensavam que poderiam alcançar. Mesmo se, logicamente falando, não haja nada errado com uma redução ao absurdo, esse método pode ser problemático de outro ponto de vista. Bacon parece pensar que os céticos se enredam nessa concepção e jamais conseguem sair dela, condenando os homens às trevas eternas (RP, p. 131). Declarando o conhecimento impossível, eles fecham as portas a qualquer outra tentativa (NO I, 92). Portanto, o ceticismo se torna tão estéril como o dogmatismo que tenta refutar.

---

17 Por exemplo, em Bacon (NO I, 62). Segundo Bacon, há três tipos de filósofos: sofistas, empiristas e supersticiosos.

Por essa razão, não encontramos na recusa baconiana da tradição nenhum argumento contra a tradição. Esta é uma característica notável de sua recusa que merece cuidadosa reflexão, já que é muito diferente do ataque cético ao dogmatismo. Em sua análise detalhada da doutrina dos ídolos e sua suposta origem nos modos céticos, tanto antigos como modernos, Eva ([no prelo], p. 24) conclui que existe uma "ausência de argumentos céticos na doutrina de Bacon". Parece-me que esse fato, se for um fato, da ausência de argumentos na recusa de Bacon é crucial para determinar a relação entre sua *redargutio* (das filosofias, das demonstrações e da razão humana) e o ataque cético ao dogmatismo.

Não somente não há nenhum argumento em sua recusa como *não poderia haver nenhum*. Não pode haver argumentos na recusa baconiana da tradição simplesmente porque, se você não compartilha primeiros princípios e as regras da demonstração, não há uma base comum na qual se pudessem avaliar a validade e força dos argumentos. Bacon pensa que, se você compartilha primeiros princípios e regras da demonstração, então você pode entrar numa espécie de discussão em que argumentos podem ser formulados de ambos os lados de uma questão. Contudo, se você não os compartilha, então uma discussão racional, no sentido de propor e avaliar argumentos oferecidos pelos dois lados, está excluída ou é impossível. "É certo que não há regra de discussão, uma vez que não compartilhamos o mesmo sentimento como você sobre princípios. Mesmo a esperança de discussão nos é roubada, pois demonstrações em uso foram postas em dúvida e acusadas" (RP, p. 91). Portanto, se alguém quiser rejeitar uma posição com relação à qual não compartilha primeiros princípios e regras de demonstração, então sua refutação não estará baseada em argumentos, mas em outra coisa. Assim, a recusa de Bacon não pode ser do mesmo *tipo* que o ataque cético, não pode ser uma refutação dialética na qual argumentos positivos e negativos são opostos.[18]

Essa é, obviamente, uma rua de mão dupla. Assim como Bacon não pode condenar a filosofia baseado em argumentos, "nenhum julgamento pode ser

---

18 Eva ([no prelo], p. 26) sugere que os ídolos não podem ser desalojados da mente humana por meio de argumento e, por isso, o método cético é insuficiente. No entanto, se essa explicação fosse aceitável, ela valeria, no melhor dos casos, somente para os ídolos inatos. Como vimos, a razão de Bacon para rejeitar o método dialético dos céticos reside na rejeição dos pressupostos da racionalidade grega.

corretamente formado seja do meu método ou das descobertas a que ele leva, por meio das antecipações (quer dizer, do raciocínio que está agora em uso), já que eu não posso aceitar uma sentença de um tribunal que está ele próprio sob julgamento" (NO I, 34). Seria uma discussão entre surdos. Deve-se tentar a nova via proposta por Bacon e realizar o trabalho que ela propõe: se este tem êxito, muito bem; se não, pode-se rejeitá-la. A questão não deve ser decidido por argumentação, não se devem ter opiniões apoiadas em raciocínios a respeito da nova via, o que seria precipitado e prematuro (cf. PIM, p. 75-76; NO, pref., p. 97/89).

Assim, torna-se um problema premente para Bacon encontrar um método de rejeição das ciências legadas pelos gregos, já que o método cético não está mais disponível para ele. "Que meios, que método apropriado usaremos para levar adiante essa tarefa?" (RP, p. 91). Bacon redigiu vários opúsculos tentando articular uma concepção coerente em que a tradição fosse refutada sem ter que apoiar-se em argumentos. Comumente se aponta a diversidade estilística desses opúsculos, como se Bacon, já de posse de sua doutrina, estivesse buscando somente a forma mais adequada de expressá-la. Embora seja certo que Bacon já tinha em mente as características principais de sua recusa, também é certo que a formulação exata dela foi sendo desenvolvida ao longo desses opúsculos. Por exemplo, neles Bacon foi progressivamente adocicando o tom veemente de suas críticas, até que, finalmente, escreveu um texto intitulado *A sabedoria dos antigos*.

Uma vez que não compartilha os pressupostos que permitem estabelecer uma discussão racional e argumentativa com a tradição, Bacon tem de achar alguma coisa em comum com esta para que o diálogo esteja aberto. Sem essa comunicação, qualquer tipo de rejeição será inútil. Sua sugestão é a de que deveríamos "despir-nos de nossa qualidade de eruditos, se pertencermos a essa categoria, e nos tornar, por assim dizer, homens comuns e, ignorando as próprias coisas, fazer nossas conjecturas baseados em certos signos externos, pois esse é um ponto comum entre eles e nós" (RP, p. 91). Esta, portanto, será a perspectiva da recusa baconiana: não a do sábio ou a de quem possui uma teoria sobre as coisas, mas a do homem comum que examina a ciência sem ter um partido prévio ou um suposto conhecimento sobre as coisas. A crítica deve estar baseada numa posição comum ou deve provir de um ponto de vista comum. Ora, Bacon pretende justamente recusar os pontos fundamentais que delineiam toda a perspectiva da tradição, de forma que nenhum desses pontos poderá ser suposto por ele, como os primeiros princípios e as regras de demonstração. Não é por outra razão que tudo o que depende da aceitação de um conhecimento específico legado pela tradição não poderá ser usado pela recusa baconiana. Assim, Bacon nos pede que nos livremos de nossa condição filosófica, pondo de lado as pressuposições filosóficas, e tentemos ver o conhecimento como homens comuns. Elaborar uma recusa dessa perspectiva é a tarefa que Bacon se propõe.

Nesses opúsculos da primeira década de 1600, Bacon foi paulatinamente elaborando sua concepção de recusa da tradição, sempre se confrontando com o ataque cético, tanto ao recorrer a seus argumentos e considerações, quanto ao se afastar de seu método dialético: primeiro, ao conceber a ideia de "ídolo"[19] como um obstáculo ao conhecimento;[20] em seguida, ao elaborar a ideia de "signo", um indício externo que permitiria avaliar a ciência (CV, em 1607); finalmente, ao propor a noção de "causa", como uma forma de explicar as dificuldades que acometem as ciências legadas pelos gregos (CV; RP, em 1608).

No *Novum Organum* (1620), todos esses três elementos da recusa baconiana estarão reunidos e articulados de maneira mais clara e organizada, recebendo aquela que poderia ser considerada sua versão final. As "causas" tanto quanto os "signos" constituem o ponto comum no qual se baseará a recusa. Depois de referir às suas três refutações, Bacon diz que "a refutação dessas [filosofias, demonstrações e razão humana] foi somente como podia ter sido, isto é, por signos e pela prova das causas, uma vez que nenhum outro tipo de rejeição estava aberto para mim, diferindo dos outros como eu difiro, tanto a respeito dos primeiros princípios, como das regras de demonstração" (NO, I, 115). Deve-se julgar a ciência a partir desse ponto de vista comum, que abarca os ídolos, signos e causas. Obviamente, a recusa por meio das causas e dos signos externos é muito diferente do ataque cético, já que este, como vimos, recorre a uma argumentação tradicional, opondo argumentos a argumentos, enquanto Bacon expõe os impedimentos para o conhecimento, os indícios de

---

19   A respeito da evolução do termo "ídolo", ver Deleule (2009, p. 10-13).
20   Bacon (TPM), por volta de 1603. No *Valerius Terminus*, de 1603, Bacon já se refere a quatro tipos de ídolos, cada um com muitas subdivisões (cf. VT, p. 23-4 e p. 26).

que a situação não é boa e sugere causas para essa situação. Portanto, a ideia de invocar ídolos, signos e causas para recusar a tradição é inovadora em relação ao ceticismo, mesmo que possa incorporar alguns elementos céticos.

De acordo com Rossi (2006, p. 158-64), Bacon recusa a filosofia de um ponto de vista histórico, isto é, Bacon identificaria as causas do fracasso da filosofia tradicional, sendo que estas são causas históricas e sociais. "A tomada de consciência do caráter *histórico* e não sobre-temporal da filosofia dos Gregos constitui, portanto, para Bacon, a melhor arma polêmica contra o espírito de autoridade e contra o dogmatismo das várias seitas filosóficas" (2006, p. 161). Rossi descreve ainda outra estratégia usada por Bacon contra a filosofia, que é a de mostrar como os signos podem nos fornecer informação sobre a validade das doutrinas filosóficas (2006, p. 164-8).

Ainda que interessante e aceita por outros comentadores, como Deleule (2009, p. 35) e Eva ([no prelo], p. 25), essa interpretação precisa ser complementada. Rossi tem razão em enfatizar a recusa peculiar da filosofia realizada por Bacon, bem como em apontar seu ponto de vista histórico-social. Entretanto, sua recusa não está baseada somente num ponto de vista histórico-social, já que outros elementos também se fazem presentes nessa recusa. Pode-se dizer que há nela alguns elementos biológicos, já que alguns ídolos são inerentes à natureza humana, e psicológicos, já que outros ídolos são inerentes aos indivíduos. Além disso, nem todos os signos e causas têm um caráter sócio-histórico. Por exemplo, alguns incluem características da própria ciência, como sua finalidade, de forma que considerações internas à ciência, por assim dizer, têm igualmente relevância. Outro fator crucial nessa avaliação das ciências gregas são, como vimos, os valores morais. Também deve se levar em conta que sua recusa da tradição adere ao ponto de vista do homem comum, não de um erudito, e assim algumas considerações dizem respeito ao que se observa sem pressupor nenhuma doutrina em particular. Sua recusa não depende essencialmente de uma concepção particular da ciência, mas do que é acessível a todos nós. Em suma, há diversos elementos misturados nos ídolos, signos e causas, todos eles, de alguma maneira, independentes de uma concepção ou doutrina filosófica específica.

Vale a pena insistir na ideia de que essa recusa também é orientada por alguns valores, como, por exemplo, a caridade, ou filantropia, e a esperança.

Bacon opõe esses dois valores ao desespero cético e à falta de piedade em face da condição humana miserável, uma vez que eles não contribuem para o progresso da ciência, nem produzem obras. Os céticos deixam as coisas como estão. A recusa baconiana, de outro lado, conduz a uma preparação para um trabalho, que deve reverter, se bem sucedido, em benefício de toda a humanidade. Outros valores importantes para a ciência baconiana são a humildade e o espírito cooperativo. Esses valores, muito diferentes daqueles que os céticos compartilham com os dogmáticos, dão forma à sua atitude diante da filosofia. Como já vimos, a filosofia deixa de ser um empreendimento individual, no qual um filósofo combate vaidosamente outro filósofo, e passa a ser um empreendimento coletivo no qual cada um dará sua modesta colaboração.

Um último exemplo da importância dos valores para as considerações sobre a ciência permite entender de maneira mais adequada a recusa baconiana da tradição. Nesse sentido, é preciso lembrar o espírito pacífico de Bacon, em oposição ao espírito beligerante dos gregos. Bacon afirma, em muitos lugares, que sua recusa não é contenciosa, que não é agressiva de maneira nenhuma.[21] Ele respeita os gregos pelo que estes fizeram, mesmo que não tenham feito muita coisa, já que, dada a concepção que eles tinham de ciência, seria impossível ir mais longe ou fazer melhor do que fizeram. De fato, eles seriam insuperáveis em engenhosidade e inteligência. "A honra e a reverência devida aos antigos permanece intocada e não diminuída" (NO, pref., p. 96/88). Correspondentemente, não é a intenção de Bacon simplesmente rejeitar a filosofia tradicional. Sua recusa é menos uma rejeição do que uma tentativa de acomodar sua nova via, de modo que esta coexistirá com o método tradicional, lado a lado, cada um com seu mérito próprio. O método argumentativo é útil, por exemplo, para a aula do professor e os negócios da vida, mas não para a descoberta da verdade. Inversamente, o método baconiano é útil para a invenção do conhecimento, mas não para o seu ensino (NO, pref., p. 96/88; cf. também RP, p. 81). Portanto, a recusa da tradição, embora assim chamada pelo próprio Bacon, não deve ser vista como uma pura e simples destruição, mas como um convite para uma nova atividade em busca da verdade, que deve coexistir com o método argumentativo, cada um em sua esfera própria. Bacon,

---

21 O opúsculo *Temporis Partus Masculus* constitui uma notória exceção.

em suma, propõe antes, o convívio dos dois métodos, desde que eles se restrinjam ao seu âmbito, do que a supressão de um e sua substituição pelo outro.

Conclusão

É hora de fixar os resultados alcançados e resumir de maneira clara a interpretação aqui defendida. A semelhança fundamental entre a recusa baconiana da tradição e o ataque cético ao dogmatismo diz respeito às proposições "nada é conhecido" e "nada pode ser conhecido". Bacon e os céticos, para sustentar essas proposições, lembram, de um lado, a oposição entre proposições e, de outro, as inconstâncias dos sentidos, a falta de confiança no entendimento, a obscuridade das coisas etc. No entanto, Bacon se separa dos céticos na própria adesão que dá a essas proposições. Enquanto os céticos as defendem de maneira absoluta e universal, Bacon a aceita de maneira limitada, condicional e parcial. Portanto, no início, a semelhança é grande, mas já se observam algumas diferenças significativas.

Como explicar a separação e a oposição no final? Ora, Bacon separa-se dos céticos justamente por romper com a tradição filosófica a que pertencem os céticos, por pretender uma nova maneira de filosofar e produzir conhecimento. Para os céticos, filosofar é fundamentalmente argumentar, inventar argumentos ou opor argumentos a argumentos; para Bacon, a filosofia é uma atividade experimental radicalmente diferente, em que não se busca defender uma opinião por meio de argumentos. Assim, enquanto o ataque cético ao dogmatismo se faz a partir dos próprios pressupostos dogmáticos, Bacon destes se separa e, apoiando-se numa nova doutrina, que recorre a ídolos, signos e causas, recusa a tradição, sem usar argumentos. Essa separação transforma-se numa oposição justamente porque o ceticismo, ao se situar no interior mesmo da tradição que será rejeitada por Bacon, acaba por ser recusado junto com toda a tradição que ataca. Imersos na tradição grega, os céticos somente criticam os sentidos e a razão para rejeitar toda e qualquer opinião, destruindo-lhes a autoridade; Bacon, instaurando uma nova ciência, procurará, numa atitude oposta à dos céticos, fornecer-lhes auxílios (cf. DO, p. 86/84). Assim, não caberia mais perguntar se a *pars destruens* de Bacon é cética ou dogmática, pois ceticismo e dogmatismo são categorias igualmente rejeitadas por Bacon, quando este recusa a tradição.

Eu gostaria de enfatizar um último ponto, cujo valor não é meramente histórico, mas pode ter um significado filosófico. Bacon percebe claramente que a recusa argumentada da filosofia é um empreendimento limitado. Jamais estaremos justificados em abandonar o dogmatismo da tradição se insistirmos em argumentar à maneira dos dogmáticos. Os argumentos céticos sempre convidarão novos argumentos dogmáticos ou, de maneira mais precisa, os céticos podem denunciar o conflito entre as filosofias dogmáticas e a incapacidade de resolvê-lo por meio de argumentos dogmáticos, mas isso não basta para um abandono racional do dogmatismo. Para pular fora do jogo dogmático, igualmente jogado por dogmáticos e céticos, é preciso invocar considerações de outro tipo, considerações que estejam ao alcance de todos, independentemente de seus credos filosóficos e de seus compromissos com os pressupostos filosóficos. A doutrina dos ídolos, signos e causas é a tentativa de Bacon de levar o seu leitor a jogar um novo jogo, não mais o do dogmatismo, mas o da ciência moderna. Talvez seja interessante insistir em que a nova via de Bacon transita por caminhos bem diferentes daqueles da filosofia tradicional, que se dividia no caminho dogmático e no caminho cético. Não se trata de ter ou não ter opiniões baseado em argumentos, optando entre alguma forma de dogmatismo e o ceticismo, mas trata-se de tentar uma nova atividade, em que se realizam experimentos e, graças a eles, se descobrem axiomas.

Talvez se possa, então, aprender alguma coisa dessa longa confrontação que Bacon manteve com o ceticismo. O método dialético é simultaneamente forte e fraco. De um lado, é forte, pois mostra a fragilidade dos dogmatismos à luz dos pressupostos aceitos pelos próprios dogmáticos: por estar baseada em seus primeiros princípios e regras de demonstração, não lhes resta alternativa senão aceitá-la. De outro lado, é fraca, pois jamais nos levará a outra concepção de conhecimento, o que pode explicar por que os céticos permanecem refutando os dogmáticos *ad nauseam*, em sua investigação infindável, isto é, em sua disputa eterna com o dogmatismo. Se alguém realmente quiser romper com esse compromisso entre céticos e dogmáticos, com sua discussão permanente, deve recusar os pressupostos por eles compartilhados e propor um novo tipo de rejeição. Bacon, como vimos, meditou profundamente, durante muitos anos, sobre esse tipo de rejeição, polindo sua forma, refinando seus ídolos, elaborando os signos, identificando as causas. E nessa longa elaboração e refinamento, a confrontação com os céticos foi absolutamente indispensável: seus argumentos, suas armas e sua estratégia dialética foram ingredientes importantes para a formulação de sua recusa, seja no momento de incorporação do ceticismo, seja no momento em que Bacon percebia claramente que deveria dele se separar e, mesmo, se opor. Talvez Bacon jamais tivesse chegado à sua forma específica de recusar da tradição não fosse esse movimento de se aproximar e se distanciar do ataque cético ao dogmatismo.

Referências bibliográficas

BACON, F. (CV) "Pensées et vues". In: *Récusation des doctrines philosophiques et autres opuscules*. Paris: Hermann Editeurs, 2009.

BACON, F. (DO) (*Distributio Operis*) "Plan of the Work". In: *Selected Philosophical Works*, Indianapolis: Hackett, 1999. (Tradução portuguesa "O plano da obra" em *Nova Atlântida e A Grande Instauração*, Lisboa: Edições 70, 2008.)

BACON, F. (EE) *A Escada do Entendimento*. In: *Sképsis*, número 3-4, 2008.

BACON, F. (HVM) *Historia Vitae et Mortis* in *The Works of Francis Bacon*, volume V. Londres: Elibron Classics, 2005.

BACON, F. (NO) *Novum Organum*, Paris: PUF, 2004. (Também publicada em Bacon, F. *Selected Philosophical Works*, Indianapolis: Hackett, 1999. A referência às paginas do prefácio são, primeiro, para a edição francesa e, depois, para a inglesa.)

BACON, F. (PC) *O progresso do conhecimento*, São Paulo: Editora da Unesp, 2006.

BACON, F. (PIM) "Préface" à *Instauratio Magna* in *Novum Organum*, Paris: PUF, 2004. (Também publicada em Bacon, F. *Selected Philosophical Works*, Indianapolis: Hackett, 1999. A referência às paginas do prefácio são, primeiro, para a edição francesa e, depois, para a inglesa.)

BACON, F. (RP) "Récusation des doctrines philosophiques". In: *Récusation des doctrines philosophiques et autres opuscules*. Paris: Hermann Editeurs, 2009.

BACON, F. (SA) *La Sagesse des Anciens*. Paris: Vrin, 1997.

BACON, F. (TPM) "Temporis Partus Masculus". In: *Récusation des doctrines philosophiques et autres opuscules.* Paris: Hermann Editeurs, 2009.

BACON, F. (VT) *Valerius Terminus; Of the Interpretation of Nature.* Memphis, Tenessee: General Books, 2010.

BACON, F. *Selected Philosophical Works.* Indianapolis: Hackett, 1999.

CICERO, (Ac) *Academica.* Londres e Cambridge: Harvard University Press, 1994.

EVA, Luiz A. A. (2008) "Francis Bacon: ceticismo e doutrina dos ídolos". In: *Cadernos de História e Filosofia da Ciência,* Campinas, Série 3, v. 18, n. 1, p. 47-84, jan.-jun. 2008.

EVA, Luiz A. A. (no prelo) "Bacon's 'Doctrine of the Idols' and skepticism". In: Machuca, D. (ed.).

GRANADA, M. A. (2006) "Bacon and Scepticism". In: *Nouvelles de la République des Lettres,* 1.

JARDINE, L. (1986) "EXPERIENTIA LITERATA ou NOVUM ORGANUM? Le dilemme de La méthode scientifique de Bacon". In: *Francis Bacon: Science et Méthode.* Malherbe, M. (ed.) Paris: Vrin, p. 135-157.

LARMORE, Ch. (1998) "Scepticism". In: AYERS, M. and GARBER, D. (eds.) *The Cambridge History of Seventeenth-Century Philosophy.* Cambridge: Cambridge University Press.

MANZO, S. (2009) "Probability, Certainty and Facts in Francis Bacon's Natural Histories. A Double Attitude towards Skepticism". In: MAIA NETO, J. R., PAGANINI, G. and LAURSEN, J. Ch. (eds.). *Skepticism in the Modern Age: building on the Work of Richard Popkin.* Leiden, Boston: Brill, p. 123-137.

MONTAIGNE, M. (E) *Os ensaios,* 3 vols. São Paulo: Martins Fontes, 2000.

OLIVEIRA, B. J. de (2010) *Francis Bacon e a fundamentação da ciência como tecnologia,* Belo Horizonte: UFMG/Humanitas.

OLIVEIRA, B. J. e MAIA NETO, J. R. (2009) "The sceptical evaluation of *techné* and baconian science". In: OLIVEIRA, B. J. e MAIA NETO, J. R. (eds.). *Renaissance Scepticisms.* Netherlands: Springer, p. 249-273.

Peltonen, M. (ed.) (1999) *The Cambridge Companion to Bacon*. Cambridge: Cambridge University Press.

Popkin, R. (2000) *História do ceticismo: de Erasmo a Spinoza*. Rio de Janeiro: Francisco Alves.

Prior, M. (1968) "Bacon's Man of Science". In: Vickers, B. (ed.) *Essential Articles for the Study of Francis Bacon*. Connecticut: Archon Books, reprinted from the *Journal of the History of Ideas*, vol. 15, 1954, p. 348-370.

Rossi, P. (2006) *Francis Bacon: Da magia à ciência*. Paraná: EDUEL/EDUFPR.

Striker, G. (1996) "Sceptical Strategies" in *Essays on Hellenistic Epistemology and Ethics*, Cambridge: Cambridge University Press, p. 92-115.

Villey, P. (1973) *Montaigne et Francis Bacon*. Genève: Slaktine.

Wolff, E. *Francis Bacon und seine Quellen*, vol. 1, Berlin.

Zagorin, P. (1999) *Francis Bacon*. Princeton: Princeton University Press.

Ceticismo e cartesianismo em Pierre Bayle[1]

TODD RYAN (TRINITY COLLEGE), ESTADOS UNIDOS

A EXTENSA E MULTIFACETADA OBRA de Pierre Bayle não admite interpretações fáceis. A vigorosa defesa da supremacia da razão, que fornece o fundamento para sua teoria da tolerância, acomoda-se mal com o igualmente enérgico apelo, em suas obras finais, para abandonar os princípios *evidentes* da filosofia sempre que estes conflitarem com os dogmas da religião revelada. Além disso, a óbvia simpatia de Bayle pelas tentativas heroicas dos filósofos modernos, os *recentiores*, para se livrar do jugo do obscurantismo escolástico, não é facilmente conciliável com suas objeções céticas a muitas das concepções fundamentais da filosofia moderna. Num trabalho anterior dedicado a examinar o pensamento metafísico de Bayle, eu sugeri que se pode interpretar Bayle como o que se poderia chamar de um cético cartesiano.[2] Com essa expressão, eu não quis dizer que o ceticismo bayleano está moldado no método da dúvida formulado por Descartes nas páginas iniciais das *Meditações*. Antes, minha sugestão era a de que o ceticismo de Bayle se molda num compromisso com certas verdades fundamentais da metafísica cartesiana que servem de base para boa parte de seu pensamento sobre a metafísica. Naturalmente, isso não implica dizer que Bayle subscreve o sistema cartesiano – ou, realmente, qualquer sistema dogmático – tomado como um todo. Com relação aos sistemas, Bayle repetidamente observa que "nenhum atingiu o alvo e aparentemente nenhum atingirá".

Neste artigo, não entrarei na debatida questão da sinceridade das confissões fideístas de Bayle.[3] No final de sua vida, Bayle incansavelmente – alguém poderia mesmo dizer tediosamente – insistiu em que suas concepções

---

1 Tradução Plínio Junqueira Smith.
2 Para mais detalhes, ver Ryan (2009).
3 Discuto a estrutura epistemológica do fideísmo "racional" de Bayle em Ryan (2010).

teológicas pessoais se conformavam perfeitamente com as da Igreja Reformada em geral e, em particular, com a posição defendida pelo teólogo calvinista mais proeminente de sua época, Pierre Jurieu.[4] Mesmo que, em última instância, aceitemos a sinceridade do fideísmo de Bayle (e, sem dúvida, há obstáculos importantes a serem superados antes que possamos aceitá-lo com confiança), argumentarei que um exame cuidadoso da estrutura epistemológica da explicação da fé avançada por Bayle em suas obras finais pode ajudar a explicar seu endosso explícito dessas posições metafísicas dogmáticas, como o dualismo mente-corpo, e sua atitude mais cética em face das antinomias puramente filosóficas nas quais insiste.

Ceticismo no Dicionário

No artigo "Zenão de Eleia", Bayle instila vida nova na defesa de Zenão da irrealidade do movimento, construindo novos argumentos em defesa de um zenoísta moderno. Talvez o mais espetacular desses argumentos seja o seguinte. Se o movimento é real, então a extensão deve existir; ora, a extensão é impossível; logo, o movimento é impossível. O argumento para a impossibilidade da extensão gira em torno da debatida questão da composição do contínuo. De acordo com Bayle, somente três análises da extensão são possíveis: ou ela é composta de pontos inextensos, ou é composta de átomos físicos (entidades extensas, mas indivisíveis) ou é infinitamente divisível. Contudo, pode-se mostrar que cada uma delas é impossível e, portanto, a extensão não pode existir. Em cada caso, os argumentos de Bayle são familiares e eu vou somente lembrá-los aqui. Primeiro, a extensão não pode ser composta de pontos matemáticos, já que os últimos são, por definição, entidades inextensas e nenhuma quantidade de entidades de magnitude zero pode combinar para formar um ser extenso. Nem pode a extensão ser compostas de átomos físicos, já que estes abrigam uma contradição em sua própria definição. Porque é da própria essência da extensão ser divisível em partes, átomos, que se diz serem entidades extensas e indivisíveis, são impossíveis. Finalmente, a extensão não pode ser infinitamente divisível, porque, entre outras coisas,

---

4   Bayle (OD, III, 1070b): "não tenho outros princípios sobre a obrigação de se submeter aos mistérios revelados, inconcebíveis para a razão, senão os dos teólogos não-racionais".

a divisibilidade infinita implica um número infinito de partes extensas; ora, uma coleção infinita de partes extensas deve necessariamente formar uma extensão infinita; logo, nenhum corpo finito e extenso pode ser infinitamente divisível (BAYLE, DHC, "Zenão de Eleia", obs. G).

Contudo, o apoio de Bayle aos paradoxos do movimento de Zenão não foi o episódio cético mais radical do *Dicionário*, nem o mais escandaloso. Na observação B do artigo "Pirro", Bayle apresenta o que supostamente é uma conversa entre dois abades católicos, um dos quais – o abade pirrônico – argumenta que o Cristianismo ortodoxo é especialmente vulnerável ao ataque cético porque vários de seus dogmas fundamentais são logicamente inconsistentes com os princípios evidentes da lógica, metafísica e moral. Assim, à luz da Revelação, o crente cristão deve reconhecer a existência de proposições que são ao mesmo tempo evidentes e falsas. O abade pirrônico sustenta que, por ser a evidência o único candidato ou, pelo menos, o candidato mais plausível para ser o critério de verdade, o cristão ortodoxo deve conceder que não pode haver critério de verdade, nenhuma marca pela qual distinguir a verdade da falsidade. Mas, naturalmente, tendo exposto a força completa das dificuldades céticas que acometem a teologia cristã, Bayle não abandona seu leitores ao ceticismo pirrônico completo. Antes, ele introduz um terceiro interlocutor, cuja resposta ao abade pirrônico consiste, não numa refutação filosófica, mas antes numa concepção fideísta da fé – isto é, uma submissão aparentemente cega às verdades da Revelação. De acordo com esse "sábio teólogo", "Não é preciso se divertir na disputa com os pirrônicos, nem imaginar que seus sofismas podem ser comodamente evitados somente com as forças da razão, a fim de que essa opinião os leve a recorrer a um melhor guia, que é a fé" (DHC, "Pirro", obs. B, 733b).

Fideísmo racional

A profundidade das preocupações céticas, que surgem tanto dos dogmas teológicos como das questões puramente filosóficas, combinada com a repetida insistência de Bayle de que a razão é mais apta a destruir do que a construir, tornam tentador pensar que o fideísmo de Bayle é oferecido como um meio de escapar a um ceticismo que abrange tudo. Deixada a si mesma, a razão leva a um conflito insolúvel, não somente no domínio da teologia, mas mesmo em questões puramente filosóficas. E, realmente, Bayle oferece uma longa lista de questões que parecem nos enredar em contradições insolúveis: a composição do contínuo, a natureza do espaço e do tempo, liberdade e ação moral e a natureza da eternidade, só para mencionar algumas.

Contudo, deve-se ser cauteloso ao considerar o fideísmo de Bayle como o "salto irracional de um fideísmo radical" como Jean-Michel Gros (2004, p. 247) o representou, pois, ao longo de suas obras finais, Bayle consistentemente se distanciou das conclusões céticas do abade pirrônico. Além disso, como muitos comentadores notaram, Bayle repetidamente nega que o apelo à fé religiosa em face das preocupações céticas equivale a uma adoção cega e arbitrária, isto é, irracional, da religião revelada. Antes, Bayle sugere que a preferência pela fé em detrimento da razão é pelo menos parcialmente guiada pela própria razão. De fato, ele às vezes chega ao ponto de afirmar que "o melhor uso que se pode fazer da razão é adotar o Cristianismo" (OD III, 1073a). A chave para essa afirmação aparentemente paradoxal é a insistência de Bayle em que o conflito entre fé e razão exige, não um abandono completo da razão, mas somente um repúdio seletivo daquelas máximas que conflitam com as verdades da revelação. Assim, contra o teólogo protestante Isaac Jacquelot, que acusa Bayle de tentar destruir os dogmas fundamentais do Cristianismo ao insistir em sua irracionalidade intrínseca, Bayle responde que

> [Jacquelot] argumenta contra os não-racionais como se eles dissessem que a razão em geral, ou a universalidade da razão, se opõe à fé dos mistérios evangélicos. Esse não é de maneira nenhuma seu pensamento. Por 'razão', eles entendem somente alguns axiomas pelos quais estamos acostumados a julgar as coisas naturais e discernir nelas a falsidade e a verdade. Eles não negam que não existam outros axiomas muito certos e muito evidentes que nos autorizam a consentir aos mistérios... (OD III, 770a).

Numa nota de pé de página a essa passagem, Bayle oferece dois exemplos desses axiomas. O primeiro, que poderíamos chamar de o Princípio da Veracidade Divina, afirma que "Necessariamente, tudo o que Deus afirma é verdadeiro" ou, como ele às vezes o formula, "o Ser soberanamente perfeito, incapaz de enganar ou de ser enganado, é mais digno de crédito do que todas as outras coisas" (OD III, 767, nota l).⁵ Com base nele, Bayle propõe uma concepção de fé que se poderia resumir da seguinte maneira: entre as proposições que se encontram nos textos sagrados da revelação, há algumas que são logicamente inconsistentes com diversas máximas evidentes da lógica, metafísica e moral, como a proposição lógica de que duas coisas que são idênticas a uma terceira são idênticas entre si. Daí se segue que não podemos entender como esses dogmas revelados podem ser verdadeiros. De fato, porque a distinção tradicional entre o que está acima da razão e o que é contrário à razão não está bem fundamentada, esses dogmas teológicos devem aparecer para a razão humana como simplesmente falsos. Contudo, outro princípio evidente da razão, a saber, o Princípio da Veracidade Divina, nos assegura que necessariamente o que quer que Deus afirme é verdadeiro. Portanto, o curso de ação mais racional é aceitar a verdade dos dogmas revelados apesar de sua aparente contradição com os princípios da razão e rejeitar como falso aqueles últimos princípios, pelo menos no contexto problemático, isto é, naqueles casos em que estamos tentados a aplicá-los às verdades da Revelação.

A esta altura, entretanto, alguém poderia torcer o nariz e se perguntar se esse assim chamado fideísmo "racional" é, em última instância, coerente.⁶ Com efeito, uma vez que somos forçados a conceder, à luz da Revelação, que a mesma proposição pode ser evidente e, contudo, falsa, como podemos continuar a afirmar que Deus não pode enganar com base em que isso nos aparece como algo evidente?⁷

Uma versão dessa preocupação, que em nossa época é estreitamente associada com a obra de Richard Popkin (1959), foi habilmente expressa por

---

5   O segundo princípio citado por Bayle é que a incompreensibilidade de uma coisa não é uma razão suficiente para colocá-la em dúvida (OD III, 770, nota c). Depois, ele cita um terceiro princípio, "do ato à potência vale a consequência" (*ab actu ad potentiam valet consequentia*), com respeito ao problema do mal e da unidade divina (OD III, 770b).

6   Richard Popkin, por exemplo, reconhece que a afirmação de Bayle tem alguma justificação racional para suas crenças fideístas, mas Popkin confessa que ele não encontra justificação para essas afirmações.

7   Jean-Luc Solère (2003) argumentou que essa explicação da fé está de acordo com o calvinismo ortodoxo.

Jacques Bernard, então editor das *Nouvelles de la République des Lettres*. Numa resenha crítica da RQP, Bernard observou que, de acordo com Bayle,

> a razão diz com evidência certas coisas; ela diz também com evidência que é preciso crer em Deus, que não pode enganar; ou as duas evidências são iguais ou não o são; se são iguais, é somente por capricho que vós vos determinais por uma antes que pela outra. Se não são igualmente evidentes, é porque uma pode ser falsa; segundo vós, que desejais que se siga a segunda, a primeira deve sê-lo. Portanto, cabe a vós tanto quanto a nós indicar o que falta à evidência da primeira. Ouvi dizer que o Sr. Bayle sustentava que todas as proposições evidentes eram igualmente evidentes... Se é assim, sua fé não está fundada sobre nada, visto que ele não tem nenhuma razão para preferir uma à outra (BERNARD, 1706, p. 170).

Pressionado dessa maneira por Bernard para justificar seu fideísmo, Bayle oferece uma resposta em duas partes. Primeiro, Bayle se distancia da conclusão cética do abade pirrônico, afirmando simplesmente que "eu reconheço com todos os dogmáticos que a evidência é a marca da verdade" (OD III, 1070).[8] Segundo, Bayle insiste em que a evidência é uma questão de graus, isto é, ele sustenta que alguns princípios evidentes da razão são mais certos, ou como se poderia dizer, mais justificados epistemicamente do que outros. Em particular, o Princípio da Veracidade Divina é mais evidente e, consequentemente, mais certo do que os axiomas lógicos com os quais ele conflita. Assim, Bayle afirma que o ortodoxo "funda... seu consentimento sobre a veracidade de Deus, que é a noção mais evidente do espírito humano" (OD III, 770a) ou, novamente, "não há verdade mais certa do que esta. O testemunho de Deus é preferível ao dos homens" (OD III, 836b).[9] Assim, a resposta de Bayle ao desafio de Jaquelot é sustentar que alguns princípios evidentes (aqueles que

---

8   Depois, ele repete essa ideia, afirmando que "a evidência me parece a marca da verdade e que todas as proposições evidentes não me parecem igualmente evidentes" (OD III, 1074b).

9   Cf. "Deve bastar-nos que o fato nos tenha sido revelado: a razão e a filosofia nos mostram, depois disso, por seus axiomas mais evidentes que não saberíamos ter uma conduta mais justa do que a de aquiescer aos mistérios que Deus nos revelou, sem compreendê-los" (OD III, 832b).

são menos certos) podem ser rejeitados, enquanto se continua a manter a evidência como um critério de verdade.

O que é importante para nossos propósitos é a tentativa de Bayle para justificar essa explicação dos princípios evidentes recorrendo à situação epistêmica em que nos encontramos quando confrontados com conflitos similares no domínio filosófico, isto é, Bayle argumenta que conflitos similares entre os princípios evidentes da razão surgem em questões puramente filosóficas. De fato, essa é precisamente a situação no caso da composição do contínuo ao qual aludi anteriormente. Bayle escreve que

> vê-se uma falha parecida na doutrina da divisibilidade ao infinito. A luz natural demonstra-a e, contudo, nos deixa na impotência de resolver as objeções. Mas essa impotência não impede que se sustente como uma doutrina evidente a divisibilidade ao infinito (OD III, 1062b).[10]

Assim, o argumento de Bayle é que, do mesmo modo como a evidência superior do Princípio da Revelação Divina justifica nossa decisão de aceitar a revelação à custa dos princípios (menos) evidentes da lógica, assim também a crença na divisibilidade infinita da matéria é justificável epistemicamente apesar de sua incompatibilidade lógica com outros princípios evidentes da razão.

Objeções (e respostas)

Ainda assim, embora a declaração de Bayle possa ser explícita, é difícil escapar à sensação de que há alguma coisa irremediavelmente *ad hoc* na defesa "racional" do fideísmo de Bayle. Mais concretamente, Gianluca Mori questionou a explicação epistemológica dada por Bayle acerca dos conflitos da razão. Ele faz isso, não porque leia Bayle como um cético pirrônico, mas porque acredita que Bayle rejeita a evidência "cartesiana" como um critério de verdade e opta, em vez disso, por um critério *a posteriori* de certeza. De acordo com a interpretação de Mori, para determinar a certeza de uma proposição, "basta ver se o princípio em questão foi contestado pelos filósofos

---

10 Cf. "Se [o Sr. Bayle] aceita a divisibilidade ao infinito, é porque ele prefere, às razões evidentes dos atomistas, as razões evidentes dos peripatéticos".

e se os filósofos que o contestaram conseguiram convencer seus interlocutores da bondade de seus argumentos" (Mori, 1999, p. 43). Em suma, Mori interpreta Bayle como subscrevendo a uma espécie de critério de verdade do consentimento universal modificado, embora um critério que pertença somente aos filósofos, que são juízes competentes, isto é, àqueles que estudaram a proposição e os argumentos que lhe acompanham em detalhe. Para sustentar essa interpretação, Mori recorre à discussão da imortalidade da alma no artigo "Pomponazzi", no qual Bayle admite a afirmação dos cartesianos de ter provas evidentes da imortalidade da alma, mas insiste em que eles deveriam, entretanto, reconhecer que o fundamento último para essa crença é a revelação divina. Bayle observa que muitos filósofos julgaram persuasiva a refutação de Gassendi dos argumentos de Descartes em favor da imortalidade da alma. Mas, Bayle continua, "se Gassendi tivesse feito um livro no qual ele tivesse tentado mostrar que o todo não é maior que suas partes... ele não teria persuadido ninguém de que sua causa seria sustentável" (DHC, "Pomponazzi", obs. F, 781a).

Mori reconhece que Bayle atribui essa linha de raciocínio ao "ignorante", mas descarta a atribuição como um subterfúgio retórico pelo qual Bayle estaria encobrindo sutilmente suas próprias opiniões. Contudo, a referência ao ignorante é crucial, pois as preocupações de Bayle nessa passagem são com observadores do debate que não são juízes competentes, na medida em que eles não têm a capacidade intelectual necessária para chegar a uma decisão independente sobre a validade das provas de Descartes. Não tendo por si mesmos a habilidade para examinar a questão, eles são necessariamente forçados a confiar em um tipo de argumento de autoridade. Ora, à luz do conflito entre os dois partidos, esses observadores "ignorantes" poderiam concluir de maneira plausível que o curso razoável é suspender o juízo sobre essa questão. É por essa razão que Bayle sugere que os cartesianos deveriam admitir que o fundamento último da crença na imortalidade da alma é a Revelação, em vez da razão – "por caridade pelo seu vizinho", como Bayle se expressa –, isto é, de modo a não jogar o observador sem inclinação filosófica num estado de descrença. O que Bayle não diz é que os cartesianos que percebem a evidência de suas próprias demonstrações deveriam temperar seu assentimento porque eles não conseguiram convencer um oponente como Gassendi.

De fato, na *Continuation des pensées diverses*, Bayle nega especificamente que a certeza de uma proposição evidente dependa do tipo de considerações a *posteriori* invocadas por Mori. Bayle escreve que

> [um filósofo] não deve fazer depender do que pensarão os outros homens o que ele deve julgar das coisas. Ele deve examinar profundamente os objetos, consultando bem suas ideias e sua natureza, e, em seguida, formar seu julgamento segundo os motivos que ele tira da essência deles, de suas propriedades intrínsecas, e não segundo motivos externos e estrangeiros, como as opiniões dos outros homens. Se ele chega à evidência pelo exame mesmo do objeto, ele afirma sem medo de se enganar e não se preocupa se todos os homens julgam como ele ou não... Se ele crê firmemente que é impossível que uma coisa seja verdadeira e falsa ao mesmo tempo, não é por que ele se persuade de que todos os homens creem nisso, mas, ao contrário, ele se persuade de que todos os homens creem nisso por causa da evidência sobre a qual se funda seu julgamento e ele não abandonaria sua opinião mesmo se lhe dissessem que há pessoas que não acreditam nisso (OD III, 237a-b).[11]

Assim, não é o caso que, para Bayle, a certeza de uma proposição surge do consenso universal dos sábios. Ao contrário, é a evidência da proposição que explica o acordo universal.[12]

Tampouco essa explicação dos graus de evidência é uma teoria *ad hoc* que faz sua aparição somente no final de sua vida, quando Bayle se encontra pressionado por seus oponentes racionalistas. Com efeito, já no *Dicionário* Bayle estava desenvolvendo uma explicação dos graus de evidência baseada nas mesmas considerações sobre as quais ele posteriormente poria ênfase. Assim, numa discussão bem conhecida no artigo "Maldonat", Bayle observa que

---

11 Cf. "As verdades grandes e importantes têm características interiores que as sustentam: devemos discerni-las por esses signos, e não pelas características exteriores que somente podem ser equívocas, se convêm tanto à falsidade, como à verdade" (OD III, 293b).

12 Isso explicaria igualmente a insistência de Bayle em que mesmo as paixões e o preconceito não têm força contra certos princípios: estes são tão evidentes que não podem ser negados.

é preciso saber que todas as proposições chamadas de princípios não são igualmente evidentes. Existem algumas que não podem ser provadas, porque são, ou tão claras, ou mais claras, que todos os meios de que se poderia se servir para prová-las. Uma proposição desse tipo é, por exemplo: "O todo é maior que sua parte"... Esses axiomas têm a vantagem de que não somente são muito claros nas ideias de nosso espírito, mas também caem sob os sentidos... Não se passa o mesmo com as proposições que não caem sob os sentidos ou que podem ser combatidas por outras máximas: essas precisam ser discutidas e provadas. É preciso pô-las ao abrigado das objeções (DHC "Maldonat", obs. L, 295b).

Bayle oferece duas razões pelas quais um axioma filosófico poderia ter menos evidência do que um axioma lógico como "um todo é maios que suas partes". Primeira, esse pode ser de um tipo que não admite confirmação da experiência sensível. No contexto da discussão em "Maldonado", é nessa primeira condição que Bayle mais insiste: o ponto em questão é se a proposição "Deus existe" deveria ser tratada como axiomática e, portanto, sem necessidade de ser demonstrada. Contudo, para nossos propósitos, é a segunda circunstância que tem importância particular. De acordo com Bayle, uma proposição pode ser menos evidente que outra, porque "outras máximas se lhe opõem". Esta última situação é aquela em que Bayle insistirá para construir seu fideísmo racional.[13]

Bayle e o cartesianismo

Recentemente, José Raimundo Maia Neto (1999) e Thomas Lennon (2002) argumentaram que o ceticismo de Bayle é mais bem interpretado como seguindo a tradição dos céticos acadêmicos do que pirrônicos. Ambos, Maia

---

13 Mori também argumentou que há uma óbvia assimetria entre, de um lado, as aporias da religião e, de outro, os paradoxos puramente filosóficos, como a composição do contínuo. Com efeito, de acordo com Mori, os últimos, diferentemente das primeiras, não estão fundados em máximas puramente evidentes (1999, p. 50-51). Mas é difícil ver qualquer base para essa distinção. Certamente, no caso da composição do contínuo, Bayle acredita que os princípios que se opõem à infinita divisibilidade da matéria são evidentes. De fato, Bayle algumas vezes chega a dizer que a doutrina da infinita divisibilidade da matéria "contém duas contradições".

Neto e Lennon, entendem que Bayle está rejeitando os objetivos pirrônicos gêmeos da suspensão do juízo e da *ataraxía*. Lennon (2002, p. 265) diz que "a preocupação de Bayle, aqui com noutras partes, é resolver a dúvida, não propagá-la". Inspirando-se numa discussão no artigo "Crisipo", Maia Neto identifica a característica definidora do ceticismo acadêmico de Bayle como um compromisso inabalável com a integridade intelectual. Traçando uma distinção entre duas espécies de filósofos na antiguidade, os advogados e os relatores, Bayle explica que a primeira são os filósofos dogmáticos, que, para apresentar o caso mais persuasivo possível para sua opinião, propositalmente entram numa espécie de defesa especial, disfarçando ou mesmo omitindo o lado forte da posição dos oponentes e o lado fraco de sua própria posição. Os céticos, ao contrário, geralmente têm a integridade intelectual para abertamente reconhecer "o forte e o fraco" de ambos os lados de cada posição. Dessa maneira, eles atuam não como advogados, mas como relatores (*rapporteurs*) objetivos.

Ora, essa me parece uma maneira frutífera de olhar para o ceticismo de Bayle. Contudo, deve ser reconhecido que a metáfora de um *rapporteur* não captura adequadamente a atividade filosófica de Bayle no *Dicionário* ou noutras obras, pois a metáfora sugere um observador mais ou menos passivo, que fielmente registra e relata sem disfarce ou omissão os argumentos propostos pelos advogados (dogmáticos) dos dois lados de uma dada questão. É possível argumentar que essa imagem não faz justiça à atividade filosófica de Bayle em pelo menos dois aspectos cruciais. Primeiro, como Plínio Junqueira Smith nos lembrou, o *métier* de Bayle no *Dicionário* é muito mais do que o de um simples relator: ele é um historiador, isto é, uma pessoa que apresenta para uma audiência contemporânea uma imagem tão fiel quanto possível de sistemas filosóficos do passado. Contudo, devido à pobreza dos materiais e às suas inconsistências frequentes, a tarefa do historiador exige mais do que um mero relatar fiel; ela exige reconstrução cuidadosa das concepções do autor relevante. Desnecessário dizer, em seu papel como historiador, há amplo espaço para o exercício da virtude intelectual da integridade, na qual Lennon e Maia Neto insistem. Ela equivale à tentativa de elaborar o caso mais persuasivo que se pode oferecer para uma dada posição. De acordo com Smith, algum trabalho e raciocínio filosófico precisa ser feito pelo 'historiador'. Somente ao se colocar dentro da doutrina e ao tentar desenvolvê-la em suas lacunas, ou mesmo em suas partes fracas, pode um historiador, não somente relatar, mas reconstruir de fato uma doutrina filosófica em sua força e complexidade completas (SD, p. 14).

O próprio Bayle se manifesta a esse respeito, dizendo que aquele que aspira a ser historiador "pode e deve representar fielmente tudo o que as seitas mais falsas têm a dizer de mais especioso" (DHC "Crisipo", obs. G, 169). E, de fato, basta pensar nas extensas discussões da heresia maniqueísta ou na completa invenção da linha de argumento que poderia ter levado o poeta Simonides a recusar fazer quaisquer afirmações positivas sobre a natureza de Deus para perceber que Bayle, o historiador, está disposto a ir bem além dos textos em busca da versão mais convincente de uma posição filosófica.

Além disso, a atividade filosófica de Bayle não está limitada a de um historiador, mesmo no sentido amplo de um reconstrutor filosófico. Ele também é um crítico. Ao longo de todo o *Dicionário* e até suas últimas obras, Bayle sublinha de boa vontade as incoerências e a implausibilidade de vários sistemas filosóficos. Sem dúvida, o exemplo mais familiar é a crítica incisiva do monismo substancialista de Espinosa, mas também se poderia igualmente apontar suas reflexões críticas sobre Anaxágoras, Ovídio, Locke, Malebranche e Leibniz, para mencionar uns poucos.

Mas como, em face de testemunho conflitante, um historiador deve preencher a lacuna textual de modo a construir o melhor caso possível em benefício de seu assunto? Com que base o crítico emitirá seu juízo sobre a aceitabilidade das posições filosóficas que cuidadosamente reconstrói? Para desempenhar ambos os papéis, ele deve necessariamente ser guiado por certos princípios que ele julga serem os mais seguros e os mais certos disponíveis para a razão humana. Ora, quais princípios guiam o historiador Pierre Bayle na reconstrução dessas posições filosóficas? Minha hipótese é que, entre os princípios que servem para reconstruir a melhor versão possível de uma dada posição filosófica, estão os princípios da metafísica cartesiana: a *res extensa* explica a matéria e sua divisibilidade infinita, a ontologia cartesiana da substância, o dualismo mente-corpo e a explicação ocasionalista das leis da natureza,[14] para dar os exemplos mais proeminentes.

Isso não significa, obviamente, que Bayle não admita objeções a esses princípios. Ao contrário, Bayle está disposto a falar abertamente das dificuldades que acometem mesmo os mais evidentes princípios da metafísica cartesiana. Considere, por exemplo, a explicação da matéria como *res extensa*. No artigo "Leucipo" (obs. G, 102-103), Bayle afirma que "o espírito do homem não tem ideias mais claras, nem mais distintas que as da natureza e dos atributos da extensão" e que é com base nelas que afirmamos que a natureza da matéria é a de ser extensa em três dimensões. Contudo, Bayle reconhece que Newton e seus discípulos afirmam ter uma "demonstração matemática" contra o pleno. Ainda assim, essas objeções não evitam que Bayle recorra à explicação da matéria de Descartes quando reconstrói posições filosóficas ideais. Considere, por exemplo, a reconstrução de Bayle do raciocínio que levou Simonides ao desespero de alguma vez chegar a conhecer a natureza de Deus. Bayle representa o poeta argumentando da seguinte maneira.

> se eu respondo que [Deus] é extenso, alguém concluirá que ele é corpóreo e material; e não sou capaz de explicar para a corte de Hiero que há dois tipos de extensão, uma corpórea e outra incorpórea, uma composta de partes e, portanto, divisível, a outra perfeitamente simples e, portanto, indivisível (DHC, "Simonides", obs. F, 210; obs. p. 276-77).

Bayle, é claro, não pode estar afirmando que Simonides era um cartesiano. Nem é o princípio invocado no contexto de um argumento *ad hominem* com cujas premissas o falante não precisa estar comprometido. Antes, ele é afirmado em nome da razão, isto é, como um princípio que é ensinado pela luz natural a todos os pensadores sem preconceito.

O que essas reconstruções intelectuais revelam é que, no pensamento de Bayle, certas teorias filosóficas como a explicação da matéria como *res extensa*

---

14 Com isso, eu me refiro à opinião de que não podemos conceber conexão necessária ou conceitual entre, de um lado, os modos da extensão e, de outro, estados particulares de movimento ou da mente. Disso Bayle infere que as regularidades legais que governam a interação causal dos corpos devem ter sido livremente ordenadas por Deus.

têm uma indiscutível vantagem epistêmica sobre suas competidoras. Elas são simultaneamente mais claras e mais certas, numa palavra: mais evidentes e mais convincentes. Ao afirmar que, apesar de reconhecerem objeções insolúveis confrontando uma dada opinião, os filósofos continuam a afirmá-la com base em que ela é mais evidente que os princípios que lhe são opostos, Bayle está descrevendo, não algum dogmático inculto, mas sua própria prática no *Dicionário*. Nesse sentido, não posso concordar inteiramente com a afirmação de Maia Neto de que o ceticismo de Bayle é acadêmico na medida em que o último somente reconhece "o tipo de assentimento não-comprometido dado pelos acadêmicos às aparências ou opiniões que lhes atinge como persuasivas. Esse tipo de assentimento produz indiferença porque não se supõe verdadeira a aparência ou opinião considerada pelo cético" (MAIA NETO, 1999, p. 272). Bayle está preparado para considerar certas essas teorias dogmáticas como o dualismo mente-corpo, apesar de lhes faltar a medida completa da evidência que caracteriza, digamos, os axiomas das matemáticas.

Talvez as afirmações mais claras de Bayle sobre o estatuto epistemológico dessas crenças diz respeito ao dualismo mente-corpo, defendido por Bayle ao longo do *Dicionário*, mais notavelmente no artigo "Dicearca". Apesar das reconhecidas dificuldades que a noção de substância imaterial deve enfrentar, Bayle continua a afirmar a certeza da explicação dualista do homem. Falando de seu oponente Jacques Bernard, Bayle escreve que

> ele foi enganado, quando lhe disseram que 'o Sr. Bayle sustentou que todas as proposições evidentes eram igualmente evidentes'. Eu respondo-lhe que essa tese, 'os corpos são incapazes de pensar', parece muito evidente para o Sr. Bayle julgá-la certa, mas que ele não a crê tão evidente quanto essa proposição: 'dois mais dois é igual a quatro'. (OD III, 1071a).

Para Bayle, a demonstração da imaterialidade da alma é evidente, mas não com o mesmo grau de certeza que outras verdades da razão, como teoremas matemáticos. O problema, parece, não reside no próprio argumento para o dualismo mente-corpo, que Bayle considera "uma demonstração geométrica". Antes, a conclusão não tem o grau máximo de evidência, porque é contradita por várias outras máximas que, elas próprias, têm uma certa medida de evidência.[15]

A vantagem desta leitura é que ela também resolve dois problemas, que, de outra maneira, seriam de difícil interpretação. Primeiro, como evitamos ver a defesa do fideísmo racional de Bayle como algo puramente *ad hoc*? Segundo, como explicamos a penetração do cartesianismo nas discussões metafísicas de Bayle? Notou-se com frequência essa característica do pensamento de Bayle, mas ela foi posta de lado como anômala, presumivelmente por que o ceticismo de Bayle, qualquer que seja sua forma precisa, deve excluir todo compromisso intelectual genuíno com esses princípios. Contudo, se levarmos seriamente em conta a explicação do próprio Bayle da epistemologia da evidência ao mesmo tempo em que notamos sua prática filosófica como um historiador e crítico, poderemos ver que há simultaneamente um compromisso implícito com muitas das doutrinas fundamentais da metafísica cartesiana, bem como uma justificação teórica para continuar a afirmá-las mesmo diante de "objeções insolúveis".

Referências bibliográficas

BAYLE, Pierre. (DHC) *Dictionnaire Historique et Critique*. 5th edition. 4 vols. (Amsterdam, Leyde, La Haye, Utrecht, 1740).

BAYLE, Pierre. (OD) *Oeuvres Diverses de Mr. Pierre Bayle* (5 vols, 1737; reprint Hildensheim, 1966).

BERNARD, Jacques. (1706) *Nouvelles de la République des Lettres*, Fev.

GROS, Jean-Michel (2004). *'Contrains-les d'entrer': La tolérance et le problème théologico-politique, Pierre bayle dans la République des Lettres. Philosophie, religion, critiques"*. Études recueillies et présentées par Antony McKenna et Gianni Paganini, Paris: Honoré Champion.

LENNON, Thomas. (2002) "What Kind of Skeptic Was Bayle?" *Midwest Studies in Philosophy* XXVI, p. 258-279.

---

15 Para uma discussão mais detalhada do argumento em favor da imaterialidade da alma, ver Ryan (2006).

MAIA NETO, José R. (1999) "Bayle's Academic Skepticism" in James E. Force and David S. Katz, eds., *Everything Connects: In Conference with Richard Popkin* (Leiden: Brill), 264–276.

MORI, Gianluca. (1999) *Bayle philosophe* (Paris: Honoré Champion).

POPKIN, Richard (1959). "Pierre Bayle's Place in 17th Century Scepticism". In: DIBON, Paul (ed.). *Pierre Bayle: Le philosophe de Rotterdam*. Paris, Vrin, p. 1–19.

RYAN, Todd. (2006) "Bayle's Critique of Lockean Superaddition" *Canadian Journal of Philosophy* 36 (4), December.

RYAN, Todd. (2010) "Évolution et cohérence du fidéisme baylien: le paradoxe du 'fidéisme raisonnable'" in Hubert Bost and Antony McKenna, eds, *Les "Éclaircissements" de Pierre Bayle* (Paris: Honoré Champion).

RYAN, Todd. (2009) *Pierre Bayle's Cartesian Skepticism* (Nova York: Routledge).

SMITH, Plínio Junqueira (SD) "Bayle and Pyrrhonism: Antinomy, Method and History" (forthcoming).

SOLÈRE, Jean-Luc. (2003) "Bayle et les apories de la raison humaine" in Isabella Delpla and Philippe Robert, eds, *La Raison corrosive: Études sur la pensée critique de Pierre Bayle* (Paris: Honoré Champion), 87–137.

Teísmo, ateísmo e ceticismo nos Diálogos sobre a Religião Natural *de Hume*[1]

GIANNI PAGANINI (UNIVERSITÀ DEL PIEMONTE ORIENTALE), ITÁLIA

O QUE MOSSNER CHAMOU de "O Enigma de Hume", referindo-se principalmente à importância, religiosa ou irreligiosa, deísta ou ateísta, dos *Diálogos sobre a Religião Natural*, estimulou um conflito impressionante entre interpretações divergentes na literatura crítica. Um exame (mesmo sem ser exaustivo) poderia abranger do ceticismo agnóstico ao ateísmo ou "antiteísmo", do "deísmo universal vago" – apesar de que Hume rejeitou para si a definição de "deísta" – ao agnosticismo; outro chamou Hume de um "cético irônico" ou um "cético", "nem um teísta ou um ateísta", defensor de uma "religião do homem". Para outro, ele estaria defendendo um "teísmo filosófico", embora "austero" e minoritário, ou um tipo de "teísmo mínimo", um meio termo entre o ateísmo e um "deísmo atenuado"; como uma hipótese extrema, ele pode ter abraçado um ateísmo "privado" e "não dogmático", enquanto, para S. Tweyman, ele professou uma "crença natural" na existência de um "planejador inteligente".

Não há dúvidas de que muita dessa ambiguidade depende da seção final dos *Diálogos* (Seção XII), na qual, como sabemos, Hume retorna ao argumento do desígnio, e que muitos descrevem como a virada de Filo. Após ser o protagonista de ataques a uma teologia finalística, Filo afirma, no final, a existência de uma "inteligência suprema" a partir de "tais aparências surpreendentes" como o corpo humano, em que de sua bem-ordenada estrutura segue-se uma teologia precisa.[2] Acontece também que a atenção dos críticos encontra-

---

1   Tradução Felipe Rocha; revisão Plínio Junqueira Smith.
2   Para o texto de David Hume, usei aqui a edição clássica: *Dialogues Concerning Natural Religion* de Hume, editado com uma Introdução de Norman Kemp Smith, Clarendon Press, Oxford 1935, indicado como D. (aqui, p. 266).
    Sobre as relações entre Hume e Bayle, existe hoje uma rica literatura, começando pelo clássico de Norman Kemp Smith, *The Philosophy of David Hume*. Um estudo crítico de sua origem e

se concentrada principalmente na primeira parte do trabalho (I-IX), na qual são discutidos principalmente os "atributos naturais" da divindade, enquanto a segunda parte (X-XI), que lança dúvidas sobre os "atributos morais", tem sido amplamente negligenciada e isso apesar do fato de que o próprio Cleantes (o porta-voz para a teologia natural com a marca de Newton) tenha alertado sobre este tipo de leitura, afirmando:[3] "Para que propósito deve-se estabelecer os atributos naturais da Deidade, enquanto que a moral ainda é duvidosa e incerta?" (D. p. 245).

Por fim, a admissão de Filo, acrescentada na revisão final do texto e significando a sua adesão a uma "afirmação de alguma forma ambígua, ao menos indefinida, de que a causa ou causas da ordem no universo provavelmente têm alguma analogia remota com a inteligência humana" (D. p. 281),[4] foi confundida com uma tese que poderia indicar uma orientação religiosa precisa.

---

doutrinas centrais, MacMillan and Co., London 1941, p. 284-288, 294-295, 325-338, 506-516, e a biografia igualmente clássica por Ernest C. Mossner, *The Life of David Hume*, second ed., Oxford 1970, p. 78-79, que pode ser suplementado pela pesquisa considerável de Richard H. Popkin, coletados no seu volume: *The High Road to Pyrrhonism*, ed. by Richard A. Watson and James E. Force, Austin Hill Press, San Diego 1980). Por fim, eu também encaminho os leitores para: Gianni Paganini, "Hume, il dubbio pirroniano e la scepsi accademica" in *La storia della filosofia come sapere critico. Studi offerti a Mario Dal Pra*, Franco Angeli Editore, Milano 1984, p. 156-185 and Id., "Hume et Bayle: conjonction locale et immatérialité de l'âme" in: *De l'Humanisme aux Lumières. Bayle et le Protestantisme*, Mélanges en l'honneur d'Elisabeth Labrousse, textes recueillis par M. Magdelaine, M. C. Pitassi, R. Whelan et A. McKenna, Universitas – Voltaire Foundation, Paris – Oxford 1996, p. 701-13. Para um quadro mais geral, ver G. Paganini, *Scepsi moderna. Interpretazioni dello scetticismo da Charron a Hume*, Busento, Cosenza 1991, on Hume p. 151-97 e o livro mais recente por Frédéric Brahami, *Le travail du scepticisme. Montaigne, Bayle, Hume*, PUF, Paris 2001. Para o debate de Montaigne e Sanches a Bayle, ver G. Paganini, *Skepsis. Le débat des modernes sur le scepticisme*, Paris, Vrin, 2008.

3   Que o tema era claro para Hume, muito antes dos *Diálogos*, é evidente a partir do texto recém descoberto: "An early fragment on evil" publicado por M. A. Stewart, in: *Hume and Hume's Connexions*, ed. by M. A. Stewart and John P. Wright, Edinburgh University Press 1994, p. 160-70. Para um tratamento puramente analítico do problema do mal nos *Diálogos*, sem qualquer preocupação histórica ou sem qualquer atenção para o contexto, ver Pike (1963). Sobre o problema do mal, ver Yandell (1990), em particular, capítulos XII-XIII, e Malherbe (1997), p. 60-65.

4   Hume nega que a analogia se estende a outras qualidades da mente e as exclui o fato de que a proposição poderia fornecer qualquer inferência concernente a vida do homem, ou que possa constituir o princípio de qualquer tipo de ação.

Ao contrário, como veremos, essa tese mantém o problema em aberto, ao invés de resolvê-lo.

Na realidade, os *Diálogos* negam que esta analogia poderia se estender a outras qualidades da mente, além da inteligência, e exclui qualquer inferência a respeito da vida do homem ou constitua a fonte de qualquer ação.

Meu trabalho será dividido em quatro partes: na primeira, tentarei mostrar que tipo de restrições é imposto à noção de Deus, pela exclusão ou por uma rigorosa limitação de qualquer atributo moral, e sobre esse aspecto serei breve, pois o desenvolvi num artigo anterior; em segundo lugar, tentarei ir além do texto, considerando o contexto no qual os *Diálogos* se encontram e, principalmente, referirei-me a uma das suas principais fontes, Pierre Bayle. Esta segunda parte equivale a uma análise cética do fenômeno e da palavra "Deus": na verdade, Filo não faz senão atualizar as considerações de Bayle sobre a "questão de palavras". Esta segunda parte está centrada na comparação ateísmo/teísmo. Na terceira parte, veremos como Filo, e Hume com ele, simplifica a complexa tríade do ateísmo, teísmo e ceticismo, aparentemente descartando o primeiro e mantendo o segundo e o terceiro. Na quarta e última parte, chegaremos à retratação de Filo e tentarei avaliar a real orientação de Hume sobre o teísmo, na medida em que for possível, num diálogo em que o autor não aparece como tal. É uma velha história que começa pelo menos com os diálogos de Platão. Como se vê, a maioria da minha fala diz respeito à relação entre o cético Hume e o mais famoso cético antes dele, Pierre Bayle.

Os atributos morais

Quanto ao primeiro ponto, sobre os atributos morais da divindade, prometi ser breve. Na verdade, grande parte da polêmica de Filo sobre os atributos morais da divindade é prenunciada na tentativa de Bayle de mostrar que todo tipo de teologia cristã, embora sustentada pela força de "razões *a priori*" (a unidade e perfeição de Deus), é, contudo, condenada a fracassar em seus esforços para conciliar essa noção altamente racional de Deus com a realidade *a posteriori* e, especialmente, com a existência da maldade humana no mundo. Na décima primeira seção, Filo vai além, acrescentando uma advertência epistemológica, dirigida às teorias *a priori*: para ele, ao contrário de Bayle, até mesmo "a bondade [de Deus] não é estabelecida anteriormente, mas deve ser inferida a partir dos fenômenos", com a consequência de que das "quatro hipóteses" sobre "as primeiras causas do universo" só sobrevive a tese "de que elas não têm nem bondade nem maldade". A partir dessa observação, percebemos que, começando com as aporias da teodiceia desenvolvidas no *Dictionnaire*, Filo alcançou no final a mais radical hipótese Stratoniciana, desenvolvida por Bayle em seus últimos trabalhos. A natureza regular, mas moralmente indiferente de Filo é profundamente influenciada pela derrubada do princípio da ordem de Malebranche e pela sua transformação em uma causa primeira material que havia sido trazida pelos discípulos de Strato na *Continuation des Pensées Diverses*.

A análise cética do fenômeno e da palavra "Deus"

O segundo ponto precisa de mais esclarecimentos. Refiro-me ao tema "disputa terminológica", "*dispute de mots*" (Bayle). Esse tópico é evocado na famosa seção XII, na qual apenas após a aceitar a teologia finalista de Cleantes, Filo acrescenta a consideração de que, no fundo, toda essa "controvérsia" consiste principalmente de uma "disputa de palavras" (D. p. 267). Debater sobre se a "causa primeira" deve ser chamada de "mente ou inteligência", debater se prevalece ou não a analogia sobre desigualdade ao se comparar a divindade e a mente humana, criar uma polêmica sobre os "graus, de qualquer qualidade ou particularidade" (como no caso da inteligência divina) é, para Filo, equivalente a cair nestas "disputas verbais, abundantes tanto nas investigações filosóficas como teológicas" (D. p. 268) em que "todos os homens de boa razão ficam descontentes".[5] Neste contexto, Filo faz de fato uma comparação direta

---

5   D. p. 268: "Todos os homens de boa razão ficam descontentes com as disputas verbais, abundantes tanto nas investigações filosóficas e teológicas; e sabe-se que o único remédio para esse abuso deve surgir das definições claras, da precisão das ideias que surgem em qualquer argumento, e do uso rigoroso e uniforme dos termos que são empregados. Mas há um tipo de controvérsia que, a partir da própria natureza da linguagem e das ideias humanas, está envolvida na perpétua ambiguidade e não pode nunca, por qualquer precaução ou definição, ser capaz de alcançar uma certeza ou precisão razoável". Este é o caso das "controvérsias quanto aos graus de qualquer qualidade ou particularidade" que, na visão de Hume, incluem as controvérsias à respeito da analogia entre os atributos espirituais humanos (inteligência) ou os seus atributos morais e os atributos correspondentes na divindade.

entre o "teísta" e o "ateu", enquanto em suas considerações anteriores – quando discute com Demea – ele tinha se dirigido principalmente a dois diferentes sistemas de crença teísta, uma mais inclinada, enquanto a outra menos curvada a revelar a analogia entre a inteligência humana e a primeira causa.

Apesar da disparidade verbal nas diversas formas de "nomear" o primeiro princípio (considerado divino pelo teísta, material ou natural, pelo ateu), o contraste tende a tornar-se obscuro progressivamente conforme o andamento do debate e, finalmente, acaba por levar a duas posições que se aproximam a uma espécie de ponto central: "O teísta concede que a inteligência original é muito diferente da razão humana, ao passo que o ateísta admite que o princípio original ordenador mantém com ela alguma analogia remota" (D, p. 270).[6] Este não é um denominador comum que pode resolver a disputa: na verdade, uma vez que foi reduzida a uma discussão "sobre os graus de qualquer qualidade ou particularidade", a controvérsia "não tem um significado preciso e não permite, consequentemente, qualquer conclusão". Assim, o fenômeno paradoxal da mudança de lado entre teístas e ateus é o sinal mais claro dos resultados decepcionantes produzidos por uma dialética desse tipo. Então, conclui Filo, dirigindo-se idealmente aos "teístas": "Não me admiraria, caso vocês sejam tão obstinados, vê-los adotar insensivelmente a posição oposta, passando o teísta a exagerar a dissimilaridade entre o Ser Supremo e as criaturas frágeis, imperfeitas, inconstantes, efêmeras e mortais, e o ateu, por sua vez, a engrandecer a analogia entre todas as operações da Natureza, em quaisquer épocas, situações e circunstâncias" (D. p. 270).

A importância dessas considerações de Filo não escapou aos críticos. Esse tipo de observações realmente reduz o dito teísmo de Hume a um núcleo mínimo, como David Fate Norton disse ("Hume admitiu na ideia de Deus somente o mínimo absoluto de conteúdo"). Além disso, para os filósofos do século XVIII, a posição Filo não estaria particularmente longe de uma posição ateia, já que Hume negou o papel da providência, demoliu o conteúdo especulativo e dogmático de qualquer sistema teológico e rejeitou a imorta-

---

6   Pouco antes disso, Hume tinha reduzido ainda mais o escopo da diferença, assumindo "alguma analogia remota e inconcebível para com as outras operações da Natureza, e, entre as restantes, com a organização da mente e do pensamento humano" (D. p. 269-70).

lidade da alma.⁷ Outros críticos, mais dispostos a levar a virada final de Filo a sério, têm, contudo, reduzido o seu escopo: sua adesão ao argumento do desígnio derivou, nessa concepção, de uma interpretação "pré-filosófica" que não aceita desenvolvimentos dogmáticos (estilo Cleantes), nem implicações morais significativas. Embora o reconhecimento de algum tipo de finalismo inteligente seja um novo ponto na perspectiva "cética" de Filo, a sua insistência na natureza verbal do debate, por um lado, e sua negação de que a analogia poderia estender-se a atributos morais e pessoais da divindade, por outro lado, restringe severamente o valor dessa concessão até ao ponto de fazer com que seja extremamente trivial.

Na realidade, antes chegarmos a qualquer conclusão, devemos notar também que, em outras partes dos *Diálogos*, o tema da controvérsia verbal desempenha um papel importante. A diferença entre "místicos" e "céticos e ateus" já havia girado em torno de uma disputa terminológica, quando Cleantes tinha percebido que o simples nome da Divindade, sem lhe atribuir qualquer significado especial, não tinha importância especial: "Teria o nome, sem qualquer significado, tanta importância assim?" (D, p. 195). Por isso mesmo, contrariando Demea, Cleantes observou que a diferença entre os "místicos", defensores da incompreensibilidade absoluta de Deus, e os "céticos e ateus", que afirmam que "a causa primeira de tudo é desconhecida e incompreensível", e assim recusaram a chamá-lo de Deus, parece ser muito pequena (D. p. 195),⁸ de fato. Ao afirmar que os atributos da divindade são "perfeitos, mas incompreensíveis" (D, p. 193), os "místicos completos" "são, numa palavra, ateus, mas sem sabê-lo" (D, 197).

---

7   Estes são os três pontos pelo qual, "pelo padrão de seus contemporâneos, Hume era de fato um ateu" (D. F. Norton).

8   Outro ponto importante que, sem dúvida, traz Hume para mais perto de Bayle é o fato de que o filósofo escocês muitas vezes usa os termos "cético" e "ateu" como sinônimos, e o faz em referência às teses de Bayle e dos libertinos (D. p. 171). A categoria dos "ateus céticos" (considerados como um verdadeiro "philosophiquement athées") foi reiniciada por Bayle no debate filosófico (ver *Continuation des Pensées Diverses*, xxxiv, OD III p. 238a). Para a originalidade e importância desta operação de Bayle, ver G. Paganini: "Avant "La promenade du sceptique" : Pyrrhonisme et clandestinité de Bayle à Diderot", in *Scepticisme, Clandestinité, Libre pensée*, edited by G. Paganini, M. Benitez and J. Dybikowski, Champion, Paris 2001, p. 17-46. Para a origem Cartesiana do "ateismo cético" hendyadis, ver, do mesmo autor: *Skepsis. Le débat des modernes sur le scepticisme*, Ch. V.

Simetricamente, o entendimento entre o "místico" Demea e o "cético" Filo se rompe quando o primeiro percebe que a sua "aliança" temporária, destinada a combater o "antropomorfismo" racionalista de Cleantes, demonstrando "o incompreensível Ser do Ser divino", na realidade acaba favorecendo "todos os tópicos dos maiores libertinos e infiéis" (D, p. 261). Note-se, mais uma vez, que a acusação já tinha sido dirigida a Bayle e este voltou-a contra os "ortodoxos" calvinistas como Jurieu. Finalmente, em uma nota, que é a única passagem em que Hume intervém pessoalmente nos *Diálogos*, ele diz que "a disputa entre os céticos e dogmáticos", é "inteiramente verbal", a respeito "apenas dos graus de dúvida e convicção, que devemos admitir em relação a todos os raciocínios" (D, p. 270 n.). Concluindo, o tema da "disputa terminológica" é amplamente utilizado nos *Diálogos* e desempenha um papel significativo em algumas passagens cruciais da obra.

No entanto, deixe-me voltar agora ao significado e ao contexto das "disputas verbais".

O ponto de partida para nossa investigação será a Anotação II, 8 dos chamados *Early Memoranda*, que citarei na íntegra:

> O centro de unidade de todos os homens com relação à religião é: que existe uma causa primeira. À medida que você debate essa Proposição, você encontra os não-conformistas, ateus, epicuristas, os idólatras, aqueles que mantêm a composição da Extensão, Necessidade da Causa primeira & c. Id. [= Bayle]

O mesmo conceito é encontrado, quase palavra por palavra, mas obviamente com muito mais detalhes, tanto na *Continuation des Pensées diverses* como na *Réponse aux questions d'un provincial* de Bayle. Nessas duas obras, Bayle discutiu longamente o problema de saber se as concepções de divindade, ou melhor, da primeira causa, podem estar relacionadas a um *"centre de réunion"* (centro de reunião) ou a um *"centre d'unité"* (centro de unidade) comum a diferentes pontos de vista religiosos, como ao monoteísmo e ao politeísmo, mas também – o que é mais interessante para a nossa preocupação – ao ateísmo.

Para Bayle, também um ateu poderia aceitar uma proposição afirmando a existência de uma causa primeira, e ele não deveria nem mesmo rejeitar o "nome" de Deus, desde que seja entendido como um imanente e, portanto, material, primeiro princípio:

> Os ateus, sem excetuar um só, assinariam sinceramente com todos os ortodoxos a seguinte tese: "existe uma causa primeira, universal, eterna, que existe necessariamente e que deve ser chamada de Deus". Até aí está tudo bem, ninguém brigará por palavras e não há filósofos que utilizem tanto o nome de Deus em seus sistemas que os espinosistas" (*C.P.D.* xx; OD III p. 214a),

estes últimos sendo considerados por Bayle, como se sabe, como "ateus".

Em outro trecho da mesma obra, Bayle compara os teístas com os ateus materialistas e naturalistas, que estão convencidos da existência de uma natureza sensível na sua forma inteligente, algo parecido com a dos estoicos. No final dessa comparação, Bayle insinua que o contraste entre teístas e esse tipo de "ateus" seria, por fim, reduzido a muito pouco, a uma *"dispute de mots"* ("disputa de palavras"), estando ambas as partes convencidas de uma ordem no universo que é a expressão de uma forma de inteligência, não importa se ela é imanente, como no caso dos estoicos e os ateus, ou separadas, como no caso dos teístas (*C.P.D.*, xxi; *OD* III, p. 392b).[9]

Assim, para Bayle, o uso da noção de causa primeira define mais um gênero do que uma espécie de filosofia. Tanto o teísmo e o ateísmo pertencem a esse mesmo gênero, do qual são espécies; além disso, a segunda espécie (ateísmo) é muito mais abrangente que a primeira.[10] Bayle se apoiava amplamente na categoria do ateísmo implícito para descrever muitas das filosofias (principalmente as antigas) que foram tradicionalmente consideradas teístas, mas que, para ele, ao contrário, pareciam comprometidas irremediavelmente com uma teologia naturalista. Assim, ele excluiu do teísmo verdadeiro e confinou à categoria do ateísmo implícito muitas teorias e crenças que, embora aceitando a existência de uma divindade, não lhe atribuem as características

---

9 No *Réponse aux Questions d'un Provincial* II, cix (*OD* III, p. 721b) Bayle discute o problema do centro de unidade em relação às concepções politeístas e aborda o tema da possível natureza corpórea de Deus.

10 Fundamental neste ponto: *C.P.D.* xxi (OD III p. 215b–217b). Ele retorna novamente ao conceito em Ch. xxviii, p. 230b.

de personalidade, liberdade, providência, beneficência etc. Em uma palavra, todas negaram esses mesmos "atributos morais", que também foram para Hume constituintes de uma verdadeira divisão entre o verdadeiro teísmo e o ateísmo, como vimos nas intervenções de Filo, nas Seções X-XI.

E o que dizer sobre a inteligência, o único novo atributo que Filo atribui em sua virada final para a "causa ou as causas"? Note-se que um "princípio de ordem" intrínseco, expresso pelas "leis eternas e imutáveis", é predicado da matéria pelos discípulos de Strato, segundo Bayle; na versão estoica, essa primeira causa é interna ao mundo e inclui até a sensibilidade e inteligência. Ao olhar para os *Diálogos*, percebemos que o primeiro princípio sobre o qual Cleantes e Filo convergem aproxima-se perigosamente da noção de Bayle de "causa primeira", como uma noção comum partilhada tanto pelos teístas como pelos ateus. Assim, esse conceito de causa primeira é neutro em relação à distinção entre o ateísmo e o teísmo e, no esquema classificatório da *Réponse* e da *Continuation*, representa o denominador comum, o centro de reunião que mesmo um ateu, um estoico, um discípulo de Strato ou um espinosista teriam facilmente aceitado.

No entanto, este não é um termo "intermediário", no sentido de um compromisso vago conciliador, assim como as afirmações de Bayle sobre o centro de reunião eram tudo menos conciliatórias, mas sim um paradoxo provocativo, dirigido dessa forma contra qualquer teologia racional. Neste sentido, acredito que podemos ir muito além na redução do que Terence Penelhum chamou de "a teologia natural mínima" de Hume. Na opinião de Penelhum, a atitude de Filo é sempre distinta da de Cleantes em pelo menos três pontos: 1) ele nega que a extensão da analogia da inteligência para outras qualidades humanas se aplica à religião; 2) ele mostra uma total falta de relevância da religião para a vida humana; 3) ele insiste sobre as consequências negativas das religiões institucionais e reveladas. Podemos agora adicionar um quarto ponto: 4) também a analogia da inteligência pode ser reabsorvida pelo centro de reunião, porque mesmo um ateu pode aceitar a ideia de uma causa inteligente e chamar-lhe Deus, desde que não coincida com um princípio pessoal, transcendente. A admissão ateísta deve ser compreendida dentro do quadro de uma "questão de palavras".

Se lermos tudo isso à luz do início dos *Early Memoranda* (II, 4-16) e, depois, das passagens correlatas em Bayle, poderemos ver que a posição de Filo, mesmo após a sua virada, não está muito longe do que Bayle já havia descrito na *Réponse*, quando afirmou que "a diferença específica" entre "o deísmo e o ateísmo" não reside no reconhecimento de uma "primeira causa eterna e universal" aceita até mesmo pelos ateus, mas consiste no fato de que "o primeiro pensa que essa primeira causa ordenou todas as coisas em total liberdade, que distribui o bem e o mal segundo seu capricho, que responde ou rejeita as nossas orações" (*R.Q.P.* I, cxii; OD III p. 728a). Depois de recusar essas "diferenças específicas" do "teísmo" (para usar a terminologia de Bayle) nas seções X-XI dedicadas à discussão dos "atributos morais", Filo nem sequer voltou a elas na parte final dos *Diálogos*.

A comparação entre o ceticismo e o ateísmo

Irei agora para o terceiro ponto, quando a comparação ceticismo/ateísmo toma o lugar da relação ateísmo/teísmo.

É verdade que toda a ousadia dos argumentos de Hume é suavizada por duas limitações importantes: por um lado, mesmo se escapasse das intermináveis "disputas verbais" recorrendo à "nova ciência" experimental da "natureza humana",[11] aplicando-a à religião e mostrando a influência negativa que esta exerce sobre os medos humanos, Filo deve reconhecer, no entanto, que a filosofia é "sempre confinada a algumas poucas pessoas"; por outro lado, ressaltando os limites da compreensão humana e a fraqueza da razão em dirigir a conduta humana, a visão geral de Hume e de Filo do entendimento muitas vezes reflete o lado mais conservador do ceticismo. Isso é especialmente evidente em algumas partes acrescentadas durante as sucessivas alterações, quando Hume, que estava preocupado com o escândalo que uma publicação mesmo póstuma poderia provocar, tentou suavizar o personagem de Filo, apoiando-se amplamente nos estratagemas do chamado "Pirronismo Cristão". Assim, após a confissão final, Filo literalmente cita algumas declarações mais

---

11 Filo faz uma síntese clara (D. p. 277 e seguintes) desta ciência da natureza humana aplicada à religião, mostrando a influência que paixões elementares, como o medo e esperança, têm sobre ela.

reconfortantes do *Dictionnaire*, afirmando que "ser um filosófico cético é, em um homem de letras, o primeiro e o mais importante passo para tornar-se um cristão autêntico e confiante". Pouco antes, ele havia lançado uma luz igualmente favorável sobre "os céticos filosóficos" e os "teístas filosóficos", opondo ambos à "superstição". Dos dois termos concorrentes (teísmo filosófico e ceticismo), cada um detém o outro, e essa é outra razão pela qual a proposição de Filo sobre a "causa ou as causas da ordem do universo" permanece "indefinida" e "ambígua". Após este paciente e bem destinado trabalho em contrabalançar as declarações anteriores de Filo, a seu "assentimento filosófico simples" encontra-se entre as duas declarações abertas de ceticismo: o ceticismo filosófico, que tenta suspender o julgamento, e o ceticismo religioso que, devido à falta de provas, apela para a revelação.

Poder-se-ia ainda estar em dúvida sobre a sinceridade do autor, mas devemos admitir que a lacuna entre o teísmo e o ceticismo é mais estreita do que a lacuna anterior entre o teísmo e o ateísmo.

A retratação de Filo

No entanto, é a retratação de Filo uma verdadeira retratação? Antes de responder, devemos ter em mente que, antes, no diálogo, Filo tinha apresentado uma face muito diferente do ceticismo de Bayle, um ceticismo corrosivo e irreligioso, e não a face boa e apologética. Concluindo a seção VIII, que põe fim à ofensiva contra o teísmo experimental de Cleantes, Filo mostra toda a superioridade, na verdade o "triunfo do cético", que não tem necessidade alguma de demonstrar sua tese, mas se limita apenas a refutar os seus adversários. O cético – escreve Hume – "diz a eles [os teístas filosóficos], que nenhum sistema deve ser adotado com relação a esses temas, pela simples razão de que não se deve jamais dar o assentimento a um absurdo, em qualquer assunto que seja". Filo expressa aqui outro conceito típico de Bayle: o cético está sempre no ataque, porque ele não tem um sistema próprio para defender e, assim, nunca é vencido por teólogos e metafísicos. Como parafraseia Hume: "como é comumente observado, todos os ataques entre os teólogos são bem sucedidos e nenhuma defesa o é", e esta situação desconcertante vale para "todos os sistemas religiosos", que, por admissão geral, "estão sujeitos a grandes e insuperáveis dificuldades".[12] Nesse contexto, o ceticismo é uma epistemologia deflacionária, destruindo qualquer crença que não é endossada nem pela experiência nem por demonstração. Mais uma vez, Hume mostra ter aprendido esta lição de Bayle, quando coloca na boca de Filo esta pergunta retórica: "quão completa não será a vitória daquele [i.e. do cético] que, junto com toda a humanidade, se mantém sempre na ofensiva e não tem, por sua parte, um terreno fixo ou residência permanente que estivesse em todas as ocasiões obrigado a defender?" (D. p. 230).

Na verdade, devemos ter em mente que não somente o pensamento de Bayle é multifacetado, mas também seu ceticismo. Por suas leituras da *Continuation* e da *Réponse,* Hume saberia muito bem que, para Bayle, o ceticismo pode se prolongar no ateísmo, sendo o que ele denomina de ateísmo cético um ramo genuíno do gênero mais extenso, o ateísmo. O ateu cético não é um dogmático; ele não precisa construir um sistema alternativo ao teísmo, como o espinosismo ou o stratonismo. O cético não tenta descobrir toda a verdade, como o dogmático. Ele só evita os erros; ao contrário do dogmático negativo, ele desiste de qualquer demonstração, suspendendo o juízo na ausência de provas reais a favor ou contra a existência e a natureza de Deus. Para Bayle, isso é suficiente para qualificar o ceticismo como antirreligioso. Mesmo que essa denominação (o ateísmo cético) esteja ausente nos *Diálogos*, o tema está amplamente presente na seção VIII como uma negação explícita de qualquer argumento que apoia o teísmo Cleantes.

Na verdade, mesmo quando admite uma ou mais causas do universo e reconhece que elas têm uma analogia com a mente e com a inteligência, Filo nunca qualifica esses princípios como divinos, nem claramente exclui a possibilidade de que possam ser intrínsecos ao mundo do qual são o poder ordenador. Tanto na versão extensa (na comparação ateísmo/teísmo) como na versão mais limitada (na comparação teísmo/ceticismo), a matriz original Bayleana impede Hume de fazer de Filo "um teísta mitigado" ou até mesmo em um "deísta do século XVIII" que reconheceria um verdadeiro princípio

---

12 O conceito é expresso claramente no artigo *"Zenon d'Elee"* (DHC, t. IV, p. 540B), em conexão com as três teses diferentes sobre a composição de extensão: *"Chacune de ces trois sectes, quand elle ne ne fait qu'attaquer, triomphe, ruïne, terrasse; mais à son tour elle est terrassée et abymée, quand elle se tient sur la défensive"*. Este paradigma foi amplamente utilizado nas obras de Bayle e, de diversas maneiras, também encontra aplicações nas disputas teológicas

transcendental. A pobreza, em termos de religião e teologia, do centro de união de Bayle torna impossível transformar numa hipótese construtiva o que foi originalmente concebido como uma ferramenta dialética para criticar e demolir as certezas teológicas. Neste contexto, Filo (e Hume com ele) está muito perto de Bayle ao acreditar que o método proposto na *Continuation* e na *Réponse* poderia realmente levá-lo além da "disputa de palavras" e fundamentar uma verdadeira posição teísta, ainda que fosse "atenuada" ou "mitigada". Por essa razão, mesmo se concordarmos em qualificar a posição de Hume como "meta-cética", ao invés de um simples cético (no sentido em que Hume acaba propondo numa espécie de paralelo indecidível ou *isostheneia* entre as posições dos céticos e a dos seus adversários), devemos imediatamente acrescentar que esta "clássica e inigualável" estratégia sempre trabalha a favor do ceticismo, tornando-se novamente uma espécie de suspensão de julgamento.[13] Acima de tudo, a presença decisiva de Bayle no plano de fundo dos *Diálogos* nos leva a ver na aparente virada de Filo, não uma "leve reconciliação",[14] mas o ressurgimento, noutra forma, de todas as dificuldades de crer.

Conclusão

Para concluir, permitam-me alinhar os pontos principais da minha pesquisa.

1) Para Hume, a incapacidade de dar a Deus qualquer "atributo moral" torna impossível falar de uma divindade pessoal. Para ele, a "causa primeira do universo" mostra indiferença ao bem e ao mal.

2) Uma vez que se colocaram os atributos morais de lado, é apenas uma "questão de palavras" chamar a primeira causa de Deus ou não; ainda é "uma disputa verbal" debater se a analogia ou a dessemelhança prevalece ao comparar a divindade e a mente humana.

3) O argumento do desígnio ao qual Filo finalmente se rende não altera nenhuma das suas convicções anteriores. Ele compartilha com Bayle

---

13 Neste ponto, concordo com Groulez (2005), p. 124, 143.
14 Esta é a expressão usada por Groulez (2005, p. 123) para designar a intervenção final de Filo e com a qual eu não concordo.

a ideia de que uma causa primeira (ou no plural: as primeiras causas), mesmo dotada de inteligência mas não com atributos morais, pode ser aceita por ateus. Como pergunta Filo: "Teria o nome, sem qualquer significado, tanta importância?" (D. p. 195).

4) A posição Filo não é o ateísmo dogmático, mas o ceticismo; portanto, não precisa construir um sistema alternativo ao teísmo, mas apenas multiplicar as dúvidas que o tornam tão difícil de aceitar. Nisso, ele é muito parecido com o próprio Bayle.

5) A retratação de Filo foi acrescentada por Hume na última revisão de seu texto, em 1776; na mesma revisão, acrescentou o apelo à revelação, de acordo com o clichê do pirronismo cristão. Sendo "um tanto ambígua ou, pelo menos, uma proposição indefinida, de que a causa ou causas da ordem no Universo, provavelmente, têm alguma analogia remota com a inteligência humana" (D. p. 281), mesmo essa adição combina com visão geral de Filo de um ceticismo religioso, como já explicado; ao contrário, esta última adição contradiz o sistema pagão e clássico no qual todo o diálogo supostamente se desenvolve. Na minha opinião, a irrupção da revelação pertence à estratégia retórica de Hume de suavizar o ceticismo agressivo de Filo. Hume percebia isso como algo tão perigoso para sua reputação que desistiu de publicar os *Diálogos* em vida, preocupando-se inclusive com a publicação póstuma. Penso que Hume, em sua revisão final do texto, exerceu uma espécie de autocensura, o que significava para ele, não tirar, mas equilibrar ao acrescentar.

Finalmente, por último, alguns comentários sobre as "questões de palavras" e da relação Hume–Bayle.

Primeiro, o que uma questão de palavras pode significar? Há questões de palavras muito sérias e algumas bastante triviais. Estamos diante de questões de palavras quando nomeamos do mesmo modo coisas muito diferentes ou nomeamos de maneiras diferentes a mesma coisa. Além disso, se levarmos em conta o alerta de Austin de que estamos frequentemente fazendo muitas coisas com palavras, o que Bayle e Hume estavam tentando fazer ao enquadrar a comparação teísmo/ateísmo e o ceticismo religioso em uma questão de palavras? Para Bayle, esta pergunta verbal era de fato séria: ele estava de fato cavando um fosso profundo entre, por um lado, o Deus pessoal, misterioso e arbitrário e, por outro, todo o tipo de divindade racional, assimilada a uma necessidade impessoal e, portanto, a nenhum Deus. Para ele, *tertium non datur*; para Bayle, levantar questões de palavras visa a revelar confusões dramáticas, porque a coisas diferentes, até mesmo opostas, são dadas o mesmo nome de Deus. Ao levantar essas questões, Bayle estava fazendo uma subversão radical de qualquer teologia possível.

O alvo das questões de palavras de Hume não é uma teologia racional e *a priori* nem o fideísmo cego, como um teísmo *a posteriori* experimental. Uma vez que o Deus bíblico não está, ele próprio, em causa nos *Diálogos*, a questão de palavras pode parecer um pouco fútil: nós temos muitas vezes a impressão de que toda a questão consiste em dar nomes diferentes para as mesmas coisas, o que não é um erro grave, desde que entendamos o que se está fazendo. Exceto pelo apelo final e artificial à revelação, o pagão Hume considera que resolver a questão de palavras poderia ajudar de forma a preencher a lacuna entre teístas e ateus, entre os teístas filosóficos e os céticos pirrônicos ou bayleanos. As questões de palavras levantadas por Bayle eram uma forma de fazer um drama dos contrastes religiosos, enquanto o mesmo serve para Hume minimizar as diferenças. No caso de Hume, as questões de palavras funcionam como uma forma de revelar a sua profunda falta de interesse em assuntos teológicos, até mesmo o seu desagrado por estes: por trás de uma "simples", mas vaga aprovação filosófica, Filo recusa toda a questão por ele suscitada durante o diálogo.

Por fim: teísmo atenuado ou ateísmo mitigado e cético? É somente uma questão de palavras, não?

Referências bibliográficas

Bayle, P. (CPD). *Continuation des Pensées Diverses*. In: (OD) *Oeuvres Diverses de Mr. Pierre Bayle* (5 vols, 1737; reprint Hildensheim, 1966).

Bayle, P. (DHC). *Dictionnaire Historique et Critique*. 5th edition. 4 vols. Amsterdam, Leyde, La Haye: Utrecht, 1740.

BAYLE, P. (RQP). *Réponse aux Questions d'un Provincial*. In: (OD) *Oeuvres Diverses de Mr. Pierre Bayle* (5 vols, 1737; reprint Hildensheim, 1966).

BRAHAMI, F. (2001). *Le travail du scepticisme. Montaigne, Bayle, Hume*. Paris: PUF.

GROULEZ, M. (2005). *Le scepticisme de Hume: les "Dialogues sur la religion naturelle"*. Paris: PUF.

HUME, D. (D) *Dialogues Concerning Natural Religion* de Hume, editado com uma Introdução de Norman Kemp Smith. Oxford: Clarendon Press, 1935.

HUME, D. "An early fragment on evil". In: M. A. Stewart. *Hume and Hume's Connexions*, ed. by M. A. Stewart and John P. Wright, Edinburgh University Press 1994, p. 160-70.

KEMP SMITH, N. (1941) *The Philosophy of David Hume* Londres: MacMillan and Co.

MALHERBE, M. (1997) "Introduction". In: *Dialogues sur la religion naturelle*, 2ª ed. Paris: Vrin.

MOSSNER, Ernest C. (1970) *The Life of David Hume*, 2ª ed. Oxford, 1970.

PAGANINI, G. (1984) "Hume, il dubbio pirroniano e la scepsi accademica". In: *La storia della filosofia come sapere critico. Studi offerti a Mario Dal Pra*. Milão: Franco Angeli Editore,

PAGANINI, G. (1991) *Scepsi moderna. Interpretazioni dello scetticismo da Charron a Hume*. Busento: Cosenza.

PAGANINI, G. (1996) "Hume et Bayle: conjonction locale et immatérialité de l'âme". In: *De l'Humanisme aux Lumières. Bayle et le Protestantisme*, Mélanges en l'honneur d'Elisabeth Labrousse, textes recueillis par M. Magdelaine, M. C. Pitassi, R. Whelan et A. McKenna, Paris, Oxford: Universitas – Voltaire Foundation.

PAGANINI, G. (2001) "Avant 'La promenade du sceptique': Pyrrhonisme et clandestinité de Bayle à Diderot". In: *Scepticisme, Clandestinité, Libre pensée*, edited by G. Paganini, M. Benitez and J. Dybikowski. Paris: Honoré Champion, p. 17-46.

PAGANINI, G. (2008) *Skepsis. Le débat des modernes sur le scepticisme*. Paris: Vrin.

PIKE, N. (1963) "Hume on Evil". In: *Philosophical Review*, LXXII, p. 180–97.

POPKIN, Richard H. (1980) *The High Road to Pyrrhonism*, ed. by Richard A. Watson and James E. Force. San Diego: Austin Hill Press.

YANDELL, K. E. (1990) *Hume's "Inexplicable Mystery"*. Philadelphia: Temple University Press.

PARTE III
Ceticismo contemporâneo

Ceticismo e significado: entre Wittgenstein e Kripkenstein[1]

GLENDA SATNE (UNIVERSIDAD DE BUENOS AIRES, CONICET), ARGENTINA

Introdução

COMO SE SABE, Kripke (1982) formulou uma leitura cética das observações wittgensteinianas sobre seguir regras.[2] Desde sua publicação, essa leitura tem sido o foco de grandes debates sobre se é correto atribuir a Wittgenstein, como o fez Kripke, um argumento cético com relação a essas questões e, mais ainda, uma "solução cética". Essas discussões dizem respeito a se as observações positivas de Wittgenstein sobre *seguir uma regra*, mente, significado e práticas podem ser elucidadas no quadro que Kripke denomina "cético", no sentido de ceticismo *à la* Hume em que Kripke utiliza esse termo.

Esse ceticismo pode ser explicitado em duas teses:

(i) *A formulação de um argumento cético*. Os argumentos são caracterizados como céticos porque duvidam da existência de certos fatos. No caso de Hume, fatos subjacentes à atribuição de relações causa-efeito entre eventos; no caso de Wittgenstein, fatos semânticos subjacentes às atribuições semânticas do tipo "S significou a soma com '+'".

(ii) *A adoção de uma saída cética*. Hume subscreve uma solução cética, de acordo com Kripke, já que (1) Hume nega a existência de fatos que justifiquem as atribuições de relações causa-efeito entre eventos; (2) explica nossa prática de fazer essas atribuições e tomá-las como

---

1 Tradução Plíno Junqueira Smith.
2 O problema de Wittgenstein que interessa a Kripke apareceu nos seus textos posteriores a 1930, particularmente nos *Cadernos Azul e Marrom* (cf. WITTGENSTEIN, 1958a), nas *Investigações Filosóficas* (WITTGENSTEIN, 1953) e nas *Observações sobre os Fundamentos das Matemáticas* (WITTGENSTEIN, 1958b). O nome fictício Kripkenstein para se referir à interpretação de Kripke no contexto dessa discussão, que usei no título deste texto e que uso a seguir, foi adotado para indicar, como faz o próprio Kripke (1982, p. 5) em seu texto, que a sua própria posição (de Kripke) não é aceita por ele mesmo (Kripke), mas que considera apropriado atribuí-la a Wittgenstein.

verdadeiras sem recorrer a fatos semelhantes, apelando à concomitância dos eventos e a nosso hábito de perceber tal concomitância. Wittgenstein, por seu lado, (1) nega que existam fatos que justifiquem atribuições semânticas e (2) explica nossa prática de fazer essas atribuições e tomá-las como verdadeiras, sem recorrer aos supostos fatos, descrevendo condições de assertibilidade para as mesmas que se baseiam nas condições em que tais atribuições são aceitas pela comunidade de falantes e no papel que as mesmas desempenham na comunidade em que são utilizadas.

Essa leitura de Kripke foi profusamente criticada na bibliografia por diversas razões, incluindo o modo em que trata a posição de Hume sobre a causalidade, mas muito especialmente por não ser o que Wittgenstein tinha em mente nos parágrafos sobre seguir uma regra.

De outro lado, também se sabe que Wittgenstein se referiu especificamente ao ceticismo num conhecido texto de sua autoria: *Sobre a Certeza* (cf. WITTGENSTEIN, 1969). Nesse texto, Wittgenstein analisa e critica o ceticismo a respeito da existência do mundo exterior. Assim, uma questão importante a ser tratada para discernir qual é a posição de Wittgenstein sobre o ceticismo em suas distintas variantes é a de analisar se o tratamento explícito do ceticismo que Wittgenstein realiza em SC[3] pode, de alguma maneira, ser comparado com o tipo de questão que Wittgenstein está trabalhando nos parágrafos sobre seguir uma regra. Essa análise poderá, talvez, lançar luz sobre o debate antes mencionado.

Neste trabalho, analisarei (1) se há um sentido possível para a ideia de que o que está em jogo nas observações wittgensteinianas sobre seguir uma regra se pode entender como um argumento cético, no sentido de Kripke; e (2) se as considerações céticas que ocupam Wittgenstein em SC se podem compreender como um argumento cético com sua correspondente solução cética, tal e como Kripke entende essa ideia. Minha conclusão será negativa. Finalmente, (3) proporei uma leitura diferente do tratamento do ceticismo por parte de

---

3   Daqui para a frente usarei as abreviaturas SC para me referir a *On Certainty* (*Sobre a Certeza*) e IF para *Philosophical Investigations* (*Investigações Filosóficas*) de Wittgenstein seguidas de um número que corresponde a um parágrafo dessas obras. Assim, por exemplo, SC 96 corresponde ao parágrafo 96 da obra *On Certainty* e IF 199, ao parágrafo 199 da obra *Philosophical Investigations*.

Wittgenstein em SC que se estenderá à análise das considerações sobre seguir uma regra. Concluirei que existe um *tipo de ceticismo* que está presente tanto nas considerações sobre seguir uma regra como em SC. Trata-se da tendência antimetafísica dos argumentos de Wittgenstein. Mas, ao mesmo tempo, indicarei que há uma preocupação anticética nos argumentos wittgensteinianos. A combinação de ambos é, precisamente, o que caracteriza a aproximação wittgensteiniana às perguntas e argumentos céticos.

Meu objetivo aqui não é principalmente exegético. Antes, pretendo mostrar que existe uma importante distinção entre o ceticismo que a leitura kripkeana propugna, tanto para as considerações sobre seguir uma regra como para SC, e um tipo diferente de ceticismo que se encontra, mesmo assim, presente em ambas as argumentações. Creio que é esta última alternativa que se pode corretamente atribuir a Wittgenstein. Por outro lado, o tratamento do ceticismo por parte de Wittgenstein, como se tornará evidente no desenvolvimento deste trabalho, encontra-se profundamente enraizado em preocupações semânticas. Assim, a análise de seus argumentos e de sua atitude em face do ceticismo será um modo indireto de mostrar em que reside o interesse da leitura de Kripke, assim como de desenvolver mais algumas observações sobre as estratégias semânticas a respeito das discussões céticas que permitirão, finalmente, clarificar – ou, ao menos, tentarei mostrar isso – o sentido em que se pode dizer que Wittgenstein é um cético.

O argumento cético semântico

Uma questão preliminar de que temos de nos ocupar antes de entrar na interpretação kripkeana do argumento de Wittgenstein diz respeito ao sentido em que esse argumento e o modo em que Kripke o lê são céticos. Comumente, entendemos por argumento cético aquele que mostra que algumas pressuposições não se encontram devidamente justificadas ou, melhor ainda, que não estamos legitimados a sustentar algo que havíamos aceitado já que não podemos dar uma justificação para isso com as ferramentas a nosso alcance. De acordo com Kripke, essa caracterização não apreende adequadamente o sentido em que o argumento de Wittgenstein pode ser considerado cético. Neste caso, o que torna cético o argumento é que este mostra que, no que diz respeito ao problema do significado, certa estratégia que pretende fornecer a justificação em face de um adversário cético não é apropriada. Tal estratégia é a que consiste em buscar um candidato que possa contar como um fato justificador de nosso emprego significativo das expressões. Assim, o que faz Wittgenstein, de acordo com Kripke, é mostrar (a) que não se pode oferecer uma resposta ao ceticismo relativo à especificação do significado em termos de um fato justificador que seja subjacente a nosso uso significativo de uma expressão; (b) por que isso é assim e, finalmente, quais condições alternativas deve satisfazer uma resposta adequada a um desafio cético desse tipo (mostrando, ao mesmo tempo, como se deve tratar o problema do significado para que uma resposta semelhante seja possível). É por isso que a solução de Kripke se chama também cética. Não é cética no sentido que meramente conclui – ainda que o faça, ao modo de Hume – que não há fatos que subjazem nossas práticas de seguir uma regra, mas no de que também é cética na medida em que explicita condições de adequação para uma resposta ao ceticismo semântico e, *a fortiori*, para qualquer teoria do significado capaz de responder ao ceticismo do significado, que impugnam a possibilidade de oferecer esses fatos, ao mesmo tempo em que propõe uma elucidação alternativa desse tipo que, *per impossibile*, não se baseia nos inexistentes fatos semânticos.

De outro lado, podemos caracterizar esse argumento como semântico porque se centra no *significado* de nossas expressões. Assim, chamamos o argumento de *semântico* porque se centra em nosso discurso significativo e *cético* porque põe entre aspas a existência de fatos justificadores de nossas atribuições semânticas e, com isso, a viabilidade da estratégia justificadora baseada no apelo a fatos, indicando, ao mesmo tempo, que o único modo de oferecer uma elucidação adequada do significado consiste em permitir que a conclusão cética permaneça de pé.

A estrutura do argumento

Numa leitura comum de Kripkenstein (cf. SOAMES, 1998a, 1998b; BOGHOSSIAN, 1989), a conclusão cética que Kripke atribui a Wittgenstein é a seguinte:

Não há nenhum fato que justifique uma atribuição semântica do tipo: "signifiquei adição com mais" (atribuição de primeira pessoa) ou "João significou adição com mais" (atribuição de terceira pessoa).

Podemos caracterizar do seguinte modo as condições de verdade das atribuições de significado: a atribuição de um significado específico a uma expressão proferida por S é verdadeira se e somente se descreve um fato F e F determina que essa expressão tenha um significado X para S e justifica seu uso do termo ou conceito correspondente a esse significado *e* F existe.

Correspondentemente, podemos definir um fato semântico da seguinte maneira: ser um fato associado a uma palavra que é diretamente acessível ao falante ou conhecido de outro modo por este e que justifica a asserção do que significa S por meio de seu uso dessa expressão.

O cético duvida de que se possa dar um significado específico a um termo numa ocasião especial de seu uso (isto é, que alguma das atribuições seja verdadeira frente a outras) e pede ao interlocutor que justifique sua asserção de que tal é o caso, providenciando um fato que determine e justifique que o fez e que justifique assim a verdade da atribuição semântica.

Assim, por exemplo, se, frente à pergunta "quanto é 5 + 4?", Maria responde "9"; o cético pergunta como se pode estabelecer que "9" é o resultado de "5 + 4"; se o significado que Maria atribuiu ao signo "+" não é adição, mas tadição – uma função que dá a soma para todo número inferior a 4 e 2 em todos os outros casos –, então a resposta correta, de acordo com o significado associado ao signo seria 2. O cético pede um fato que torne verdadeiro e justifique a asserção de que Maria significou *adição* com mais, justificando assim que 9 é a resposta correta para o caso em questão.[4]

O cético kripkeano oferece três condições de adequação para os fatos semânticos propostos (cf. SATNE 2005):

(1) *A condição ontológica*: o fato deve determinar que um significado específico – e não outros, ou absolutamente nenhum – foi associado ao termo;

---

4   Um exemplo similar é utilizado por Kripke (1982, p. 8-9).

(2) *A condição normativa*: o fato deve justificar as aplicações do termo associado ao significado em questão, distinguindo entre aplicações corretas e incorretas;

(3) *A condição epistêmica*: o fato deve ser *conhecido* pelo falante de modo a explicar a competência semântica exibida nas práticas normais (o que exclui fatos que não podem ser conhecidos pelo falante ou que, para serem conhecidos por ele exigem que se comportem de um modo que não se exibe em nossas práticas efetivas de significar algo com um termo). Deve-se notar que esta condição não se encontra especificada como uma condição internista da justificação e que esse conhecimento se pode construir de modo externista e ainda satisfazer a condição de adequação epistêmica.

O argumento cético é como segue:[5]

(1) Se existem fatos semânticos (fatos que tornam verdadeira uma atribuição de significado), então, ou são fatos primitivos ou se encontram determinados por fatos não semânticos.

(2) Os fatos semânticos não são fatos primitivos (já que não conhecemos nenhum fato semelhante diretamente acessível ou conhecido de outro modo pelo falante que possa justificar seu uso de um termo numa dada ocasião).

(3) Os fatos semânticos não se encontram determinados por fatos não-semânticos (já que não há fatos semelhantes, isto é, fatos caracterizáveis em termos de noções não semânticas, que possam explicar e justificar a atribuição de um significado dado em detrimento de outro a um falante numa ocasião dada ou, se existissem, não poderiam ser conhecidos pelo falante nessas ocasiões).

Assim, o cético conclui que (C) não há fatos semânticos.

De acordo com Kripke, a resposta wittgensteiniana diante dessa conclusão reside em aceitar o argumento cético e sua conclusão como algo que não se pode disputar. Com base nisso, se vê, de um lado, levado a admitir que não

---

5 Sigo, nessa interpretação, a apresentação de Soames (1998a) e Satne (2005, capítulo 1).

se pode dar nenhuma resposta ao cético e, de outro, a oferecer uma *solução cética*, quer dizer, a aceitar a conclusão negativa – não há fatos semânticos – mas, ao mesmo tempo, a elucidar o papel que as atribuições de significado a expressões empregadas por nós mesmos e por outros têm em nossas práticas efetivas, mostrando que essas atribuições podem ser feitas de modo justificado e como e quanto é assim sem repor os inexistentes fatos semânticos.

Como indiquei no começo, meu objetivo é avaliar se é possível atribuir ou não a Wittgenstein esse tipo de argumento cético e correspondente solução cética, e fazê-lo levando em consideração sua atitude geral em face do ceticismo. Como se sabe, Wittgenstein tinha um interesse especial no ceticismo tradicional sobre a existência do mundo exterior. Suas observações se encontram reunidas em *Sobre a certeza*. Na seção seguinte, será considerada a interpretação do argumento central de Wittgenstein em SC que Gómez-Torrente (2005) propôs na literatura recente sobre o tema. De acordo com ele, o argumento de SC repete a atitude de Wittgenstein diante do ceticismo semântico e, assim, espelha a mesma estrutura argumentativa que Kripke apresentou em sua leitura das considerações sobre seguir uma regra. Em seguida, na terceira seção, questionarei essa interpretação e, na seção quarta, oferecerei uma leitura alternativa da atitude wittgensteiniana acerca do ceticismo em SC. Na quinta seção, voltarei à leitura cética de Kripke e darei o que creio ser a leitura correta do argumento presente nas considerações sobre seguir uma regra, que repete a atitude de Wittgenstein diante do ceticismo em SC. Na conclusão, extrairei os corolários correspondentes a respeito de como entender a atitude de Wittgenstein diante do ceticismo em SC e nas considerações sobre seguir uma regra, mostrando suas diferenças com a leitura de Kripke e delinearei o tipo de ceticismo que, em minha opinião, se pode atribuir às considerações wittgensteinianas tanto sobre o seguir uma regra como àquelas contidas em SC.

Acerca da certeza e o argumento cético-pragmático

De acordo com certa leitura de SC,[6] Wittgenstein fornece ali um argumento a favor da ideia de que nossas pretensões de conhecimento sobre o mundo externo não se acham epistemicamente fundadas.

---

6   Gómez Torrente (2005) e Duncan Pritchard (2005, cap. 9), entre outros, defenderam uma lei-

De acordo com essa leitura, a conclusão de Wittgenstein no texto é:

> Não há nenhum fato que justifique uma atribuição epistêmica da forma "Sei que p" (atribuição de primeira pessoa) ou "João sabe que p" (atribuição de terceira pessoa).

Podemos caracterizar do seguinte modo as condições de verdade para as atribuições de conhecimento: uma atribuição de conhecimento a S de que sabe p é verdadeira se e somente se descreve um fato F e F determina que S crê justificadamente p[7] e F existe.

Pode-se definir, consequentemente, um fato epistêmico como segue: ser um fato epistêmico é um fato que é diretamente acessível a quem conhece o conhecido de outro modo por ele e isso justifica a asserção de que conhece que p.

O cético duvida de que exista um fato epistêmico associado com a atribuição de conhecimento de p a um sujeito numa ocasião dada e pede ao interlocutor que justifique sua asserção de que sabe que p fornecendo um fato que determine e justifique que o faz, justificando desse modo a verdade da atribuição epistêmica.

O cético de Wittgenstein oferece três condições de adequação para os pretensos fatos epistêmicos:

(1) *A condição ontológica*: o fato deve determinar que o sujeito conhece que p e não que conhece p' ou absolutamente nada;

(2) *A condição normativa*: o fato deve justificar o sujeito em sua crença de que p, a fim de não crer que p ou qualquer outra coisa (deve ser uma justificação epistêmica, isto é, que torne a verdade de p muito prová-

---

tura pragmática de SC. A estratégia pragmática (Pritchard, 2005; Williams, 2001; Rorty 1986, 1998) e a leitura cética de SC estão associadas. A leitura cética de SC quando é feita em analogia com a oferecida sobre o seguir uma regra é uma solução pragmática (a solução cética é uma solução pragmática). Por outro lado, oferecer uma leitura pragmática da posição de Wittgenstein em SC supõe aceitar uma leitura cética dos argumentos de SC *à la* Kripke.

7   Essa justificação deve ser epistêmica: o fato ou fatos que determinam que S sabe p devem tornar a verdade de p muito provável de acordo com as provas de que dispõe S.

vel ou que maximize sua probabilidade de acordo com o estado de evidência do sujeito nessa ocasião);

(3) *A condição epistêmica*: o fato deve ser conhecido pelo sujeito para explicar sua competência exibida nas práticas normais (o que exclui fatos não cognoscíveis para o sujeito ou que para serem conhecidos exijam que o sujeito se comporte de modos que não se exibem em nossas práticas efetivas de atribuir conhecimento a outros e a nós mesmos). Deve-se notar que esta condição não se especifica como uma condição internista para a justificação e que se pode construir de maneira externista (assim como no caso semântico).

O argumento cético é o seguinte:[8]

(1) Se há fatos epistêmicos (fatos que tornem verdadeiras as atribuições de conhecimento), então, ou são fatos epistêmicos primitivos (autoevidentes) ou se encontram determinados por fatos não-epistêmicos (não sendo por si mesmos autoevidentes, justificam-se apelando a outros fatos).

(2) Os fatos epistêmicos não são fatos primitivos (porque não conhecemos nenhum fato semelhante diretamente acessível que possa justificar nossa crença de que p que não fosse compatível com não-p ou com p', ou, se existisse tal fato, não poderia ser conhecido pelo falante nessas ocasiões).

(3) Os fatos epistêmicos não estão determinados por fatos não-epistêmicos (porque não há tais fatos, não-epistêmicos, que possam justificar a atribuição de conhecimento de que p mais do que de que p' a um sujeito numa dada ocasião sem exigir, eles mesmos, por sua vez, justificação (o que implica um regresso das justificações) ou, se existissem, não seriam acessíveis ao falante nessas ocasiões.

Com isso, o cético conclui que (C) não há fatos epistêmicos (fundamentos fáticos para nossas atribuições de conhecimento).

---

8 Seguimos Gómez-Torrente (2005) nesta apresentação. As diferenças entre sua apresentação e a que aqui se oferecem são meramente estilísticas, seguindo neste caso a mesma estrutura com a que se descreveu o argumento cético semântico.

De acordo com essa leitura, a atitude do cético frente a esta conclusão é aceitar o argumento cético e sua conclusão como algo que não pode ser questionado. Assim, o argumento nos leva, de um lado, a admitir que não se pode dar uma resposta ao cético e, de outro, a oferecer uma solução cética, isto é, a aceitar a conclusão negativa – não há fatos epistêmicos – e, finalmente, explicar o papel que nossa atribuição de conhecimento a nós mesmos e aos outros tem em nossas práticas efetivas, mostrando que essas atribuições se podem realizar justificadamente e como e quando isso é o caso sem repor os inexistentes fatos epistêmicos. Comumente, isto se faz seguindo o que se pode chamar de *estratégia pragmática*, isto é, conservando a noção de crença e sua conexão com a ação e explicando o uso do termo "conhecer" em nossa prática efetiva como atribuindo uma propriedade a algumas crenças sem que isso implique que contamos com algum tipo especial de justificação para elas. Trata-se, meramente, do papel especial que essas atribuições de conhecimento desempenham em nossas práticas e em nossa forma de vida.[9]

Por que não funciona a leitura cético-pragmática de *Sobre a Certeza*

Como se sabe, Wittgenstein em SC não se encontra somente preocupado com o fato de que o que consideramos que são nossos fundamentos ou razões para nossas atribuições de conhecimento possam, depois de tudo, ser somente erroneamente tomadas por tais (essa é a crítica ao argumento de Moore a favor de nosso conhecimento da proposição de que existe o mundo externo), mas que, além disso, se encontra preocupado com a existência mesma de dúvidas céticas como a que se refere à existência do mundo externo. Assim, em SC, Wittgenstein não somente tem um objetivo antimetafísico (e, finalmente, cético), mas considera que as dúvidas céticas em si mesmas são também problemáticas. Na leitura de SC que acabamos de considerar, este traço do pensamento de Wittgenstein não apareceu. Em particular, uma interpretação semelhante não mostra *por que há algo problemático na preocupação cética de que não sabemos se o mundo existe ou na observação cética de que não estamos nunca em posição saber se existe.*

---

9   Para a relação entre o ceticismo sobre as atribuições de conhecimento e as estratégias pragmáticas das correspondentes atribuições, ver nota 5, acima.

Na leitura que consideramos, parece que a única noção problemática é a de *conhecimento* e que é essa noção que se deve descartar. Mas nada se diz de que existam razões para que uma proposição como "o mundo existe" desempenhe um papel especial em nossa prática epistêmica, a saber, que não se pode duvidar de sua verdade! Assim, parece que a solução cética tal como é interpretada pelos defensores da leitura cético-pragmática somente recomenda não tratar as atribuições habituais de conhecimento como atribuições fatuais, sem explicar o lugar e papel especial que essas proposições têm para Wittgenstein. E, mais importante ainda, essa leitura não nos dá razão alguma pela qual essas proposições são especiais, isto é, o são, precisamente, na medida em que não podemos duvidar delas. Ao contrário, o argumento que apresentamos na seção anterior duvida delas; duvidar da verdade dessas proposições é precisamente o que faz o cético. E o que a solução cética faz é nos dizer que essas dúvidas não podem ser resolvidas.

Permitam-me, então, propor uma leitura diferente do ceticismo tal como Wittgenstein o trata em SC. Como tentarei mostrar, esta interpretação diferente permite não somente compreender em que sentido Wittgenstein é um cético, mas também em que sentido não o é. Munidos de uma compreensão semelhante, voltaremos na seção seguinte às considerações sobre seguir uma regra para extrair, então, os corolários correspondentes.

Ceticismo e anticeticismo em *Sobre a Certeza*

Como dissemos, um dos traços distintivos do tratamento wittgensteiniano do ceticismo em SC é sua simpatia pela ideia de que o ceticismo tem razão. Isso é o que chamarei seu objetivo antimetafísico. Com efeito, Wittgenstein acreditava que a metafísica (em geral) era uma estratégia completamente errada na filosofia e que a busca de fatos superlativos que subjazem e justificam nossas práticas linguísticas características da metafísica é completamente infundada, um movimento ilusório que se deveria desvelar precisamente como tal: como uma ilusão que em si mesma era uma consequência da compreensão errônea da natureza de nossas práticas, de nós mesmos e da filosofia. No entanto, Wittgenstein também pensava que o ceticismo se encontrava enraizado no mesmo mal-entendido, em particular devido à sua insistência na busca de fundamentos metafísicos com o fim de garantir o conhecimento de diferentes coisas (embora o resultado dessa busca no caso dos céticos resultasse sempre infrutífero). A razão para isso é que, para Wittgenstein, a esse tipo de argumentos céticos subjaz sempre um *paradoxo* que se deve exibir como tal. Esses paradoxos não são locais, como se poderia dizer, mas gerais e contam com o poder de solapar nossa concepção mais básica de nós mesmos, da mente, do significado e do mundo.

O problema das interpretações que acabamos de considerar é que não explicitam os paradoxos que subjazem à compreensão das questões em jogo em cada caso. Uma vez que o paradoxo foi diagnosticado – que se *mostrou* como o paradoxo que é – a motivação para abandonar as preocupações sobre as quais repousa e as pré-compreensões nas quais funda suas raízes se torna evidente. Assim, qual é o paradoxo que subjaz ao problema cético de que trata SC?

Com o objetivo de mostrá-lo em todo seu alcance, temos de começar mencionando uma série de observações gerais ou gramaticais[10] que caracterizam

---

10 Caracterizo como "observações gerais" aquelas que Wittgenstein denomina "anotações gramaticais", são desse tipo observações como "não é possível seguir uma regra privadamente" (cf. IF 202), ou também "Não pode haver somente uma única vez que um homem siga uma regra" (cf. IF 199), quando também indica "esta é naturalmente uma anotação sobre a gramática da expressão 'seguir uma regra'". Ou também em SC 74: "o erro tem seu lugar adequado no meio de coisas que sabe corretamente quem se equivoca" (esta afirmação e outras associadas expressam a observação geral quatro) e SC 83 e SC 65: quando mudam os jogos de linguagem mudam os conceitos e, com estes, os significados das palavras. SC 61: ... um significado de uma palavra é uma forma de utilizá-la; em SC 62: por isso existe uma correspondência entre os conceitos de "significado" e de "regra". Estas observações, por exemplo, correspondem à minha terceira observação sobre o significado (O3, a seguir). Também SC 66: "Faço afirmações sobre a realidade com distintos graus de segurança [...] Pode-se tratar, por exemplo, da segurança que é própria da memória ou da percepção". Também SC 205: "Se o verdadeiro é o que tem fundamentos, os fundamentos não são verdadeiros nem falsos". (Essas duas últimas observações, entre outras, estão expressas em minha quinta observação sobre as práticas epistêmicas.) A questão dos diferentes tipos de descrições gramaticais que Wittgenstein utiliza ao longo de sua obra tardia não foi, em minha opinião, suficientemente discutida, nem tratada muito fielmente nos textos. Existem anotações que se realizam através de exemplos, outras por meio de pequenos experimentos mentais, situações imaginadas e outras que se enunciam como descrições ou observações conceituais como os exemplos que estamos citando aqui. Com efeito, Wittgenstein utiliza o que se poderiam chamar de caracterizações conceituais, sobre as regras ou conhecimento, o que, no entanto, não quer dizer que sejam parte de uma teoria. Qualquer caracterização da filosofia de Wittgenstein

nossas práticas epistêmicas de tal maneira global e sobre as quais se monta tanto o ataque cético como a teoria tradicional do conhecimento e a terapia dos mal-entendidos em torno das mesmas que Wittgenstein realiza:

(O1) *Primeiro*: temos todos os tipos de crenças;

(O2) *Segundo*: algumas de nossas crenças são sobre coisas à nossa volta;

(O3) *Terceiro*: essas coisas são elas mesmas as que tornam minhas crenças verdadeiras;

(O4) *Quarto*: crer que p é aceitar que há razões para p e/ou tomar p como uma razão para crenças e ações ulteriores.

(O5) *Quinto*: se sabemos algo (p. ex., p), então é porque temos acesso a algo que justifica nosso crer que p, isto é, algo que constitui uma prova suficiente ou indício da verdade de p.[11]

O cético, então, pergunta: como podemos estar seguros de que estamos em posição de saber algo sobre o mundo? Não é possível que, quando pensamos que sabemos algo sobre o mundo à nossa volta simplesmente pensemos que o fazemos, que *meramente creiamos que p*, mas não *saibamos que p*? Como se pode descartar a ideia de que, quando pensamos que *sabemos* que p, meramente *creiamos* p, sem poder sequer diferenciar ambos os estados? Ademais, se nunca pudéssemos sequer saber que existe um mundo à nossa volta em vez de meramente acreditar nisso, então nunca poderíamos saber algo sobre o mundo à nossa volta. No entanto, mais uma vez, se fosse assim, então todo item de conhecimento que acreditamos ter sobre as coisas do mundo externo poderia ser questionado. Assim, se essa ideia não pode ser rejeitada ou refutada, então tudo o que *pensamos que sabemos* sobre o mundo externo poderia ser, ao contrário, algo que *acreditamos*, mas que nunca se pode demonstrar

---

deve elucidar o estatuto dessas observações que aparecem profusamente ao longo de todo o seu trabalho posterior a 1930. Não posso entrar nessa discussão em detalhe neste artigo. Agradeço a Plínio Junqueira Smith por ter me indicado a necessidade de distinguir o estatuto dessas observações wittgensteinianas dos truísmos, em particular porque este termo é mais apropriado para referir às proposições de sentido comum de Moore, às quais Wittgenstein também faz referência em SC.

11 Estas observações são aceitas na formulação de suas posições tanto pelo cético que as questionará como pelo dogmático que tenta defendê-las (isto é, a estratégia de Moore).

que seja conhecimento; finalmente, *per impossibile*, não poderia jamais existir conhecimento.

De acordo com a leitura anterior de SC – a leitura cético-pragmática – esse é precisamente o caso, nunca podemos estar em posição de justificar que sabemos algo, e é por isso que devemos reinterpretar o que entendemos por "conhecimento". As atribuições de conhecimento com respeito a certa crença de que p e a certo sujeito S se devem compreender como um mero dispositivo pragmático para dizer que ele ou nós agimos ou vivemos *como se* essas crenças fossem verdadeiras, enquanto essas crenças contam somente como tais e não como conhecimento no sentido tradicional, *per impossibile*.

É essa a leitura correta de SC? Penso que não. Permitam-me introduzir o que considero o argumento central de SC:

P1 (O5[12]) "Saber que p exige justificação para a crença de que p"

P2 (desafio cético): não podemos ter justificação para nenhuma crença de que p (já que estar justificados a afirmar/crer que p é ter fundamentos epistêmicos para p, algo que garanta que p é provavelmente verdadeiro, e enquanto nunca podemos distinguir entre o fato de que nossas crenças sejam verdadeiras e somente nos pareçam verdadeiras, não podemos ter fundamentos epistêmicos para p).

C1: Não podemos saber que p para nenhum p.

C2: Somente podemos crer que p para qualquer p.

(a leitura pragmática de SC se detém aqui e recomenda: reformule o que você entende por "saber que p" como um dispositivo pragmático baseado em *crer* que p e *agir de acordo com essas crenças*).

Mas, na realidade, o argumento prossegue assim:

P3 (O4): *Crer que p é tomar p como uma razão para outras crenças ou ações e/ou aceitar p por razões prévias (crenças etc.) (Sem relações inferenciais desse tipo, nossas crenças carecerão de aplicação e, finalmente, de conteúdo).*

---

12 O marcador "O5" remete aqui à *quinta observação geral* acima: "se sabemos algo (por exemplo p), então é porque temos acesso a algo que justifica nosso crer que p, isto é, algo que constitui uma prova suficiente ou indício da verdade de p".

P3′: Se nossas crenças não podem estar em relações de justificação, então nunca podem ser uma razão para agir ou para crer e nunca podem ser adotadas por razões.

P4: Nossas crenças não podem estar em relações de justificação (por **P2**)

C3: Não podemos adotar a crença de que p por razões ou tomar p como uma razão para agir ou ter outras crenças.

C4: Não podemos crer que p para nenhum p (por **C3** e **P3**).

Eis aqui o paradoxo em todo seu alcance: somente podemos crer que p e nunca podemos crer que p, para nenhum p (**C2** e **C4**).

Trata-se de um paradoxo extremo, que desafia nossas noções mais básicas de nós mesmos, da mente e do mundo. É por isso que Wittgenstein crê que devemos resistir-lhe. Não se trata de que Wittgenstein tente redefinir o que entendemos por crença. Antes, somente afirma que se nos vemos levados a questionar um traço tão básico e importante de nossas práticas, isso somente pode nos levar a uma completa confusão. É aqui onde o caminho de Wittgenstein se afasta do cético e, com isso, da leitura pragmática.

O que Wittgenstein recomenda não é abandonar a série de observações gerais acerca de nossas práticas que listamos, mas compreender por que as mesmas não podem ser abandonadas e diagnosticar qual é a fonte de nossa confusão que emerge precisamente quando tentamos questioná-las (ou fundamentá-las). A ideia problemática que nos levou ao paradoxo em todo o seu alcance era a que sustentava que nossas crenças não podem nunca estar em relações de justificação. Assim, permitam-me agora considerar de que modo, de acordo com Wittgenstein, pode-se fazer frente a essa ideia.

Como vimos, não é possível duvidar do conhecimento e, ao mesmo tempo, ter crenças. A solução de Wittgenstein reside em sublinhar que ser uma crença é precisamente ser algo de que se pode duvidar e que pode ser conhecido, que pode estar justificado ou não em certas ocasiões, que pode ser conhecido ou duvidado em certas ocasiões.

Se isso é assim onde erramos? A ideia problemática é que somente podemos crer coisas sobre o mundo e não sabê-las e a razão pela qual acreditávamos que isso era possível é porque pensamos que se podia dar conteúdo à dúvida cética geral: *que podíamos duvidar de que nossas crenças sejam sobre o mundo e constituam conhecimento dele*. Assim, a ideia que se deve resistir é que *nunca podemos estar em posição de distinguir entre que nossas crenças sejam verdadeiras e que somente nos pareça que o são* (isto é, o *desafio cético*). Esta ideia depende de atribuir plausibilidade à ideia de que podemos *duvidar* de que *exista o mundo externo*. Essa dúvida destrói a conexão entre parecer verdadeiro e ser verdadeiro para qualquer crença sobre o mundo e, por fim, permite que o cético generalize seu desafio cético sem ter que examinar cada asserção sobre o mundo. Assim, esta dúvida tenta romper o laço entre crença e conhecimento, isto é, entre crença e verdade, entre as crenças e aquilo sobre o qual essas crenças são crenças.

Assim, o que se deve resistir é a ideia de que podemos duvidar de que o mundo externo existe, mas isso, se se aceitam as observações gerais, quer dizer, por sua vez, que essa proposição, a que afirma a existência do mundo externo, não pode ser conhecida, nem acreditada, já que tudo aquilo que se pode crer, se pode conhecer e ser duvidado. Essa é a conclusão de Wittgenstein. A proposição de que o mundo externo existe se encontra pressuposta em nossa prática de crer e conhecer e não se pode duvidar disso sem pôr em risco de que se esvaziem de conteúdo todos os nossos pensamentos. Assim, aquela não é uma crença de que se possa duvidar. É por isso que Wittgenstein indica que a proposição de que o mundo externo existe é uma proposição *dobradiça*, uma *certeza* que não é propriamente conhecida e que não pode ser propriamente acreditada ou da qual não se pode duvidar. Mas, mais importante ainda, estas considerações mostram também que ficam de pé todas as observações gerais sobre as crenças e o conhecimento que indicamos no começo.

Ao contrário, a leitura cético-pragmático de SC colocava em questão essas considerações sobre o conhecimento, a crença e a verdade, ao aceitar a ideia de que é possível *cortar o laço entre o que nos parece que é verdadeiro(crença) e o que é o caso (tornando impossível o conhecimento)*. Isso levava o defensor da leitura cético-pragmática a questionar essas observações e a aceitar as dúvidas céticas, para logo oferecer uma imagem alternativa do que significa atribuir conhecimento – precisamente o contrário do que faz Wittgenstein. A ideia de que há um hiato entre o que parece verdadeiro e o que é em realidade verdadeiro não é uma observação de nossa prática, mas uma tese teoricamente carregada à qual se deve resistir. Uma vez que se resiste a essa tese, a conclusão cética não se segue e nada nos obriga a aceitá-la.

Resta ainda dizer em que sentido Wittgenstein aceita, no entanto, uma posição cética. Como disse anteriormente, Wittgenstein é um cético somente num sentido antimetafísico. A impossibilidade de duvidar da existência do mundo externo é, para quem aceita *O1* a *O5* como observações sobre o conhecimento, a crença e a verdade, uma proposição que não se pode conhecer, nem fundamentar – esta é precisamente a tarefa que os metafísicos procuram levar a cabo! É por isso que Wittgenstein é um cético contra os metafísicos e um anticético no que diz respeito aos argumentos céticos, enquanto rejeita o paradoxo cético e o desafio cético que a ele conduz.

Na próxima seção, reavaliaremos a atitude de Wittgenstein em face do ceticismo sobre o significado que Kripke atribuía a suas observações sobre o seguir uma regra, levando em conta a atitude em face do ceticismo e dos paradoxos céticos que ilustra o tratamento de Wittgenstein do ceticismo sobre o mundo externo em SC.

O argumento de Kripkenstein revisitado

Podemos agora voltar à leitura kripkeana de Wittgenstein e ver se há algo valioso que falta na interpretação proposta por Kripke das considerações sobre o seguir uma regra formuladas por Wittgenstein nas *Investigações Filosóficas* e nas *Observações sobre os Fundamentos das Matemáticas*.

Uma vez mais, Wittgenstein parte de uma série de observações sobre o significado, a linguagem e a mente, e mostra como a dúvida cética sobre eles leva a um paradoxo de grande alcance, associada com a conclusão cética.

Essas são as observações que descrevem nossas práticas semânticas de acordo com Wittgenstein:

(O'1) *Primeiro*: nossa linguagem é significativa.

(O'2) *Segundo*: o significado de uma palavra ou frase é o que nos permite distinguir entre usos corretos e incorretos da mesma. Que uma palavra tenha significado é que exista com respeito a seu uso uma distinção entre aplicações corretas e incorretas para cada ocasião de seu uso possível (é o que chamei a *condição de adequação normativa* para os candidatos a ser fatos constitutivos do significado).

(O'3) *Terceiro*: quando atribuímos corretamente a alguém que está significando algo com uma palavra ou frase, lhe atribuímos que capta o significado da palavra ou da frase, ou de outra forma conhece o significado da palavra ou frase, de modo que pode distinguir usos corretos da mesma em casos ordinários, de um modo direto, sem ter que indagar, investigar ou inferir o que significa a partir de outros fatos (é o que chamei a *condição de adequação epistêmica* para os candidatos a fatos constitutivos do significado).

(O'4) *Quarto*: o que chamarei a *Observação Tradicional sobre o Significado* (OTS), quando um sujeito S usa uma palavra ou frase significativa, há fatos associados a esse uso, cuja ocorrência justifica a aplicação do termo ou frase em questão nessa ocasião (é o que chamei a *condição de adequação ontológica* para os candidatos a fatos constitutivos do significado).

Pode-se resumir essas quatro observações gerais como segue, o que constitui a primeira premissa de seu argumento acerca das regras:

P1: Se alguém significa algo com um termo, então há fatos que são captados ou conhecidos diretamente pelo falante que justificam seu uso do termo em qualquer ocasião dada de seu uso concreto.

P2: (*Desafio cético*) Não é possível distinguir entre que nos pareça que significamos X com "x", e significar Y ou absolutamente nada. Assim, não podemos ter justificação para nenhuma atribuição de que S significa X com "x" (dado que estar justificado nessa atribuição de que S significa X com "x" (dado que estar justificado nessa atribuição é ter fundamentos "semânticos" para essa atribuição e não há nenhum fato que distinga entre usos corretos e incorretos dos termos tal que seja diretamente conhecido ou apreendido por alguém quando significa algo com o termo ou frase, que distinga entre significar algo, outra coisa ou absolutamente nada. Assim, nunca podemos estar na posição de diferenciar – não há fato que possa estabelecer a diferença – entre meramente crer que significamos X – e, por exemplo, significar Z – e efetivamente significar X).

P2 pode ser reformulada como segue, sendo a primeira conclusão do argumento cético:

C1: Não há fatos captados ou, de outra forma, conhecidos pelo falante que justifiquem seu uso dos termos.

C2: Ninguém nunca significa nada mediante seu uso da linguagem (por **C1** e **P1**).

Este é o paradoxo em todo seu alcance: a linguagem é significativa e ninguém nunca significa nada mediante seu uso da linguagem.

Wittgenstein, como dissemos, acha inaceitável esse paradoxo (o argumento é explicitamente caracterizado como um paradoxo nas *Investigações Filosóficas* (IF 201); nesse aforismo, Wittgenstein indica que se baseia num mal-entendido que devemos superar). Assim, as conclusões céticas **C1** e **C2** não são, segundo Wittgenstein, algo com o que devamos viver, como recomenda Kripkenstein. A aceitação da conclusão cética nos leva, junto com a aceitação das observações gerais sobre as práticas semânticas, à ideia impossível de que a linguagem não é significativa. Esta ideia e seu efeito paradoxal devem ser diagnosticadas como uma ilusão das quais devemos nos desfazer. Podemos sair do paradoxo através do caminho de Kripke? Kripke recomenda aferrar-se à conclusão cética e renunciar às observações $O'1-O'4$ sobre o significado. Mas, em vez de nos liberarmos do paradoxo, conduz-nos à confusão...

Uma vez mais podemos perguntar: onde erramos? Qual é a tese teoricamente carregada que, quando é pensada junto com as observações, conduz ao paradoxo?[13]

A ideia que está errada é que podemos distinguir ceticamente entre que *meramente pareça* a alguém que significa X com "x" (adição com "mais", por

---

13 É interessante notar que diferentes leitores contemporâneos das considerações wittgensteinianas do seguir uma regra questionaram uma ou várias dessas observações ($O'1$ a $O'5$) antes indicadas, dando ensejo a distintas leituras do paradoxo. Assim, Kripke (1982) pode ser lido como rejeitando a quarta (cf. Satne, 2005); Wright (1980) rejeita a segunda, afirmando que o significado de uma palavra não tem infinitas consequências para infinitos casos de aplicação. Posteriormente, Wright modificou sua postura, aceitando as quatro observações, mas sem reconhecer o paradoxo; tentou, em seguida, oferecer uma resposta aos argumentos contra **P1**, mas a coerência entre sua posição e a de Wittgenstein pode ser posta em dúvida (cf. Satne, 2005). O próprio Wright reconhece sua falta de coerência com as considerações metafilosóficas de Wittgenstein (cf. Wright, 2002). As elucidações disposicionais do conteúdo questionaram o terceiro truísmo (cf. Horwich, 1995). Para um comentário crítico dessa interpretação, ver Satne (2008).

exemplo) e que *efetivamente o faça*. O cético pergunta por um fato que justificasse a diferença entre que *meramente pareça* a alguém que ele ou qualquer outro significou adição com mais e que *de fato o faça*. Uma vez que se abre esse hiato, nos vemos conduzidos à ideia paradoxal de que nunca estamos em posição de afirmar que significamos algo com um termo ou frase. Não devemos, como sugere Kripke, aceitar a conclusão cética de que nunca há um fato sobre se alguém significa adição com "mais", mas que, ao contrário, devemos rejeitar a ideia de que podemos diferenciar entre que a alguém meramente lhe apareça que significa algo com uma palavra e que efetivamente o faça. Esta é a ideia de Wittgenstein em IF 201, seguir uma regra não é crer que se segue uma regra; se não, não haveria distinção entre correto e incorreto – cf. também IF 258 –; por fim, não é possível seguir uma regra privadamente.[14] Uma vez que rejeitamos a distinção lógica entre parecer e ser para o seguir uma regra, podemos aceitar as observações sobre as práticas semânticas sem incidir no paradoxo.[15] Isso significa que não podemos caracterizar algo com uma palavra como algo que exija justificação para ser significativo. Se se aborda a questão desse modo, nunca poderemos sequer começar a pensá-la e perderemos completamente a noção de significado.

Certamente, esse hiato é aquele que explora também o metafísico e é nesse sentido que Wittgenstein concorda com o cético kripkeano: não há fatos que se possam oferecer para justificar que, quando nos parece que significamos algo, de fato o fazemos. Rejeitar esse hiato aberto por essa pergunta (uma pergunta teoricamente carregada) e aceitar que *significar algo* não é algo que exija justificação ulterior, é precisamente o que Wittgenstein recomenda.[16]

---

14 É por isso que o argumento é tão anticartesiano como anticético. Seguir uma regra não é um parecer seguir uma regra privadamente (um estado interno) ao qual se acrescenta, em seguida, um traço que o converte num seguir efetivo, por exemplo a justificação comunitária. O que está em jogo é a rejeição da distinção entre dois conceitos, o de que parece que se segue uma regra e o de que *se siga efetivamente*; essa distinção está em jogo nos argumentos céticos, no cartesianismo do significado, assim como na saída pragmática de Kripke. A questão é que se trata de um único conceito, o de seguir uma regra, que não admite decomposição lógica em outros.

15 Cabe destacar que, de acordo com a leitura das considerações de Wittgenstein que estou defendendo, isso significa que não há fatos que permitam passar do parecer significar ao significar efetivo, o que mostra que não há fatos justificadores nesse sentido. Existissem, sim, e trivialmente, para determinar a verdade de nossas asserções.

16 As atribuições em primeira pessoa não exigem as razões; do ponto de vista da terceira pessoa,

Desse modo, Wittgenstein é um cético contra os metafísicos, mas ao mesmo tempo um anticético na medida em que rejeita o paradoxo que segue a aceitação do desafio cético.

O corolário comum das considerações anteriores é que *significar algo com uma palavra* e *crer algo mediante uma proposição* são estados que não se podem diferenciar de estados ulteriores de que *meramente lhe pareça a alguém que significa algo* ou de que *meramente lhe apareça a alguém que crê algo*, estados que são logicamente anteriores ao de significar ou crer algo, e que conjuntamente com a justificação de sua verdade nos levariam a significar efetivamente algo (a soma) ou crer efetivamente algo (p).

No entanto, pode-se estar equivocado com relação ao significado de uma palavra, com relação à verdade de uma proposição. É aí onde se aplica nossa quarta observação sobre o significado e não na distinção entre *parecer que significo* e *significar*. Como revelou minha análise de SC e das considerações sobre o seguir uma regra, a quarta observação, a que remete a fatos, aplica-se às distinções entre significar que algo é branco e que o seja, entre crer que algo é branco e que o seja: este é propriamente o espaço lógico para os fatos justificadores.

Conclusões

Resumindo as considerações anteriores, podemos concluir que Kripke acerta quando indica que há uma importante dimensão cética em Wittgenstein. Mostramos que o ceticismo se encontra presente tanto em Sobre a Certeza como nas considerações wittgensteinianas sobre o seguir uma regra. Wittgenstein é cético na medida em que comparte com essa orientação filosófica a ideia de que qualquer justificação metafísica é impossível, é assim que empreende a tarefa de mostrar tal impossibilidade, utilizando argumentos céticos. E essa é a tendência antimetafísica das considerações wittgensteinianas. No entanto, Wittgenstein não se contenta com isso, mas continua mostrando que a própria argumentação cética depende em sua formulação de distinções que são ilegítimas e que são compartilhadas tanto por esses argumentos como pelas teorias metafísicas que são sua contraparte.

---

sim, poderiam ser oferecidas, em particular em termos da prática do sujeito em questão.

Assim, suas considerações são ao mesmo tempo anticéticas na medida em que mostrar que o desafio cético se funda em premissas que devem ser rejeitadas. Isso coloca Wittgenstein na situação de afirmar, por um lado, contra o metafísico, a impossibilidade de justificar certas asserções, mas sem reconhecer, por outro lado, a necessidade de justificá-las. Mais ainda, o que Wittgenstein indicou, tanto em SC como nas considerações sobre o seguir uma regra, é que nossa própria noção de justificação – precisamente para ser a noção que é – repousa sobre pressuposições e práticas que, elas mesmas, não se encontram justificadas, mas que são óbvias, definidoras do conteúdo de nossos conceitos (significado, verdade, conhecimento, certeza). Essa dupla orientação dá forma à metodologia filosófica wittgensteiniana e se encontra presente, creio – ainda que não possa demonstrá-lo aqui em detalhe – na obra do Wittgenstein tardio em seu conjunto.

Assim, a ideia crucial de Wittgenstein é que nossa noção mesma de justificação *depende de* e *se assenta sobre* práticas que, em si mesmas, não se encontram justificadas. Aceitá-lo, longe de pôr em perigo nossa própria prática justificadora e de conhecimento das coisas, e inclusive a verdade de nossos juízos, mostra, antes, o que os torna possíveis.

Referências bibliográficas

BOGHOSSIAN, P. (1989). "The Rule-Following Considerations". In: *Mind*, 98, n. 392.

GÓMEZ-TORRENTE, M. (2005). "El Wittgenstein de Kripke y la analogía entre reglas y fundamentos". In: *Dianoia*, vol. L, n. 55.

HORWICH, P. (1995). "Meaning, Use and Truth". In: *Mind*, 104.

KRIPKE, S. (1982). *Wittgenstein on Rules and Private Language*. Cambridge: Harvard University Press.

PRITCHARD, D. (2005). *Epistemic Luck*. Oxford: Oxford University Press.

RORTY, R. (1986). "Pragmaticism, Davidson and Truth". In: Lepore, E. (Ed.), *Truth and Interpretation. Perspectives on the Philosophy of Donald Davidson*. Oxford: Blackwell.

RORTY, R. (1998). "Davidson between Wittgenstein and Tarski". In: *Crítica*, vol. XXX, n. 90.

SATNE, G. (2005). *El argumento escéptico: de Wittgenstein a Kripke.* Buenos Aires: Grama Ediciones.

SATNE, G. (2008). "Una propuesta de cambio para la teoría semántica. ¿El deflacionismo de Horwich o el antifactualismo de Kripkenstein?". In: *Teorema,* XXVII/2.

SOAMES, S. (1998a). "Scepticism about Meaning: Indeterminancy, Normativity and Rule-Following Paradox". In: *Canadian Journal of Philosophy,* vol. 23.

SOAMES, S. (1998b). "Facts, Truth-Conditions, and the Skeptical Solution to the Rule-Following Paradox". In: Tomberlin, J. (ed), *Philosophical Perspectives XII.* Oxford: Basil-Blackwell

WILLIAMS, M. (2001). *Problems of Knowledge.* Oxford: Oxford University Press.

WITTGENSTEIN, L. (1953). *Philosophical Investigations.* Nova York: Macmillan Publishing Co.

WITTGENSTEIN, L. (1958a). *The Blue and Brown Books.* Londres: Blackwell

WITTGENSTEIN, L. (1958b). *Remarks on the Foundations of Mathematics.* Londres: Basil Blackwell.

WITTGENSTEIN, L. (1969). *On Certainty.* Oxford: Basil Blackwell

WRIGHT, C. (1980). *Wittgenstein on the Foundations of Mathematics.* Cambridge: Harvard University Press.

WRIGHT, C. (2002). "What is Wittgenstein's Point in the Rule-Following Discussion?". Disponível online: http://www.nyu.edu/gsas/dept/philo/courses/rules/papers/Wright.pdf.

Ceticismo e Finitude: Notas sobre a filosofia de Stanley Cavell

JÔNADAS TECHIO (UFRGS)

> O que escrevi e, suponho, a maneira como escrevi, surge de uma sensação de que a filosofia está em uma das suas crises periódicas do método, reforçada por uma preocupação, que tenho certeza que não é só minha, de que o método determina o conteúdo; de que, por exemplo, um compromisso intelectual com a filosofia analítica desloca o interesse para longe dos problemas mais amplos e tradicionais da cultura humana, os quais podem ter-nos trazido para a filosofia para começo de conversa. No entanto, podemos nos sentir incapazes de abrir mão seja do método, seja do interesse estranho.
>
> Stanley Cavell

Introdução

NO QUE SEGUE APRESENTO uma análise de três aspectos inter-relacionados da obra de Stanley Cavell, indicando algumas de suas contribuições para a dissolução de certos problemas epistemológicos contemporâneos relacionados com a natureza do conhecimento e com o ceticismo. Os aspectos que serão tratados são estes: (a) o interesse metodológico pela filosofia da linguagem comum representada nos escritos de John Langshaw Austin e de Ludwig Wittgenstein, (b) a visão projetiva dos critérios linguísticos sistematizada em *The Claim of Reason* (1979), e (c) a tese da "verdade do ceticismo" que subjaz a praticamente todos os escritos de Cavell.[1]

---

1 Ver, p. ex., "Knowing and Acknowledging", em CAVELL (1976, p. 258), CAVELL (1972, p. 104n) e CAVELL (1979, p. 241 e 448), apenas para indicar os principais contextos nos quais essa tese é expressa.

I.

Stephen Mulhall, um dos principais intérpretes da obra de Cavell, resume assim os objetivos centrais da filosofia desse autor:

> O ônus da filosofia de Stanley Cavell é o reconhecimento da finitude humana. Seus escritos tentam compreender três conjuntos interligados de limites ou condições, os quais têm a ver com: a existência humana, a existência da filosofia na modernidade, e a existência desses escritos eles mesmos, enquanto palavras redigidas por um determinado ser humano, em um determinado tempo e em um determinado tempo lugar na história da filosofia moderna. O primeiro conjunto inclui fenômenos tais como a corporificação, a linguagem, as outras pessoas, e o mundo; o segundo abrange a problemática do ceticismo, a ausência de Deus, a política e a moralidade do liberalismo, e as alegações concorrentes das práticas culturais vizinhas – a ciência, a literatura, o teatro, o cinema, e a psicanálise; e o terceiro – fixado pela compreensão que o autor tem de si mesmo como um músico norte-americano do século XX que virou filósofo – inclui uma sensibilidade para o modernismo nas artes e alhures, bem como para o transcendentalismo emersoniano.
> (MULHALL, 1996, p. 1)

À primeira vista, pode não parecer evidente que um conjunto tão diversificado de interesses quanto o que é descrito na passagem acima possa constituir um projeto coerente e unificado – aquele que Mulhall sintetiza como o do "reconhecimento da finitude humana". Visando a compreender como isso é possível, precisamos ter em vista a trajetória histórica da obra de Cavell. O ponto de partida dessa trajetória pode ser situado no confronto, iniciado em meados dos anos 1950, com a chamada "filosofia da linguagem comum", especialmente como ela se apresenta nos escritos de J. L. Austin e do "segundo" Wittgenstein. O que interessa particularmente a Cavell na leitura desses autores é o tipo de engajamento crítico com a filosofia analítica que eles ilustram – uma relação que não é simplesmente antagônica, mas que tampouco é de simples aceitação; antes, trata-se de uma tentativa de explorar e de superar as dificuldades dessa filosofia a partir de dentro, levando seus métodos e convenções ao limite (uma marca do modernismo).²

Lembremos que uma tese definidora da filosofia analítica (que tem origem já nos escritos de seus fundadores, Gottlob Frege, George Edward Moore e Bertrand Russell), é que os problemas filosóficos são a expressão de confusões lógicas, as quais, por sua vez, seriam causadas pela imprecisão e pela vagueza da linguagem comum. Essa tese foi mantida intacta – e, de fato, levada ao paroxismo – pelos proponentes do positivismo lógico, culminando com a própria ideia da "superação da metafísica pela análise lógica da linguagem". É frente a esse pano de fundo que se pode compreender a relação ambígua entre a filosofia analítica (pelo menos dada uma compreensão tradicional dos seus objetivos) e a "filosofia da linguagem comum" exemplificada nos escritos de Austin e de Wittgenstein: por um lado, ambos os autores concordam com a tese fundadora da filosofia analítica, a qual identifica a origem dos problemas filosóficos nas confusões às quais dá lugar a linguagem comum; por outro lado – e este é o aspecto subversivo de seus procedimentos – ambos demonstram uma abertura decisiva aos recursos da própria linguagem cotidiana para superar os problemas que o seu (ab)uso cria; em outras palavras, para esses autores

---

2   Como atesta a citação de Mulhall, o interesse de Cavell pelo modernismo é um tema fundamental a ser investigado visando a compreender a evolução de sua filosofia. Embora esse tema não possa receber a devida atenção aqui, espero que a seguinte passagem–extraída do iluminador artigo de J. M. Bernstein, "Aesthetics, Modernism, Literature: Cavell's Transformations of Philosophy"–possa fornecer alguns subsídios para refletirmos sobre a possibilidade de a filosofia encontrar-se sob as condições do modernismo, obrigando seus proponentes a questionarem e a levarem ao limite as convenções herdadas da tradição para poderem continuar se apresentando como herdeiros legítimos desse projeto: O modernismo é o que acontece com a arte sob as condições da modernidade–depois de os deuses terem morrido, ou fugido, ou sido assassinados, depois, portanto, de a autoridade tradicional ter fenecido, e de as formas tradicionais de arte terem sido expostas como algo que é meramente convencional no tocante à sua autoridade, que é meramente tradicional [...] As obras modernistas põem em risco a própria ideia do que é ser uma obra de arte, a fim de estabelecerem, de tornarem possível mais uma vez, aquilo que a arte é. [...] Digamos que uma obra modernista deve forjar para si mesma uma posição como uma obra de arte ao abandonar explicitamente aquilo que achávamos que eram as convenções constitutivas da possibilidade daquela arte, e de algum modo sobreviver [...]. Ao sobreviver, ao ser capaz, se o for, de constituir uma escultura, por exemplo, indo além de tudo o que pensávamos que constituía a possibilidade da escultura, ela revela o que a escultura é (e, assim o que a arte é). (BERNSTEIN, 2003, p. 116-117)

a linguagem comum é tanto a *causa* quanto o caminho para a *cura* do impulso metafísico – ou sua contrapartida, o impulso cético – em filosofia.

Essa compreensão da linguagem comum implica uma compreensão particular do papel do "filósofo da linguagem comum", que passa a ser visto como alguém que deve ser capaz tanto de ilustrar e de dar voz às tentações que a posse da linguagem possibilita, quanto de tentar superar essas tentações, por meio de uma reflexão que visa a recuperar a consciência de certos aspectos do uso da linguagem que podem ter sido suprimidos ou reprimidos como resultado dos impulsos demasiado humanos relacionados com o ato de filosofar. (Pensem, por exemplo, nas questões socráticas do tipo "O que é X?", onde "X" é um termo absolutamente familiar – "virtude", "justiça", "tempo" etc. – mas cujo significado pode, sob uma análise mais detida, parecer enigmático ou obscuro.) Desse modo, a filosofia da linguagem comum é vista por Cavell como uma espécie de autoanálise, que visa à descoberta e à articulação de certas dificuldades que afligem, antes de mais nada, a um indivíduo particular, e cujo diagnóstico e a subsequente terapia devem, portanto, aplicar-se às necessidades desse indivíduo, e só podem ser "universalizadas" à medida que puderem ser tomadas como exemplares, e não como instâncias de uma metodologia geral.

Nos termos do próprio Cavell, em um de seus escritos mais antigos sobre o tema, a tarefa do filósofo da linguagem cotidiana não é desprezar a subjetividade, "mas sim incluí-la; não é superá-la em busca de acordo, mas sim dominá-la de maneiras exemplares".[3] Ao tomar a mim mesmo como representante de todos os seres humanos, estou reivindicando uma comunidade; no entanto, essa reivindicação está sempre exposta ao repúdio. Uma filosofia genuinamente disposta a reconhecer e a aceitar esses riscos deve, visando à coerência, internalizá-los, tornando-os condições do próprio texto filosófico, que por conseguinte passa a assumir um formato essencialmente dialético, ou mesmo confessional.[4] É por essa razão que os "lembretes gramaticais"

---

3   Ver "Aesthetic Problems of Modern Philosophy" (Cavell, 1976, p. 94). Há um estreito paralelo, notado pelo próprio Cavell nesse mesmo escrito, entre o procedimento filosófico apresentado acima e a lógica dos "juízos estéticos" kantianos (Kant, 2007, §§7-8 e 19).

4   A seguinte passagem esclarece esse ponto no tocante ao estilo dos escritos de Wittgenstein: "Em sua defesa da verdade contra o sofisma, a filosofia empregou os mesmos gêneros literários da teologia em sua defesa da fé: contra a competição intelectual, o Dogmatismo; contra

apresentados nos escritos de Wittgenstein, Austin e Cavell são mal compreendidos se tomados como tentativas (algo complacentes, autoindulgentes, ou mesmo dogmáticas) de estabelecer ou impor um padrão *preexistente* de correção a um interlocutor (supostamente confuso); sua real pretensão é *testar os limites* do nosso acordo a respeito de um ponto particular. (Registrar acordos efetivos, embora sempre sujeitos a serem desfeitos, é a função dos critérios wittgensteinianos, do modo como os compreende Cavell.)

II.

O caminho resumido acima representa apenas os primeiros passos no desenvolvimento da filosofia cavelliana, mas contém uma indicação importante da visão da linguagem que será sistematizada em sua obra prima, *The Claim of Reason*, de 1979 – especialmente mas partes 1 e 2, que apresentam, respectivamente, uma interpretação muito original do pensamento de Wittgenstein, e uma avaliação detalhada de formas globais de ceticismo sobre o "mundo externo". É justamente essa visão da linguagem, surgida no confronto com a filosofia wittgensteiniana, que abrirá espaço para os múltiplos (e aparentemente desconexos) interesses que caracterizam o conjunto de seus escritos.[5] Dentre esses interesses há um que merece ênfase especial, dada a sua centralidade na obra de Cavell: refiro-me à notória tese de que haveria uma "verdade no ceticismo" – tendo em vista que muitas vezes a insatisfação com nossos critérios não estaria exatamente injustificada, posto que eles realmente não

---

o Dogmatismo, a Confissão; em ambos, o Diálogo. Inacessível ao dogmatismo da crítica filosófica, Wittgenstein escolheu a confissão e remodelou seu diálogo. Ele contém o que confissões sérias precisam: o reconhecimento total da tentação [...] e uma disposição para corrigi-la e deixá-la de lado [...]. (A voz da tentação e a voz de correção são os antagonistas nos diálogos de Wittgenstein). Ao confessar você não se explica ou justifica, mas descreve aquilo que se passa com você. E a confissão, ao contrário do dogma, não deve ser acreditada mas sim testada, e aceita ou rejeitada." (CAVELL, 1976, p. 55)

5 Algo que o próprio Cavell enfatiza em um ensaio recente: "Alguns membros da minha geração, impressionados com o evento wittgensteiniano, sentiram-se libertados da atração por vezes dolorosa da filosofia como tal, e pensaram que os problemas filosóficos haviam sido finalmente percebidos pelo que valem, e resolvidos. No meu caso, essa mudança das expectativas filosóficas libertou-me para pensar filosoficamente (de acordo com a minha compreensão) sobre qualquer coisa, em qualquer meio em que me interessasse." (CAVELL, 2006, p. 10)

podem garantir (impessoalmente) o nosso acordo, e, portanto, o significado do que dizemos.

Visando a esclarecer essa tese vale recordar que, para Cavell, nossos critérios baseiam-se apenas nos interesses e nas necessidades humanas ("todo o turbilhão do organismo que Wittgenstein chama de 'formas de vida'" (CAVELL, 1976, p. 52)), as quais, embora fundamentadas em uma "história natural" comum (cf. WITTGENSTEIN, 2001, §415), encontram-se, assim como essa história, em constante mutação; por conseguinte, nossos critérios devem estar permanentemente abertos a revisão, e, nesse sentido, devem estar sempre sujeitos ao tipo de repúdio favorecido pelo cético. Mas isso não significa que o ceticismo deveria ser simplesmente aceito: o cético pode ter razão em apontar (contra um adversário dogmático) que a existência do "mundo externo" ou de "outras mentes" não pode ser conhecida com inabalável certeza; entretanto, ele erra ao interpretar esse resultado como uma demonstração de que o mundo e as outras pessoas podem não ser reais; tudo que o ceticismo mostra é que a realidade do mundo e dos demais seres humanos não são funções de nosso *conhecimento*, e sim de nossa *aceitação* e de nosso *reconhecimento* – portanto, que os verdadeiros custos envolvidos no abandono cético do consentimento não são (apenas) epistêmicos e teóricos, mas sim práticos ou existenciais, relacionados com um conjunto muito grande de tarefas e de compromissos, cujos limites não podem ser previstos por uma especulação *a priori*.

A compreensão da natureza dos critérios resumida acima fornece um alternativa à "imagem impessoal" do significado que parece estar na base de inúmeras posições filosóficas contemporâneas,[6] substituindo a busca por fundamentos "externos" por uma ênfase em nossas responsabilidades individuais, permanentes e imprevisíveis na busca de significado e de sentido – um resultado que não é exatamente cético, mas que reconhece e até mesmo simpatiza com as motivações que estão na base do ceticismo, e que têm a ver com o reconhecimento de nossos limites, particularmente de nossa real separação e distância em relação ao mundo e aos demais sujeitos. No restante

---

6   Em Techio (2010) argumentei que essa imagem impessoal estaria na base tanto do antiindividualismo contemporâneo a respeito do conteúdo mental e do significado (defendido por Saul Kripke, Hilary Putnam e Tyler Burge) quanto da "solução cética" para o problema da normatividade linguística apresentada por Kripke (1982).

do texto gostaria de aprofundar a compreensão desses resultados, esboçando algumas das implicações desse reconhecimento da finitude para uma (re-) avaliação de certos problemas epistemológicos tradicionais.

III.

Embora a "teoria do conhecimento", enquanto aspecto da empreitada filosófica, seja tão antiga quanto a própria filosofia, há uma inflexão especificamente moderna dessa investigação,[7] que tem como consequência não apenas o seu estabelecimento como uma disciplina filosófica autônoma, mas também como uma espécie de "Filosofia Primeira", i.e., como uma disciplina que estaria na posição de avaliar todas as demais áreas da investigação humana. Uma característica distintiva dessa nova disciplina é a preocupação com (a refutação d')o ceticismo, tanto a respeito do "mundo externo" quanto das "outras mentes".[8]

Para grande parte das sensibilidades contemporâneas, tanto a pretensão fundacional da epistemologia moderna quanto sua fixação com o ceticismo tem sido vistas como excessivas, contraproducentes e até mesmo "escandalosas".[9] Essa, contudo, não é a maneira como Cavell encara a

---

7   A qual está relacionada a um amplo conjunto de fatores históricos, todos os quais colaboraram para o solapamento de um grande conjunto de crenças tradicionais previamente asseguradas pelo estreitamento do horizonte cultural e pela autoridade religiosa vigente – indo desde o humanismo renascentista do século XV, passando pela Reforma Protestante, pela redescoberta do ceticismo Pirrônico e pela descoberta do Novo Mundo no século XVI, e culminando com a revolução científica do século XVII.

8   De acordo com Paul Franks (2006, *passim*) o problema das "outras mentes" só teria chegado ao centro da reflexão filosófica na obra de Johann Gottlieb Fichte, como consequência dos esforços desse autor para articular a unidade subjacente às três *Críticas* de Kant, sobrepujando, desse modo, aquilo que ele considerara uma incompletude do sistema kantiano. Um dos aspectos que tornariam clara essa incompletude seria justamente o fato de que Kant não teria sido capaz de "deduzir" o conceito de "outra mente" – algo que, para Fichte, constituiria um passo essencial para a dedução do próprio conceito da "coisa em si". Franks argumenta (a meu ver convincentemente) que há um paralelo importante – e que merece ser investigado de maneira mais detida – entre esse aspecto da posição de Fichte e a estratégia empregada pelo próprio Cavell. Menciono isso apenas para indicar uma possível linha de investigação futura, que promete ser esclarecedora tanto para alguém interessado em compreender o desenvolvimento do "problema das outras mentes" no âmbito do idealismo alemão, quanto para os leitores de Cavell.

9   Numa alusão à famosa afirmação de Kant, segundo a qual seria um "escândalo" para a filosofia não se dispor de uma prova definitiva da "existência das coisas fora de nós" (cf. CRP, B

situação. A seguinte passagem, extraída de um ensaio sobre a peça *King Lear*, de Shakespeare, sublinha a preocupação de Cavell com a compreensão das *reais motivações* do projeto epistemológico moderno, e, consequentemente, com o reconhecimento da *seriedade* do problema cético que estava na sua base:

> Na tradição ininterrupta da epistemologia que começou com Descartes e Locke (e que foi radicalmente questionada a partir de dentro apenas em nosso tempo), o conceito de conhecimento (do mundo) desliga-se de suas conexões com questões de informação, de habilidade e de aprendizagem, e torna-se fixado ao conceito de certeza apenas, particularmente a uma certeza fornecida pelos (meus) sentidos. Em algum momento no início das investigações epistemológicas, o mundo normalmente presente para nós (o mundo em cuja existência, como normalmente se diz, "acreditamos") é posto em causa e desaparece, fazendo com que descubramos que toda a conexão com um mundo depende daquilo que pode ser considerado "presente para os sentidos"; e é chocante que isso acabe se mostrando como não sendo o mundo. É neste momento que o cético se vê lançado ao ceticismo, transformando a existência do mundo exterior em um problema. [...] [Mas o] cético não renuncia alegre e irrefletidamente ao mundo que compartilhamos, ou que pensávamos que compartilhávamos [...]. Ele renuncia ao mundo apenas porque o mundo é importante, porque ele é a cena e o palco da ligação com o presente: ele descobre que o mundo desaparece justamente devido ao esforço para *torná*-lo presente. Se isso lhe torna malsucedido, é porque a presença obtida pela certeza dos sentidos não pode compensar a presença que havia sido elaborada através de nossa antiga absorção no mundo. Mas o desejo de uma conexão genuína está lá, e houve um tempo em que o esforço, não importando o quão histórico,

---

xi), Heidegger (1996, I, §6) declarou que o que é realmente escandaloso é "o fato de sempre ainda se esperar e buscar essa prova". A exemplo do procedimento de grande parte dos filósofos analíticos que fazem uso dessa passagem, Strawson (1985, p. 24) cita-a descontextualizadamente e com aprovação, interpretando-a como congênere com sua própria "recusa naturalista" ao desafio cético. Contudo, como sugerirei em seguida, o espírito em que a afirmação original de Heidegger foi feita não poderia distanciá-la mais do tipo de dogmatismo analítico exemplificado nessa região do pensamento de Strawson.

para garantir a presença epistemológica foi a expressão maior de seriedade a respeito de nossa relação com o mundo, a expressão de uma consciência de que a presença estava ameaçada, perdida. Se a epistemologia quis tornar o conhecimento um substituto para esse fato, isso dificilmente foi tolo ou desonesto, e dificilmente foi um simples equívoco. (CAVELL, 1976, p. 323-4)

O primeiro ponto que gostaria de enfatizar na análise dessa passagem é a ideia de que o ceticismo moderno não precisa ser visto, para tomar de empréstimo uma expressão de Mulhall (1996, p. 89), como uma espécie de "jogo intelectual destinado a introduzir problemas técnicos em epistemologia"[10] – ele também pode ser visto como uma tentativa natural de expressar uma certa sensação de *perda* ocasionada pelos desenvolvimentos científicos e culturais da modernidade, que aparentemente "colocaram em questão a autenticidade de qualquer reivindicação humana por contato com uma realidade externa à nossa subjetividade" (MULHALL, p. 89).[11] Ora, dado que dificilmente encontraríamos alguém disposto a negar o *fato histórico* de que o ceticismo

---

10 Não é difícil encontrar exemplos de filósofos analíticos que (na melhor das hipóteses) encaram o ceticismo justamente como esse tipo de "jogo intelectual". Em sua introdução ao *Compêndio de Epistemologia* (GRECO & SOSA, 2008), John Greco atesta isso de maneira bastante instrutiva. Tendo caracterizado o cético como "um personagem", Greco justifica tal descrição alegando que é duvidoso que muitos filósofos realmente sustentem tal posição. Na verdade, os epistemólogos têm se preocupado em mostrar por que tal posição é errada. De fato, é bem comum aos epistemólogos *presumir* que tal ceticismo seja errado e se concentrar em saber *onde* o cético erra [...]. Dessa forma, a justificativa para o envolvimento com argumentos céticos é metodológica. A questão é aprender por intermédio deles [...]. (GRECO & SOSA, 2008, p. 18)

11 É justamente essa segunda maneira de compreender o impulso cético que explica o interesse de Cavell pela obra de Shakespeare, vista por ele como um contexto *literário* no qual várias manifestações desse mesmo impulso são expressas e procuram ser sobrepujadas. Esse ponto é expresso na seguinte passagem do ensaio ora sob análise: "Nietzsche pensou que o consolo metafísico da tragédia foi perdido quando Sócrates estabeleceu o *saber* como o coroamento da atividade humana. E é um pouco alarmante, partindo da convicção de que o tipo de drama que Shakespeare aperfeiçoou também terminou com ele, pensar que Bacon, Galileu e Descartes foram contemporâneos desses eventos. Dificilmente diríamos que foi *por causa* do desenvolvimento da nova ciência, bem como do estabelecimento de epistemologia como a monitora da investigação filosófica, que a tragédia shakespeariana desapareceu. Mas pode bem ser que a perda de presença – que é o que o desaparecimento desse tipo de tragédia significa – tenha sido responsável por levar-nos à ideia de que podemos salvar nossas vidas conhecendo-as. Essa parece ser a mensagem tanto da nova epistemologia quanto da tragédia de Shakespeare." (CAVELL, 1976, p. 322-3)

moderno originou-se dessa sensação de perda, naturalmente surge a questão de saber se a atitude contemporânea estaria baseada (tácita ou explicitamente) em uma *superação* dessa perda, ou antes em uma *repressão* da mesma. Minha hipótese é que podemos encontrar exemplos de *ambas* as atitudes na literatura (ainda que desigualmente distribuídos),[12] e, mais importante que isso, que uma investigação que leve em conta essa diferença possui um grande potencial clarificador no tocante à compreensão e à avaliação crítica dos projetos epistemológicos atualmente vigentes.

Tendo chamado atenção para a seriedade das preocupações céticas que se encontram na base do projeto epistemológico moderno, e tendo sugerido que talvez uma grande parcela dos tratamentos contemporâneos desses problemas ainda não tenham acertado as contas com aquelas preocupações, é importante investigar mais a fundo a questão sobre quais poderiam ser as *causas* da "sensação de perda" mencionada na passagem que viemos analisando. De fato, é justamente com uma indicação nesse sentido que Cavell dá início àquela passagem, chamando nossa atenção para uma dissociação prévia entre as noções de *conhecimento*, por um lado, e de certas *habilidades humanas*, por outro, e para a consequente fixação no ideal do conhecimento como *certeza* (baseada naquilo que nos seria dado pelos sentidos). Analisemos essas alegações com mais cuidado.

IV.

Com vistas a esclarecer o diagnóstico esboçado acima sugiro que tomemos como ponto de partida a seguinte passagem de *The Claim of Reason*, na qual Cavell contrasta a ênfase tradicional na noção de *certeza* com a ênfase wittgensteiniana na ideia de *juízo* (enquanto *ato* de julgar ou *julgamento* – "*judgment*"):

> Quando epistemologia levanta a questão do conhecimento, o que ela busca são os fundamentos de nossa certeza. Mas [Wittgenstein] nos lembra que o que chamamos de conhecimento também está relacionado ao que chamamos de aquisição

---

12 Sendo que os casos de Heidegger e do próprio Cavell constituiriam exemplos paradigmáticos da primeira atitude, que é claramente minoritária, e o caso de Strawson (cf. nota n. 9 acima) um exemplo paradigmático da segunda, e claramente mais comum.

de conhecimento, ou de aprendizado [...]. Os critérios são critérios para julgar; a ideia subjacente [à noção wittgensteiniana de critério] é a de discriminar ou separar casos, de identificar por meio de diferenças. [...] Na história moderna da epistemologia, a ideia de juízo não é geralmente distinguida da ideia de enunciado em geral, ou talvez elas sejam muito completamente distinguidas. [...] O problema é saber se a investigação do conhecimento humano não pode ser distorcida como um todo, ou, em todo caso, se ela não pode ser constrangida numa certa direção [*dictated*] por esse enfoque. O enfoque nos enunciados toma o conhecimento como a soma (ou produto) dos enunciados verdadeiros e, portanto, interpreta os limites do conhecimento humano como coincidindo com a medida em que acumulamos enunciados verdadeiros sobre o mundo. A tarefa filosófica será fornecer um órganon que justifique ou aprimore e alargue aqueles enunciados. O enfoque no juízo toma o conhecimento humano como a capacidade humana para aplicar os conceitos de uma linguagem às coisas de um mundo, para caracterizar (categorizar) o mundo no momento e do modo em que isso é humanamente feito, e, portanto, interpreta os limites do conhecimento humano como coincidindo com os limites de seus conceitos (em determinado período histórico). A tarefa filosófica, neste caso, será proporcionar um órganon que trará aqueles limites à consciência – não para mostrar o confinamento de nosso conhecimento (como Locke mais ou menos sugere, e como Kant mais ou menos implica), mas para mostrar aquilo que em um determinado período não podemos deixar de saber, ou as maneiras em que não podemos deixar de saber disso. (CAVELL, 1979, p. 16-17)

A posição expressa nessa passagem é prenhe em implicações para a reavaliação do projeto epistemológico que é o alvo desta pesquisa. Comecemos refletindo sobre a alegação de que cada um dos enfoques apresentados acima (respectivamente, o enfoque tradicional nos enunciados e o enfoque wittgensteiniano nos juízos) constrangeria a investigação do conhecimento em uma dada direção. Uma maneira útil de reformular essa diferença[13] é em

---

13 Sugerida pelo próprio Cavell (1979, p. 17).

termos da distinção entre (i) uma visão que poderíamos chamar de "realismo metafísico", de acordo com a qual a função das nossas alegações cognitivas seria simplesmente *registrar* fatos previamente existentes e "dados", e (ii) uma visão que poderíamos chamar de "kantiana", segundo a qual "o sujeito de um juízo não é conhecido antes do conhecimento dos predicados que tomamos como sendo-lhe aplicáveis" (CAVELL, 1979, p. 17). Dada essa caracterização, fica claro em que sentido a visão (i) conceberia os limites do conhecimento humano como sendo coincidentes com a soma de todos os enunciados verdadeiros sobre o mundo, enquanto a visão (ii) tomaria os limites de nosso conhecimento como sendo coextensivos com os limites de nossos conceitos *em um dado momento histórico*: a primeira visão agarra-se a uma noção de conhecimento como o *resultado* (proposicionalmente articulado) de nossa interação com o mundo, o qual seria idealmente responsável por assegurar a *existência* dos fatos conhecidos; já a visão (ii) leva em consideração a nossa *capacidade de categorizar* e de *discriminar* casos no mundo, resultando em um conjunto de critérios cuja função seria informar sobre a *identidade* de algo nos casos em que, por alguma razão, essa identidade estivesse em questão. Assim, enquanto a primeira concepção toma nossos critérios como fundamentos para uma *refutação* do ceticismo, a segunda mostraria que o ceticismo é *irrefutável*, dado que nossos critérios são "apenas humanos", i.e., não estão metafisicamente alinhados com nada na natureza das coisas, e, nesse sentido, estão permanentemente sujeitos ao repúdio favorecido pelo cético.

Esse ponto conecta-se com uma segunda implicação importante da passagem acima, o qual já foi mencionado nas seções anteriores, mas que vale a pena retomar neste contexto. Refiro-me à tese de que, de acordo com a posição de Cavell, não caberia à epistemologia (ou a qualquer outra disciplina) tentar *refutar* o ceticismo, dado que há um sentido em que a conclusão cética – a saber, que "não conhecemos com certeza a existência do mundo externo (ou das outras mentes)" (CAVELL, 1979, p. 45) – é *verdadeira e inegável*; o que é verdadeiro e inegável, cabe lembrar, é que a nossa relação com o mundo como um todo, bem como com os outros em geral, *não é uma relação cognitiva* (interpretada como a posse de uma *certeza* a respeito dessas "entidades").[14] Mas

---

14 Neste contexto creio que é possível compreender melhor a intenção original da afirmação heideggeriana citada acima (cf. nota n. 9 acima): do modo como a interpreto, o propósito

então, que relação é essa? Eis uma questão que precisa ser investigada com mais cuidado (embora alguns indícios para respondê-la tenham sido dados na seção anterior). Penso que um bom ponto de partida para isso seja o tratamento heideggeriano dessa questão,[15] condensado por meio da fórmula "o *Dasein* é ser-no-mundo" – a qual sugere um afastamento ou até mesmo uma inversão da imagem de um "ego" colocado diante de um mundo de objetos que se lhe contrapõe, em prol de uma imagem na qual o próprio *envolvimento* com o mundo torna-se parte da constituição fundamental do que significa ser humano – na qual o *Dasein* é visto como *abertura ao mundo*, e este, por sua vez, como algo que se anuncia como estando "à mão", isto é, como um espaço de envolvimento prático com os objetos, como o lugar da experiência comum, a qual parece ter sido esquecida não apenas pela investigação científica, mas também pelas metafísicas e pelas epistemologias modeladas nesse tipo de investigação.

Visando a superar essa imagem teórica e cognitivista, e a obter uma compreensão e uma descrição mais realista de nossa condição metafísica e epistemológica, faz-se necessário proceder a (algo como) uma *fenomenologia* da nossa experiência do mundo, pautada pelo ideal de máxima fidelidade àquilo que se mostra, e que parta do reconhecimento de que nosso contato primordial com o mundo não é a experiência de um espectador olhando para objetos desprovidos de valor; pelo contrário, primeiro apreendemos o mundo *praticamente*, como um mundo de coisas que são úteis e acessíveis, e que estão

---

não é sugerir que o cético *não deve ser levado a sério*, dado que sua posição seria *absurda* (como quer Strawson), mas antes mostrar que ele *deve* sim *ser levado a sério*, dado que sua conclusão é *inegável* – ainda que uma correta apreciação de seu conteúdo envolva uma reinterpretação, que esclareça que em sua base está o reconhecimento da finitude humana, bem como do fato de que o conhecimento não constitui a relação mais fundamental com o mundo ou com os outros. Voltarei a esses pontos em seguida.

15 De fato, é o próprio Cavell quem chama atenção para essa maneira de levar adiante seus resultados, indicando que há um "vínculo importante entre o ensinamento de Wittgenstein e de Heidegger" no tocante à tese de que "a base da criatura humana no mundo como um todo, de sua relação com o mundo como tal, não é cognitiva. (…) Tanto Wittgenstein quanto Heidegger", continua Cavell, "reinterpretam o *insight* de Kant segundo o qual as limitações do conhecimento não são suas falhas. *Ser e Tempo* vai além das *Investigações Filosóficas* ao fornecer uma maneira para pensarmos sobre a natureza da relação da criatura humana com o mundo como tal (localizando, dentre outras, aquela relação especial chamada de conhecimento)" (CAVELL, 1979, p. 241).

imbuídas de significado e valor humano.[16] Como veremos na seção seguinte, é justamente nessa direção que se encaminha o diagnóstico cavelliano sobre a imagem distorcida de nossa relação com os objetos que se encontra na base da argumentação cética.

V.

Cavell oferece uma avaliação detalhada das formas *globais* de ceticismo sobre o "mundo externo" (i.e., sobre as dúvidas que se pretendem aplicáveis a *todas* as nossas alegações cognitivas) na parte 2 de *The Claim of Reason*, tomando o argumento expresso na primeira meditação de Descartes como exemplar. A atestação inicial que se encontra na base do argumento cartesiano é a observação de que comumente aceitamos falsas opiniões como verdadeiras – o que indicaria que a convicção subjetiva é um árbitro muito pouco confiável em assuntos cognitivos. Partindo dessa consideração Descartes estabelece uma espécie de "teste cético" com o qual pretende determinar se é possível obter algum conhecimento que seja certo e indubitável, e que possa servir como base para a reconstrução do edifício do conhecimento humano. Deixando de lado algumas das minúcias da análise cavelliana, creio que se pode resumir os principais momentos desse procedimento como segue:[17]

- Descartes investiga um cenário onde um *objeto genérico*[18] se apresenta aos sentidos de um sujeito S *em condições epistêmicas normais*, de tal modo

---

16 Uma condição fundamental para o desenvolvimento de uma fenomenologia nesses moldes é o reconhecimento do modo como nossos *corpos* e nossas *habilidades* determinam nossa experiência; um tratamento exemplar dessa questão é fornecido por Merleau-Ponty.

17 A reconstrução subsequente foi bastante influenciada pela interpretação fornecida por Hammer (2002, capítulo 2), que por sua vez acompanha o desenvolvimento textual da segunda parte de *The Claim of Reason*.

18 A razão pela qual o argumento deve partir da apresentação de um *objeto genérico* (e.g., uma mesa *qualquer*) é que a falha em identificar um *objeto específico* (e.g., *este* pássaro pássaro particular que vejo no meu jardim) traria implicações relativas apenas a (i) a competência de S (sua visão, seu conhecimento de pássaros etc.) e a (ii) a natureza das circunstâncias epistêmicas (a iluminação precária, a distância do objeto etc.), mas não iluminaria (iii) o conhecimento *como um todo*, i.e., o próprio projeto do conhecimento. É justamente porque Austin (1970), em "Other Minds", procede apelando às condições de identificação de objetos específicos em suas análises que Cavell identifica uma limitação *metodológica* na filosofia desse autor, que a torna inoperante frente a um argumento cético ao estilo cartesiano.

que cotidianamente pensaríamos que S estaria legitimado em crer na existência daquele objeto; esse tipo de caso é o que Cavell chama de "cenário de melhor caso" (*best case scenario*) – por brevidade, CMC;

- se for possível apresentar uma dúvida razoável[19] sobre um CMC, segue-se que a validade do nosso conhecimento *como um todo* não possui uma base segura;
- Descartes oferece uma *hipótese cética* tal que, caso não possamos mostrar sua falsidade, ela fornece uma dúvida razoável para o conhecimento que alegamos ter em um CMC;

Em sua avaliação do procedimento que acabamos de reconstruir, Cavell identifica três *componentes formais* que constituiriam condições para um argumento cético de estilo cartesiano:

a) *a apresentação de uma alegação cognitiva sobre um objeto genérico* (um pássaro *qualquer*, uma mesa *qualquer* – mas não *este* Pintassilgo, ou *esta* peça de mobília Luiz XIV);

b) *a exigência por uma base* ("mas como você sabe?" – "porque vejo"; ou: "por meio dos sentidos")

c) *a apresentação de uma razão ou fundamento* (ground) *para duvidar* ("mas você poderia estar sonhando") que mostre que S não tem boas razões para pensar que conhece *qualquer coisa* (e não *este* pássaro ou *aquela* mesa)

Como indica Espen Hammer, o argumento que viemos analisando "fundamenta-se logicamente em um princípio simples de fechamento (p $\supset$ q; ~q; ~p)" (2002, p. 49). Em termos menos formais, e empregados pelo próprio Cavell:

> O que "melhor caso" vem a significar pode ser expresso em uma premissa maior: Se eu conheço alguma coisa, conheço *isto*. Mas então descobrimos que, como uma questão de fato eterno, *não* conhecemos *isto*. Como uma premissa menor, essa descoberta

---

[19] A "razoabilidade das considerações do filósofo" seria "uma função do fato de elas serem apenas aquelas considerações ordinárias e cotidianas que qualquer pessoa que possa falar e que possa conhecer alguma coisa reconhecerá como relevantes para a alegação (a "crença") sob escrutínio" (CAVELL, 1979, p. 131).

precipita o tipo adequado de devastação. Desse modo, a extração da conclusão não requer nenhuma inclinação a argumentar, mas simplesmente a capacidade para fazê-lo. (CAVELL, 1979, p. 145)

Tradicionalmente os epistemólogos interessados em indicar a falha do argumento cético atacaram (c), e em um menor número de casos (b). Cavell, por outro lado, ataca (a) – a noção mesma de alegações cognitivas envolvendo objetos genéricos. Se esse tipo de alegação puder ser apresentada, argumenta Cavell, então as dúvidas céticas parecerão ao mesmo tempo *relevantes* e *fatais*, e nenhum apelo (de estilo austiniano) ao que dizemos cotidianamente será capaz de barrar a conclusão cética radical. Com esse alvo em vista, a estratégia cavelliana consistirá em apresentar um *dilema* ao cético: embora apenas objetos genéricos permitam que o ceticismo seja generalizado (i.e., aplique-se à *totalidade* de nossas alegações cognitivas, e, portanto, à própria existência do "mundo exterior"), nenhum significado pode ser fornecido a alegações que referem a objetos genéricos. Ainda que essas alegações contenham *palavras* perfeitamente significativas e bem ordenadas gramaticalmente, elas mostram-se em última instância *vazias* ou desprovidas de um *propósito claro*, e, por conseguinte, incoerentes ou imaginárias.[20]

Neste ponto é importante abrir um parêntese, e chamar atenção para o fato de que, diferentemente da maneira como se costuma representar o procedimento de um "filósofo da linguagem cotidiana", Cavell não afirma em momento algum que a questão cética seja simplesmente *absurda* ("*nonsensical*"); trata-se, na verdade, de uma reação que Cavell considera legítima para uma experiência que, embora não seja simplesmente natural, tampouco é simplesmente não-natural. É verdade que a conclusão cética traz pouca ou nenhuma convicção em nossas vidas cotidianas, mas nem por isso ela pode

---

20 Como esclarece Cavell (1979, p. 207): "O que é extraído de uma expressão usada "fora de seu jogo de linguagem comum" não é necessariamente o que as *palavras* querem dizer [*mean*] (elas pode querer dizer o que sempre quiseram dizer, aquilo que um bom dicionário diz que elas querem dizer), mas sim o que nós queremos dizer ao empregá-las no momento e no local em que o fazemos. O propósito [*the point*] de dizê-las se perde. [...] O que perdemos não é o significado de nossas palavras – daí que definições que tentem assegurar ou explicar seu significado não substituam o que perdemos. O que perdemos é uma consciência plena do que estamos dizendo; já não sabemos o que *nós* queremos dizer."

ser desconsiderada devido a um apelo dogmático a "o que normalmente dizemos"; dada a ausência de regras ou de universais que assegurem certas projeções e impeçam outras (uma consequência da visão wittgensteiniana dos critérios gramaticais, subscrita por Cavell), o que é "natural" torna-se uma questão relativa àquilo que os usuários competentes de uma linguagem tomam como natural – mas qual seria a razão para pensarmos que o cético não é um tal usuário, ou possui menos legitimidade nesses assuntos?

Uma abordagem diferente se faz necessária, portanto. A sugestão de Cavell é que, em vez de enfocarmos a falta de (completa) naturalidade das alegações do epistemólogo tradicional, deveríamos perguntar se suas palavras realmente significam o que ele *pensa, quer*, ou *crê* que elas signifiquem.[21] Vejamos como isso se aplica a um exemplo concreto, apresentado pelo próprio Cavell. Suponha que nosso epistemólogo argumentasse que, dado que não somos capazes de ver a metade de trás dos objetos (ou os seus interiores), nós não vemos o objeto *todo*, mas apenas a parte que está à nossa frente (ou que nos aparece). Partindo desse tipo de constatação o epistemólogo poderia concluir que jamais podemos ver os objetos "como são em si mesmos", pois percebê-los como tais excluiria perceber *apenas uma parte* deles. – Qual é exatamente o problema com esse argumento? É verdade que a formulação empregada na conclusão claramente contraria nosso uso cotidiano do verbo "ver", o que faz com que essa projeção nos pareça inaceitável – sentimos que ela *deve* estar errada; contudo, não é imediatamente óbvio que seja *falso* negar que vemos o objeto *todo*.

O real problema com a projeção proposta acima só pode ser indicado por meio de uma análise mais sutil. As linhas gerais de uma tal análise são como

---

21 Neste contexto vale a pena notar a conexão, indicada pelo próprio Cavell (1979, p. 226), com o tipo de termo de crítica com o qual somos constantemente confrontados nos escritos de Wittgenstein: "Tenho relacionado a experiência inicial do filósofo, e seu progresso subsequente, à noção wittgensteiniana de "falar fora de jogos de linguagem" (ou [...] de que ao filosofar "a linguagem sai de férias" (§38), tornando-se similar a "uma engrenagem rodando solta" (§132) [...]), sugerindo que o que acontece com os conceitos do filósofo é que eles são privados de seus critérios normais de emprego (o que não significa que suas palavras sejam privadas de significado – pode-se dizer que tais palavras não mantêm *nada além* de seus significados) e que, dado que não coletam novos [critérios], seus conceitos perdem a relação com o mundo (o que não significa que o que ele diz seja falso), ou, em termos que usei anteriormente, remove-os de sua posição em meio ao nosso sistema de conceitos."

segue: quando dizemos, ordinariamente, que vemos *apenas uma parte* de um objeto, a implicação é que não podemos vê-lo todo *neste caso particular* (pois a parte que não vemos pode estar escondida etc.). Mas será que isso legitima a conclusão de que (a totalidade de) um objeto *genérico* pode estar excluíd(a)o de nossa visão? A resposta é negativa, mas para perceber seu *rationale* precisamos prestar atenção àquilo que o epistemólogo *de fato está dizendo* quando emprega a formulação mencionada acima, e (o que neste caso dá na mesma) ao tipo de *imagem* que parece fundamentar sua alegação – a saber, que "todos os nossos objetos são luas" (1979, p. 202), e que (portanto) a nossa posição em relação a eles seria geometricamente fixa. Contudo, numa situação concreta, basta nos movermos e a sensação de que há "partes" diferentes do objeto que *não podemos ver* inevitavelmente deixará de exercer fascínio sobre nós.

As lições que se pode extrair desse diagnóstico são múltiplas, e só poderei indicá-las brevemente. Em primeiro lugar, a análise esboçada acima esclarece a *instabilidade* da conclusão cética (à qual Hume, por exemplo, chamou atenção) – o fato de que ela se evapora assim que o contexto imaginário do filósofo é substituído por um contexto mais realista e mais amplo, que leve em conta outros aspectos importantes de nossa interação *efetiva* com os objetos. O cético *distorce* essa interação, possivelmente devido à tendência "cartesiana" de separar os sentidos do corpo, ou de reprimir a relação interna entre *perceber* e *agir*, favorecendo em vez disso um cenário imaginário que "nos posiciona em relação aos objetos de uma maneira análoga a câmeras ou microscópios" (HAMMER, 2002, p. 53).[22] É nesse sentido que se pode dizer que o cético *inventou* algo sobre nossa situação cognitiva, em vez de ter *descoberto* algo sobre ela – que é o que ele *imagina* ter feito.

Esse diagnóstico também permite que Cavell esclareça o dilema apresentado anteriormente, reformulando-o nos seguintes moldes: ou bem a investigação cética emprega um modelo que distorce a nossa interação com os objetos, impedindo assim que qualquer alegação seja feita sobre algo *em nosso mundo* (mas que "*outro* mundo" haveria?), ou bem ela adequa-se à nossa situação real, mas nesse caso deixa de produzir uma conclusão *geral*, aplicável à totalidade do conhecimento.

---

22 Note a conexão desse ponto com as lições heideggerianas programaticamente apresentadas acima (seção 3.2.2).

Cavell está ciente de que nada disso equivale a uma *refutação* do ceticismo – pelo contrário, o cético está certo em relação ao fato de que nossos critérios não fornecem o tipo de *certeza* tradicionalmente buscada pelos epistemólogos. De fato, em vez de tentar refutá-lo, o objetivo de Cavell ao dialogar com o cético é tornar explícitos os custos existenciais do repúdio dos nossos critérios – em última instância, a privacidade radical à qual isso levaria. Por conseguinte, seria errado interpretar a tese da "verdade do ceticismo" (a indicação de que a presença do mundo para nós não é uma questão de *conhecimento*, e sim de *aceitação*) como uma *solução* (alternativa) para o "problema cético". (Se esse fosse o caso, críticos como Barry Stroud (1980) estariam certos em mostrar que ela seria uma mera *petição de princípio* em relação ao problema.) O que Cavell quer mostrar é "não apenas que não há uma tal solução, mas que pensar de outro modo é a autointerpretação do próprio ceticismo" (CAVELL, 1990, p. 35).[23]

VI.

Gostaria de concluir este texto indicando algumas implicações da posição de Cavell para a avaliação de outro problema epistemológico clássico, que é o da atribuição de conteúdos e de atitudes mentais a outros sujeitos – o chamado "problema das outras mentes". Similarmente ao caso do ceticismo sobre o "mundo externo", esse problema tem sido tradicionalmente apresentado como dizendo respeito à justificação para certas *alegações cognitivas* – neste caso, aquelas relativas aos conteúdos mentais de outro sujeito. Assim como na análise daquele caso, o procedimento de Cavell para tratar das dúvidas céticas relativas às "outras mentes" consiste em mostrar que há algo de confuso na própria formulação desse problema. O diagnóstico (e a consequente reinterpretação) que Cavell propõe chama atenção para as dificuldades práticas ou existenciais que subjazem (embora de maneira reprimida ou sublimada) aos (supostos) quebra-cabeças teóricos com as quais a epistemologia tem tradicionalmente se preocupado.

---

23 Como esclarece Espen Hammer (2002, p. 57): "O que o cético procura é uma relação com o mundo pela qual o indivíduo não é mais responsável – uma presença absoluta para além das vicissitudes de ter que estabelecer uma conexão entre o que digo e o objeto que está à minha frente. Desse modo, pensar que há uma solução para o ceticismo é entregar os pontos a [essa posição] – é aceitar a visão cética da nossa situação."

A análise cavelliana dessa questão é bastante complexa, e não poderá receber a atenção devida aqui. Em vez de resumi-la, proponho chamar atenção para apenas um aspecto que considero fundamental, e que pode ser tomado como o ponto de partida para um argumento mais detalhado – refiro-me à atestação de que na origem da formulação do problema das outras mentes encontrar-se-ia uma concepção distorcida dos conceitos de "interior" e de "exterior", por um lado, e do comportamento humano, por outro. De acordo com essa visão distorcida (mas nem por isso menos comum), o "exterior" seria identificado com o (mero) comportamento, i.e., o (mero) movimento *mecânico* de nossos corpos (que seriam, por conseguinte, colocados na categoria de coisas físicas ou materiais); já o "interior" seria caracterizado como algo privado e oculto (ou, na melhor das hipóteses, indiretamente perceptível), algo que, portanto, estaria *para além, por detrás* ou *sob* nossos corpos. Dada essa imagem, o problema das outras mentes pode ser facilmente identificado com uma dificuldade (metafísica e epistemológica) de *adentrar* a mente do outro, indo *além* daquilo que a percepção de seu corpo e de seu comportamento possibilitam.

Seguindo os passos de Wittgenstein, Cavell desafia radicalmente essa imagem geral da relação entre o "interior"/"exterior" e o comportamento humano. Para começar, o "corte ontológico" que proposto por esses autores não se dá entre corpos e mentes, mas sim entre corpos vivos (animados) e corpos não vivos (inanimados) (cf. McGinn, 1997, p. 153). Como resultado, a visão da relação entre o corpo (o "exterior") e a mente (o "interior") também passa por uma mudança fundamental: corpos (vivos) não são vistos mais como algo que se *interpõe* entre mim e a mente dos outros, mas sim como aquilo que *dá expressão* a essas mentes. Dessa forma, o problema das outras mentes não é exatamente solucionado (nem sequer dissolvido), mas apenas reinterpretado: em vez de um problema *teórico* (metafísico e/ou epistemológico) ele passa a ser visto como uma dificuldade que é essencialmente *prática* – o que pode "esconder" a mente do outro não é o corpo dele, mas sim a *minha atitude* para com ele (e vice-versa). Nos termos de Cavell:

> O obstáculo à minha visão do outro não é o corpo do outro, mas a minha incapacidade ou a minha relutância em

interpretá-lo ou julgá-lo acuradamente, traçar as conexões certas. A sugestão é a seguinte: eu sofro uma espécie de cegueira, mas evito essa dificuldade projetando esta escuridão por sobre o outro. (CAVELL, 1979, p. 368)

Referências bibliográficas

AUSTIN, J. L. (1970). "Other Minds". In: *Philosophical Papers*, 2ª ed. Oxford: Oxford University Press, p. 76–116.

BERNSTEIN, J. M. (2003) "Aesthetics, Modernism, Literature: Cavell's Transformations of Philosophy". In: Eldridge, E. (ed.) 2003.

CAVELL, S. (1972) *The Senses of Walden*. Nova York: Viking.

CAVELL, S. (1976) *Must We Mean What We Say?* Cambridge: Cambridge University Press, 1965.

CAVELL, S. (1979) *The Claim of Reason: Wittgenstein, Skepticism, Morality and Tragedy*. Oxford: Oxford U. P.

CAVELL, S. (1990) *Conditions Handsome and Unhandsome: The Constitution of Emersonian Perfectionism*. Oxford, Londres: The University of Chicago Pres.

CAVELL, S. (2005) *Philosophy The Day After Tomorrow*. Harvard University Press.

CAVELL, S. (2006) "The Wittgensteinian Event". In: Crary & Shieh (Eds.), *Reading Cavell*. Londres, Nova York: Routledge.

CRARY & SHIEH (Eds.), (2006) *Reading Cavell*. Routledge: London and New York.

ELDRIDGE, R. (Ed.) (2003) *Stanley Cavell* (Contemporary Philosophy in Focus). Cambridge: Cambridge University Press.

FRANKS, P. (2006) "The discovery of the other: Cavell, Fichte, and skepticism". In Crary & Shieh (Eds.), *Reading Cavell*. Londres, Nova York: Routledge.

GRECO E SOSA (2008), "Introdução" ao *Compêndio de Epistemologia*. Fernandes, A. S. e Bettoni, R. (Tr.). São Paulo: Edições Loyola.

HAMMER, E. (2002) *Stanley Cavell: Skepticism, Subjectivity, and the Ordinary*. Cambridge: Polity Press.

HEIDEGGER, M. (1996) *Being and Time: A Translation of Sein and Zeit.* Nova York: State University of New York.

KANT, E. (2007) *Critique of Judgement.* Walker N. E Meredith, C. (Tr.). Oxford: Oxford University Press.

KANT, E. (1994) (CRP) *Crítica da Razão Pura.* Dos Santos, M. P. E Morujão, A. F. (Tr.). Lisboa: Fundação Calouste Guilbenkian.

KRIPKE, S. A. (1982) *Wittgenstein on Rules and Private Language: An Elementary Exposition.* Cambridge: Harvard University Press.

MCGINN, M. (1997) *Routledge Philosophy Guidebook to Wittgenstein and the Philosophical Investigations.* Nova York: Routledge.

MULHALL, S. (Ed.) (1996) *The Cavell Reader.* Oxford: Blackwell Publishers.

STRAWSON, P. F. (1985) Skepticism and Naturalism: some varieties. Great Britain: Methuen.

STROUD, B. (1980) "Reasonable Claims: Cavell and the Tradition". In: *The Journal of Philosophy*, 77, p. 731–44.

TECHIO, J. (2010) "Antiindividualismo, autoconhecimento e responsabilidade". In: Silva Filho, W. J. (Org.). *Mente, Linguagem e Mundo: Anti-individualismo e Autoconhecimento.* São Paulo: Alameda.

WITTGENSTEIN, L. (2001) *Philosophical Investigations* 3rd Ed. G.E.M Anscombe (Ed. & Tr.). Oxford: Blackwell Publishing.

Como vencer uma batalha com o cético: um guia contextualista[1]

ANDRÉ JOFFILY ABATH (UFMG)

Introdução

SEGUNDO CERTOS EPISTEMÓLOGOS DE LINHA CONTEXTUALISTA, como David Lewis (1996), temos conhecimento acerca do mundo exterior em contextos cotidianos, em que nosso conhecimento não é questionado. Eu sei, por exemplo, que, neste momento, estou sentado em meu sofá, e que tenho duas mãos. Porém, para tais filósofos, uma vez que nosso conhecimento é questionado, como ocorre quando estamos em confronto com o cético, nosso conhecimento nos é de alguma forma roubado. Como diz Lewis (1996, p. 559), "em um contexto de tal forma extraordinário [como o contexto em que somos confrontados pelo cético], com um domínio de tal forma rico, não pode nunca acontecer (bem, quase nunca) que uma atribuição de conhecimento seja verdadeira".[2]

Segundo tais filósofos, é perfeitamente intuitivo que assim seja, que o desafio posto pelo cético seja "irresistível, ainda que temporariamente" (LEWIS, 1996, p. 561), roubando-nos o conhecimento.

Contudo, há também uma intuição distinta – compartilhada por filósofos tais como D. Hume (2000), P. F. Strawson (1985), R. Rorty (1986) e J. McDowell (1994) – a de que, mesmo quando confrontados pelo cético, podemos preservar o nosso conhecimento, e podemos fazê-lo *ignorando* (e não refutando) as suas hipóteses. Na verdade, segundo tal intuição, ignorar as hipóteses céticas é precisamente o que *devemos* fazer. P. F. Strawson (1985, p. 14) diz-nos, por exemplo, que "segundo Hume o naturalista, dúvidas céticas não devem ser

---

[1] Este trabalho foi apresentado em eventos realizados na Universidade Federal de Sergipe, Unisinos, Universidade Federal da Paraíba e Universidade Federal da Bahia. Agradeço os comentários recebidos em todas essas ocasiões. Gostaria, também, de agradecer especialmente a Oliver Toller, Leonardo Weber Castor de Lima e Leonardo de Mello Ribeiro, por comentários que levaram a revisões substanciais do artigo.

[2] A tradução de todas as passagens citadas é de nossa responsabilidade.

lidadas por meio de argumentos... Elas devem ser simplesmente negligenciadas...". Já McDowell (1994, p. 113) diz-nos que seu objetivo é "não responder a questões céticas, mas começar a ver que pode ser intelectualmente respeitável ignorá-las, tratá-las como irreais, exatamente como o senso comum diz-nos para fazer".

É do lado desses últimos filósofos que me coloco neste artigo. Como McDowell, buscarei mostrar que podemos preservar o nosso conhecimento diante dos ataques do cético, e que podemos fazê-lo ignorando suas hipóteses de uma forma epistemicamente responsável (de acordo com nossos deveres epistêmicos) e intelectualmente respeitável. Afasto-me de McDowell, porém, e dos filósofos com que partilho uma intuição inicial, por buscar mostrar tais coisas a partir de um ponto de vista contextualista. Buscarei mostrar que se, por um lado, o contextualismo epistêmico pode prover uma explicação para a intuição de que nosso conhecimento do mundo externo é invariavelmente perdido quando confrontamos o cético, parece-me que o contextualismo epistêmico, por outro lado, também pode nos prover uma explicação de como, quando em confronto com o cético, podemos preservar o nosso conhecimento acerca do mundo externo. Neste artigo, apresentarei essa segunda explicação. Tentarei mostrar, portanto, que, quando em confronto, podemos – caso o contextualismo seja verdadeiro – *resistir* (embora *não refutar*) ao cético.

Se o que disser estiver certo, então o contextualismo epistêmico não é necessariamente uma posição simpática ao cético, no sentido de que, quando em confronto, o cético conseguiria sempre destruir o nosso conhecimento.[3] O contextualismo epistêmico pode também dar base a uma posição pouco simpática ao cético, segundo a qual podemos resistir às suas tentativas de destruir o nosso conhecimento.

O restante do artigo é estruturado da seguinte forma. Na seção 2, apresento a posição contextualista acerca do conhecimento, e o que chamarei de *problema do cabo de guerra epistêmico*, que surge em situações nas quais um sujeito

---

3 Algumas críticas recentes ao contextualismo consideram a posição como inadequada precisamente por ser demasiadamente amigável ao cético. Ver, por exemplo, Barke (2004) e Brendel (2005). Se o que disser aqui estiver certo, o contextualismo epistêmico não é afetado por tais críticas.

é confrontado pelo cético, mas recusa-se a assumir os termos que este último busca impor na conversação. O problema, em termos bastante gerais (detalhes virão mais tarde) é: o que ocorre em uma tal situação? O cético consegue invariavelmente impor seus termos, ou seu interlocutor pode evitar que tal aconteça? Tal problema é de extrema importância para nós, pois veremos que, se o contextualismo for verdadeiro, o sujeito confrontado pelo cético pode preservar seu conhecimento se for capaz de evitar que o cético imponha seus termos na conversação. Na seção 3, considero soluções disponíveis na literatura para o problema do cabo de guerra epistêmico, e mostro por que são insatisfatórias. Na seção 4, apresento a minha solução para o problema, e mostro que, se for correta, podemos preservar nosso conhecimento quando confrontados pelo cético. Na seção 5, considero uma objeção à posição defendida na seção anterior.

Contextualismo e o Problema do Cabo de Guerra Epistêmico

O contextualismo epistêmico pode ser caracterizado por duas teses:

Tese 1

Os requisitos para que um sujeito saiba que p (em que p é uma proposição qualquer acerca do mundo externo) podem variar de acordo com o contexto em que o conhecimento é atribuído, em uma escala com graus de exigência.

Tese 2

O verbo "saber", quando ocorre em frases da forma "S sabe que p" (e "S não sabe que p"), é, ao menos em parte, semanticamente constituído por requisitos que podem variar de acordo com o contexto em que o conhecimento é atribuído, em uma escala com graus de exigência.[4]

---

4   Usualmente, contextualistas epistêmicos enunciam sua posição como sendo a segundo a qual as condições de verdade de frases da forma *"S sabe que p"* podem variar de acordo com o contexto em que são atribuídas. (Ver, por exemplo, DeRose, 1992). Porém, tal caracterização não explicita *por que* pode haver tal variação em condições de verdade. Mas boa parte dos contextualistas supõem que tais variações em condições de verdade ocorrem quando há, inicialmente, variações contextuais nos requisitos para que um sujeito saiba que *p*, variações essas que afetam a semântica do termo "saber", afetando, assim, as condições de verdade de frases em que o termo entra. Para os propósitos deste artigo, é importante salientar a possível

A melhor forma de compreender tais teses é por meio de exemplos. Suponha, inicialmente, que João está em um restaurante, e, ao ser perguntado se sabe se Joana está no recinto, diz: "Sei que Joana está no restaurante. Estou vendo-a daqui, na mesa à direita". João está certo, e Joana está mesmo no restaurante. Suponha, agora, uma situação semelhante, em que João está em um restaurante, e lhe é perguntado a mesma coisa. Como no caso anterior, ele diz: "Sei que Joana está no restaurante. Estou vendo-a daqui, na mesa à direita". Também aqui Joana está no recinto, mas acontece que, nesse segundo caso, o interlocutor de João é uma espécie de cético, e retruca: "Mas você sabe mesmo que ela está aqui? Você a está mesmo vendo? E se estiver sonhando? Ou pior, e se estiver alucinando? Você pode provar que não está sonhando ou alucinando?" João, surpreso, diz: "Não, não posso. Realmente, não sei se Joana está no restaurante".

Segundo os contextualistas, a intuição que temos aqui é que, no primeiro caso, quando João diz "Sei que Joana está no restaurante", diz algo verdadeiro. E, no segundo, quando diz "Não sei se Joana está no restaurante", também diz algo verdadeiro. Como seria isso possível, dado que sua evidência é a mesma em ambos os casos – sua percepção de Joana em uma mesa próxima? O contextualista explica tal intuição supondo, primeiro, que há, aqui, dois contextos distintos em que o conhecimento (ou a falta dele) é atribuído, o que estarei chamando de contextos de atribuição. Quando João diz, ao ser confrontado pelo cético, "Realmente, não sei se Joana está no restaurante", ele situa-se em um contexto distinto daquele que se situa quando diz, sem que seja confrontado, "Sei que Joana está no restaurante". Por quê? Bem, como diz um dos maiores defensores do contextualismo, Stewart Cohen, um contexto de atribuição é, nessa discussão, tomado como sendo constituído por coisas como "os propósitos, intenções, expectativas, pressuposições etc., dos falantes que proferem tais frases" (COHEN, 1999, p. 57). Ou seja, o contexto é constituído por certos fatores acerca daquele que atribui o conhecimento, o que DeRose (1999) chama de "fatores do atribuidor". Uma vez que tais elementos – ou ao menos um deles – for alterado, temos uma alteração no contexto. Por

---

variação nos requisitos para o conhecimento de acordo com o contexto, mas tal caracterização do contextualismo é, portanto, perfeitamente compatível com caracterizações em termos de uma possível variação de condições de verdade de frases da forma "*S* sabe que *p*".

exemplo, se as pressuposições de João mudam ao ser confrontado pelo cético, há uma alteração de contexto, e sua elocução "Realmente, não sei se Joana está no restaurante", após tal confronto, já se dá em novo contexto. Para além disso, contextualistas acreditam que contextos de atribuição, assim entendidos, "determinam um certo padrão que o putativo sujeito de conhecimento precisa atingir de forma a tornar a atribuição de conhecimento verdadeira" (DeRose, 1992, p. 921). Ou seja, certos fatores acerca daquele que atribui o conhecimento determinam os padrões (ou requisitos, como venho dizendo) que o sujeito a quem se atribui o conhecimento precisa satisfazer de forma a ser considerado como possuindo, de fato, tal conhecimento (ou seja, para que a atribuição seja verdadeira). A ideia, portanto, é que alterações no contexto de atribuição (nos tais fatores acerca do atribuidor) podem afetar os requisitos que o sujeito a quem se atribui o conhecimento precisa satisfazer para que a atribuição seja verdadeira (em nossos termos, podem afetar os requisitos para o conhecimento).

No caso acima, temos dois contextos de atribuição. O primeiro contexto de atribuição estabelece um requisito de certa forma relaxado para que o sujeito a quem se atribui o conhecimento (nesse caso, João, que atribui o conhecimento a si próprio) o possua de fato. O requisito para o conhecimento em jogo aqui pode ser algo nas seguintes linhas: o sujeito possui o conhecimento atribuído se e somente se estiver certo em sua crença e tiver alguma evidência em seu favor. Como João satisfaz tais requisitos, pode dizer verdadeiramente: "Sei que Joana está no restaurante". Uma vez que João é confrontado pelo cético, porém, certos fatores acerca dele alteram-se – por exemplo, agora ele considera seriamente a hipótese de que esteja sonhando ou alucinando. Sendo assim, um novo contexto é estabelecido. Nesse contexto, os requisitos impostos para o conhecimento são mais exigentes. Afinal, há aqui a introdução de uma hipótese cética, seriamente considerada por João, e parece natural que, de forma a possuir o conhecimento que atribui a si mesmo, João precise afastar tal hipótese.[5] Assim, em tal contexto, João possuirá o conhecimento em causa se e somente se estiver certo em sua crença e possuir uma evidência em seu favor que possa eliminar as possibilidades consideradas pelo cético

---

5   Isso deixa ainda de alguma forma vago de que forma uma alteração contextual eleva os requisitos para o conhecimento. Mas tal questão será retomada, e detalhada, mais adiante.

de que ele pode estar sonhando ou alucinando. Como João não possui tal evidência naquele momento – e talvez nunca – não é capaz de satisfazer os requisitos para que saiba que Joana está no restaurante, não possuindo, portanto, tal conhecimento. Nesse caso, a frase "Não sei se Joana está no restaurante", dita por João, é verdadeira.

Além do mais, uma vez que os requisitos para o conhecimento são, ao menos em parte, constitutivos da semântica de "saber", quando ocorre em frases da forma "S sabe que p", então, no caso acima, a semântica de "saber" varia entre os contextos de atribuição, dado que variam os requisitos para o conhecimento.

A ideia, portanto, é que, em contextos ordinários, os requisitos para que um sujeito saiba que p são mantidos em um grau baixo de exigência, mas que, em contextos em que hipóteses céticas são apresentadas (chamemo-los de "contextos céticos"), tais requisitos passam a assumir um alto grau de exigência, e que tal variação afeta a semântica de "saber". Seríamos, então, capazes de satisfazer os requisitos mais baixos para o conhecimento, em contextos ordinários, mas não seríamos capazes de satisfazer os requisitos mais exigentes, em contextos céticos. Assim, teríamos conhecimento acerca do mundo exterior em contextos ordinários, mas não teríamos tal conhecimento em contextos céticos, mais exigentes. Como diz David Lewis (1978, p. 355), quando confrontados pelo cético, "[a] fronteira é alterada para fora, de forma que o que ele [o cético] diz é verdadeiro. Uma vez que a fronteira é alterada, o epistemólogo do senso comum precisa conceder sua derrota".

A fronteira de que fala Lewis nesta passagem pode ser pensada em termos de requisitos para o conhecimento. Uma vez que somos confrontados pelo cético, os requisitos para o conhecimento são elevados. E uma vez que não somos capazes de satisfazer os novos requisitos em jogo, somos derrotados pelo cético. Derrotados em que sentido? No sentido de que, no contexto cético, nosso conhecimento acerca do mundo externo é perdido. Em cujo caso atribuições de conhecimento a nós mesmos (e mesmo a outrem[6]) são falsas, como diz Lewis em um trabalho posterior:

---

6 Uma vez que os requisitos para o conhecimento são elevados, são vigentes para atribuições de conhecimento em geral, tanto para si próprio, quanto para outros sujeitos.

> Em um contexto de tal forma extraordinário, com um domínio de tal forma rico, não pode nunca acontecer (bem, quase nunca) que uma atribuição de conhecimento seja verdadeira. Não uma atribuição de conhecimento a você mesmo (a seu presente self, ou a seu self anterior, intocado pela epistemologia); e não uma atribuição de conhecimento a outrem. É assim que a epistemologia destrói o conhecimento. Mas o faz apenas temporariamente (LEWIS, 1996, p. 559).

Tal destruição do conhecimento para Lewis, portanto, é apenas temporária. Quando saímos do confronto com o cético – do contexto cético – nosso conhecimento acerca do mundo externo é restaurado, uma vez que os requisitos para o conhecimento voltam a ser mais relaxados.

No exemplo que apresentamos acima (e nos exemplos paradigmáticos na literatura contextualista), o sujeito confrontado, João, toma o desafio lançado pelo cético a sério, e reconhece que, dado o desafio, ele não possui conhecimento. Em tais casos, como vimos, segundo contextualistas como Lewis, o cético, quando lança suas hipóteses, busca – e consegue – elevar os requisitos para o conhecimento. O que aconteceria, porém, se o interlocutor do cético buscasse manter os requisitos em um grau baixo de exigência, enquanto o cético procura elevá-los? Em tal caso, em que ponto ficariam os requisitos para o conhecimento? No nível desejado pelo cético? No nível desejado por seu interlocutor? Ou em nenhum deles?

Considere o seguinte diálogo:

> – Eu sei que tenho duas mãos – diz Laura.
> – Como você sabe disso? E se você estiver sonhando? E se você for um cérebro numa cuba, e estiver alucinando duas mãos? Você não sabe que não está sonhando, ou que não é um cérebro numa cuba, então não sabe que tem duas mãos – diz Bianca.
> – Você é louca, Bianca. Isso não é relevante aqui.

Temos, aqui, um exemplo do tipo de caso que tenho em mente. Laura afirma que sabe que *p* – que tem duas mãos –, enquanto um cético, Bianca, lança hipóteses que colocam tal conhecimento em causa. Ao fazê-lo, busca elevar os requisitos em jogo para que Laura saiba que *p*. Laura, porém, recusa-se a levar a sério as hipóteses apresentadas por Bianca, buscando, assim, manter os requisitos para o conhecimento em um grau baixo de exigência.

Há, aqui, portanto, uma disputa em torno dos requisitos para o conhecimento. Os dois falantes buscam estabelecer requisitos distintos para o conhecimento: o cético busca elevar os requisitos para o conhecimento, enquanto seu interlocutor busca evitar que ele (nesse caso, ela, Bianca) o faça. A questão é: dada tal disputa, em que ponto ficam os requisitos para o conhecimento? Chamarei tal problema de "problema do cabo de guerra epistêmico", ou simplesmente "problema do cabo de guerra". Buscarei mostrar que, se o contextualismo epistêmico for verdadeiro, podemos vencer o cabo de guerra com o cético. Ou seja, quando confrontados pelo cético, podemos manter os requisitos para o conhecimento em um grau baixo de exigência, preservando, assim, o nosso conhecimento do mundo externo.

Possíveis Soluções para o Problema do Cabo de Guerra Epistêmico

Antes de apresentar a minha solução para o problema do cabo de guerra, gostaria de considerar outras soluções possíveis. Seguirei aqui, em linhas gerais, as soluções vislumbradas por Keith DeRose em seu artigo "Single Scoreboard Semantics" (2004). Nesta seção, considerarei três soluções possíveis.

Verdade Mútua

Segundo a primeira solução possível para o problema do cabo de guerra, o cético e seu interlocutor situam-se em contextos de atribuição distintos, uma vez que há fatores distintos acerca dos sujeitos atribuidores do conhecimento. A ideia é que, em uma disputa entre o cético e seu interlocutor, o contexto em que o cético situa-se estabelece para suas atribuições certo requisito para o conhecimento de que *p*. Enquanto isso, o contexto em que seu interlocutor situa-se também estabelece para as suas atribuições certo requisito (distinto, e mais relaxado) para o conhecimento de que *p*.

No diálogo envolvendo Laura e Bianca, por exemplo, o contexto em que Laura situa-se estabeleceria para suas atribuições um requisito pouco exigente para o conhecimento de que *p*, enquanto o contexto em que Bianca situa-se estabeleceria para as suas atribuições um requisito muito exigente para o conhecimento de que p. A consequência de tal solução é que tanto a atribuição de Laura de conhecimento – ao dizer que sabe que tem duas mãos – quanto a negação de tal atribuição de conhecimento por parte de Bianca – ao dizer que Laura não sabe que tem duas mãos – seriam verdadeiras. Ou seja, temos duas elocuções – (E1) "Eu sei que tenho duas mãos", dita por Laura e (E2) "Você não sabe que tem duas mãos", dita por Bianca em relação a Laura – sendo que ambas seriam verdadeiras. Como tal é possível? Bem, Laura sabe que tem duas mãos dados os requisitos pouco exigentes que seu contexto estabelece para suas atribuições de conhecimento. Afinal, ela é capaz de satisfazer tais requisitos. Porém, Laura é incapaz de satisfazer os requisitos mais exigentes que o contexto em que Bianca situa-se estabeleceu para suas atribuições de conhecimento. Assim sendo, Laura não sabe que tem duas mãos dados os requisitos mais exigentes que o contexto em que Bianca situa-se estabeleceu para suas atribuições. Portanto, (E1) dito por Laura, é verdadeiro dado os requisitos em jogo para sua atribuição, e (E2), dito por Bianca, é verdadeiro dados os requisitos em jogo para a atribuição dela, Bianca.

Nesse caso, o que ocorre é que Laura e Bianca querem dizer coisas diferentes ao utilizarem o termo "saber". Ou seja, "saber" tem significados diferentes para Laura e Bianca. Para Laura, um sujeito sabe algo se e somente satisfizer os requisitos pouco exigentes estabelecidos quando de sua elocução (E1). Para Bianca, um sujeito sabe algo se e somente satisfizer os requisitos mais exigentes estabelecidos quando de sua elocução (E2). Segundo a Tese 2, apresentada acima, o verbo "saber" é, ao menos em parte, semanticamente constituído por tais requisitos, que podem variar de acordo com o contexto de atribuição. Sendo assim, uma vez que "saber" está associado a requisitos distintos nas elocuções de Laura e Bianca, então o termo possui significados distintos. Laura e Bianca estão simplesmente falando de coisas diferentes ao utilizarem o termo "saber".

A situação seria semelhante a uma em que um sujeito, Lúcio, diz para outro, Paulo: "Márcia não está aqui", enquanto Paulo diz: "Está sim, eu a vi no andar de cima". Lúcio, então, esclarece: "Eu sei que você a viu lá, eu quis dizer que ela não está aqui embaixo". Em tal caso, Lúcio e Paulo querem dizer coisas distintas com "aqui". Algo semelhante ocorreria no diálogo entre Laura e Bianca.

Indexicais como "aqui" são termos que indiscutivelmente podem variar semanticamente de acordo com o contexto – "aqui" dito por mim refere-se a um determinado local, dito por você, leitor, refere-se a outro. Tal solução para o problema do cabo de guerra tem como uma de suas atrações explorar uma possível analogia entre "saber" e indexicais como "aqui", analogia essa que é de grande interesse para o contextualista epistêmico – afinal, quanto mais próximo do funcionamento dos indexicais for o funcionamento de "saber", mais razões temos para crer que também seja semanticamente sensível a contextos. Outra atração da posição é identificar de uma nova forma o problema que surge no confronto entre um sujeito que afirma ter conhecimento e o cético: eles estariam simplesmente falando de coisas distintas; não estariam, assim, em contradição.

Porém, tal solução parece-me insatisfatória. Em primeiro lugar, a analogia com divergências acerca do significado de indexicais como "aqui" não parece ser legítima. Em tais casos, identificada a origem da divergência, há uma clara disposição de ambas as partes de considerar a elocução da outra como sendo verdadeira. No exemplo acima, quando Lúcio esclarece que, por "aqui", estava entendendo "aqui embaixo", a reação natural de Paulo seria dizer algo como "Ah, de fato, aqui embaixo ela não está", em cujo caso Paulo estaria tomando o que Lúcio diz como verdadeiro, dado o significado que "aqui" tinha na elocução do último. Da mesma forma, seria perfeitamente natural para Lúcio considerar a elocução de Paulo verdadeira, dizendo algo como "Mas realmente, Márcia está aqui no andar de cima".

Portanto, em casos em que as partes de uma conversação divergem quanto ao significado de indexicais como "aqui", a identificação da origem da divergência elimina a disputa, uma vez que ambas as partes consideram (ou estão dispostas a considerar) a elocução da outra como verdadeira, dado o significado do termo na elocução. Porém, isso não parece ocorrer nas disputas envolvendo um sujeito que afirma possuir conhecimento e o cético. Não seria certamente de se esperar que, uma vez que Bianca, a cética, dissesse que associa requisitos com altos graus de exigência a "saber", Laura identificasse a origem da divergência – dizendo que associa a "saber" requisitos com graus mais baixos de exigência –, e a disputa tivesse fim, com ambas as partes considerando o que a outra diz como verdadeiro, dado o significado de "saber" na elocução de cada um. Tal forma de lidar com a questão parece simplesmente perder de vista o que ocorre em uma disputa entre um sujeito que afirma ter conhecimento e o cético. Afinal, o cético acha que o sujeito que afirma ter conhecimento está *errado*, que ele não possui o conhecimento que afirma ter. E caso seu interlocutor apresente uma caracterização do conhecimento – como associado a baixos graus de exigência, por exemplo – segundo a qual ele possua conhecimento, o cético considerará tal caracterização como sendo errônea. Ou seja, o cético acha que há um fenômeno, o conhecimento, e que ele possui a caracterização correta do fenômeno, enquanto seu adversário possui uma caracterização errônea. Não é um caso de caracterizações distintas e ambas consideradas verdadeiras pelas partes envolvidas, uma vez identificada a origem da divergência, como ocorre no caso de um indexical como "aqui". O mesmo ocorre do lado do opositor do cético. Também ele não estaria disposto a dizer que não possui conhecimento, dada a caracterização do cético do conhecimento. Ele acha que a sua caracterização está correta, e a do cético equivocada.

Claro, isso é compatível com o cético e seu interlocutor indicarem requisitos distintos ao usarem "saber". Mas, de acordo com a solução discutida nesta seção, ambos os requisitos entram em jogo – e não em conflito – um para cada contexto, de forma tal que as elocuções de ambos os lados são verdadeiras. Mas não é isso que parece ocorrer. O que parece ocorrer é que o cético busca impor os seus requisitos para o conhecimento – que eles considera corretos – e seu interlocutor busca evitar que tais requisitos entrem em jogo – uma vez que considera tais requisitos incorretos. Assim, as partes consideram estar lidando com um mesmo fenômeno, o conhecimento, e supõem que estão certos acerca dele, enquanto a outra parte está errada. As partes supõem, assim, que estão de fato se contradizendo. Isso não ocorre, como vimos, no caso de uma divergência acerca de "aqui". Uma vez identificada a origem divergência, ambas as partes concedem que a outra estava certa, dado o significado do termo em jogo na elocução.

Note que é possível dizer que algo análogo ocorre em outras disputas filosóficas. Se dois filósofos discutem, por exemplo, acerca de animais possuírem consciência, um deles afirmando que sim, o outro afirmando que não, e caso utilizem diferentes caracterizações da consciência, a disputa não parece poder ser resolvida (ou dissolvida) apenas salientando-se o fato de que há distintas caracterizações da consciência em jogo. Afinal, o que naturalmente ocorrerá em tal caso é que cada um dos filósofos afirmará ter a caracterização correta do fenômeno da consciência, e o outro uma caracterização errônea. Parece claramente improvável que, uma vez identificadas as distintas caracterizações, cada uma das partes considere as elocuções da outra como verdadeira, dada a caracterização em jogo.

Portanto, é insatisfatória a solução para o problema do cabo de guerra que supõe serem as elocuções de ambos os lados – do cético e seu interlocutor – verdadeiras, por entrarem em jogo tanto os requisitos mais exigentes do contexto em que o cético situa-se – para suas atribuições – quanto os requisitos menos exigentes do contexto em que seu interlocutor situa-se – para as suas atribuições. Se esse fosse o caso, seria de se esperar que, uma vez identificada a origem da divergência, as partes reconhecessem não haver contradição entre suas elocuções, e as considerassem como verdadeiras, dados os requisitos em jogo para cada elocução. Mas isso não parece fazer jus à disputa entre o cético e seu interlocutor. As partes, afinal, supõem que estão falando do mesmo fenômeno, o conhecimento, e divergem em sua caracterização acerca dele. Cada uma das partes toma a outra como estando equivocada em sua caracterização. As partes, assim, tomam as suas elocuções acerca do conhecimento como sendo verdadeiras, e do adversário como sendo falsas. A solução em discussão aqui não faz jus a tal fato, e por isso é insatisfatória.

A Solução "Gap"

Esta é a solução sugerida por DeRose (2004) para o problema do cabo de guerra. Suponhamos, inicialmente, que, em casos como o da disputa entre Laura e Bianca, há diferentes requisitos para o conhecimento indicados pelas elocuções de ambas as partes. A elocução de Laura indica requisitos mais relaxados para o conhecimento, enquanto a elocução de Bianca indica requisitos mais exigentes. Suposto isso, segundo a solução *"gap"*, em casos de divergência (pequenas ou grandes) quanto aos requisitos para o conhecimento em jogo, uma elocução da forma "S sabe que p" é verdadeira se e somente se S satisfaz os requisitos indicados por ambas as partes; "S sabe que p" é falsa se e somente S não satisfaz os requisitos indicados por qualquer das partes. E "S

sabe que *p*" não possui valor de verdade se e somente *S* satisfaz os requisitos indicados por uma das partes, mas não por outra. Ou seja, pode haver casos em que, embora haja divergências entre os falantes quanto aos requisitos em jogo para o conhecimento, o sujeito a quem se atribui o conhecimento satisfaz ambos os requisitos sugeridos. Nesse caso, o sujeito de fato saberia que *p*. Há, também, casos em que, dados diferentes requisitos indicados para o conhecimento, o sujeito a quem se atribui o conhecimento não satisfaz qualquer dos requisitos sugeridos. Nesse caso, o sujeito não possui conhecimento de que *p*. Até aqui, parece-me que a proposta de DeRose está correta. Porém, segundo ele, em casos de distintos requisitos para o conhecimento indicados, sendo que o sujeito a quem se atribui o conhecimento satisfaz um dos requisitos, mas não o outro, ambos os requisitos deixam de estar em jogo, em cujo caso elocuções da forma "*S* sabe que *p*" não são verdadeiras nem falsas. Ou seja, em tais casos, não é verdadeiro nem falso que o sujeito possua conhecimento. Como não há requisitos para o conhecimento em jogo – uma vez que os requisitos divergentes anulam-se um ao outro –, temos que suspender nosso julgamento sobre se o sujeito possui ou não conhecimento. Obviamente, casos de confronto com o cético são desse tipo. O cético busca estabelecer requisitos em alto grau de exigência para o conhecimento. O seu interlocutor busca manter os requisitos em grau baixo de exigência. Sendo que o sujeito a quem se atribui o conhecimento é capaz de satisfazer os requisitos em grau baixo de exigência, mas incapaz de satisfazer os requisitos mais exigentes. Sendo assim, os requisitos divergentes anulam-se, e não é nem verdadeiro nem falso que o sujeito possua conhecimento.

Tal solução para o problema do cabo de guerra tem suas atrações. Como diz DeRose (2004), ela respeita nossa intuição de que o cético e seu interlocutor estão se contradizendo, e de que cada uma das partes busca impor os seus requisitos na conversação.

Porém, apesar de tais atrações, tal solução parece-me contra-intuitiva. De forma a tornar isso claro, considere o seguinte diálogo:

> – Viriato é alto – diz Laura, referindo-se a seu aluno de oito anos.
> – Não, alto é Giba, do vôlei – diz Carlos, outro aluno de Laura.
> – Isso não é relevante aqui, Carlos – diz Laura.

Há aqui uma discordância acerca dos requisitos para que um sujeito seja considerado alto – os requisitos indicados por Laura são relativos a crianças de oito anos, enquanto os requisitos indicados por Carlos são relativos a atletas adultos –, e Laura recusa-se a assumir os requisitos sugeridos por Carlos. Assim sendo, dada a solução de DeRose, a frase "Viriato é alto", proferida por Laura, não seria nem verdadeira, nem falsa.[7] Afinal, Viriato satisfaz os requisitos menos exigentes indicados pela elocução de Laura, mas não satisfaz os requisitos mais exigentes indicados pela elocução de Carlos. Contudo, é fortemente anti-intuitivo que isso ocorra. Não parece que a intervenção de Carlos, buscando elevar os requisitos para que alguém seja considerado alto – intervenção essa que é arbitrária e desmotivada –, e que é rejeitada por Laura, tenha qualquer efeito sobre a verdade da elocução de Laura. É fortemente intuitivo que "Viriato é alto", proferido por Laura, continue sendo verdadeira, mesmo após a intervenção de Carlos. Ou seja, não parece que os requisitos mais exigentes que Carlos busca colocar em jogo – de forma arbitrária – entrem ou jogo, ou que anulem os requisitos anteriormente em jogo. Intuitivamente, parece claro que os requisitos menos exigentes permanecem válidos após a intervenção de Carlos.

Casos de confronto com o cético são diretamente análogos a esse. O cético busca elevar os requisitos para o conhecimento de forma arbitrária e desmotivada. Se Carlos não consegue, ao sugerir um novo requisito, anular os requisitos previamente em jogo para que alguém seja alto no caso acima, por que o cético, aos buscar elevar os requisitos, conseguiria anular os requisitos previamente em jogo? Intuitivamente, aqui, como no caso análogo envolvendo Carlos e Laura, não conseguiria, o que torna a solução proposta por DeRose insatisfatória.

Vitória Cética

Tal posição é defendida por contextualistas como Lewis (1996). Segundo ele, o cético, ao introduzir suas hipóteses, consegue invariavelmente elevar os requisitos para o conhecimento em jogo. Como tais requisitos não são satis-

---

7   Saliente-se que DeRose explicitamente considera estender sua solução para casos de divergência envolvendo o adjetivo gradativo "alto". Ver DeRose (2004, p. 16).

feitos pelo sujeito a quem se atribui o conhecimento, o conhecimento de tal sujeito lhe é roubado.

Segundo Lewis (1996, p. 559) os requisitos para o conhecimento são elevados quando da introdução de hipóteses céticas por aplicação da *regra da atenção*:

> **REGRA DA ATENÇÃO**
> Uma possibilidade P que é objeto de nossa atenção, não é ignorada. Portanto, P, não sendo ignorada, não pode ser adequadamente ignorada.

A ideia é que, quando hipóteses céticas são apresentadas a um sujeito, elas tornam-se imediatamente objeto de sua atenção. Por serem objeto de sua atenção, não são ignoradas, e, trivialmente, não podem ser ignoradas. Ou seja, tais hipóteses precisam ser afastadas. Os requisitos para o conhecimento são assim elevados: de forma a possuir o conhecimento de que q, o sujeito precisa ser capaz de afastar as hipóteses céticas levantadas. Como é incapaz disso, seu conhecimento lhe é roubado. Para Lewis, portanto, nosso conhecimento é preservado na medida em que ignoramos hipóteses céticas. Mas, uma vez que tais hipóteses são apresentadas, são objeto de nossa atenção, não sendo mais ignoradas. Precisam, então, ser afastadas, elevando assim os requisitos para o conhecimento, e assim o destruindo. Como diz Lewis (1996, p. 559):

> Faça alguma epistemologia. Deixe suas fantasias à solta. Encontre possibilidades de erro em todos os lugares. Agora que você está atento a elas, como disse para fazê-lo, você não está mais as ignorando, apropriadamente ou de outra forma... Em um contexto de tal forma extraordinário, com um domínio de tal forma rico, não pode nunca acontecer (bem, quase nunca) que uma atribuição de conhecimento seja verdadeira.

Parece-me que, em linhas gerais, a posição de Lewis é correta. Mais particularmente, parece-me que, uma vez um sujeito tenha sua atenção suficientemente focada em hipóteses céticas, elas não mais são ignoradas (e nem podem sê-lo), e precisam, então, ser afastadas, elevando assim os requisitos para o conhecimento em jogo. Mas parece-me, também, que Lewis não compreende adequadamente os fenômenos da atenção e ignorância, o que o leva à posição segundo a qual o cético rouba-nos necessariamente o conhecimento quando da introdução de suas hipóteses. Contudo, caso compreendamos adequadamente tais fenômenos, seremos levados à posição segundo a qual nosso conhecimento pode ser preservado quando em confronto com o cético. É o que argumento a seguir.[8]

Vencendo o Cabo de Guerra com o Cético

Embora Lewis (1996) não discuta em detalhe os fenômenos da atenção e ignorância, suas observações sugerem que, segundo ele, um sujeito S tem sua atenção voltada para X (um objeto, uma hipótese etc) se e somente se:

(i) X está no campo perceptual de S.

(ii) X é perceptualmente saliente para S.[9]

(iii) X é notado por S.[10]

---

8 É, porém, importante notar que Lewis busca explicar de que forma o "cético consegue nos balançar – porque seu argumento parece irresistível, ainda que temporariamente" (1996: 561). Essa é a sua intuição inicial. Como dito acima, a minha intuição inicial é distinta, é de que podemos resistir aos ataques do cético, preservando o nosso conhecimento. É *essa* intuição que busco explicar neste artigo, valendo-me de elementos contextualistas propostos por Lewis. Ele poderia, então, dizer que, embora nos valhamos de elementos semelhantes, buscamos explicar intuições distintas, que "apenas discordamos acerca do fenômeno a ser explicado" (LEWIS, 1996, p. 561). De fato, discordamos de tal forma, mas essa não é nossa única discordância. Também discordamos substancialmente acerca das condições em que ignoramos (e podemos ignorar) uma hipótese, como será argumentado a seguir.

9 Posto de outra forma, se e somente se X destaca-se no campo perceptual de S.

10 É importante distinguir entre tais condições porque há casos em que X está no campo perceptual de S mas não é saliente para S (por exemplo, o livro colocado à minha extrema direita, que está em meu campo visual, mas não se destaca nele), assim como há casos em que X está no campo perceptual de S, é perceptualmente saliente para S, mas S não nota X (por exemplo, é famoso o experimento psicológico realizado por Simons & Chabris, em que é pedido aos sujeitos que contem o número de vezes em que uma bola é passada por um time de basquete, sendo que, enquanto os jogadores passam a bola, uma pessoa vestida de gorila atravessa a quadra. Porém, a maior parte dos sujeitos reporta não notar o gorila em tal situação, embora seja claramente saliente na cena (cf. SIMONS & CHABRIS, 1999). Há, claro, implicações que poderiam ser consideradas aqui. Por exemplo, se X é notado por S, então está no campo perceptual e é saliente para S. Mas, para nossos propósitos, não é necessário destrinchar tais implicações.

Caso (i), (ii) e (iii) sejam satisfeitas, S tem sua atenção voltada para X, em cujo caso X não é ignorado por S. Caso X seja uma hipótese cética e satisfaça as três condições, precisa então ser afastada por S. É o que ocorre em casos prototípicos de confronto com o cético. Ele apresenta suas hipóteses diante de um sujeito S, de forma tal que estão no campo perceptual de S, são salientes e notadas por S. Assim, as hipóteses são objeto da atenção de S. Não seriam, então, ignoradas, e precisariam ser afastadas por S.

Analogamente, dado (i), (ii) e (iii), podemos dizer que, para Lewis, X é ignorado por S se e somente se X não está no campo perceptual de S ou X não é perceptualmente saliente para S ou X não é notado por S.[11] Ou seja, S ignora X se e somente se (i), (ii) ou (iii) não for satisfeito. Uma hipótese cética ignorada por S seria, então, uma que não está no campo perceptual de S, ou uma que não é perceptualmente saliente para S (ainda que esteja em seu campo perceptual) ou notada por S. Por exemplo, seria ignorada uma hipótese cética apresentada entre outras informações auditivas (digamos, em meio ao burburinho de uma festa), de forma tal que não fosse saliente e nem notada por S, embora estivesse em seu campo perceptual.

Tal caracterização do fenômeno da ignorância, porém, parece-me inadequada. Parece-me que há um claro sentido em que um X pode ser ignorado *ainda que as condições (i),(ii) e (iii) sejam satisfeitas*.[12] Isso porque a satisfação de (i), (ii) e (iii), por parte de um sujeito, pode garantir que volta a sua atenção por um breve intervalo de tempo para um X. Mas não garante que o sujeito sustenta sua atenção em X – ou seja, mantém sua atenção voltada para X – por um intervalo de tempo suficiente para que se torne ilegítimo dizer que X é ignorado. Afinal, frequentemente, dizemos, e legitimamente, que um sujeito ignora um X por não *sustentar* sua atenção em X, embora seja voltada para X por um breve intervalo de tempo, o que pode ser explicado pela satisfação de (i), (ii) e (iii). Considere, por exemplo, os seguintes casos:

---

11   Também aqui há implicações que poderiam ser consideradas. Por exemplo, se X não está no campo perceptual de S, então não pode ser saliente para S e notado por ele.

12   Uma objeção semelhante é apresentada contra Lewis, embora não desenvolvida, em DeRose (2004, nota 9).

–Você está ignorando o que digo, Bianca – diz Teófilo, após terminar de contar uma longa história para Bianca, que teimava em não desviar os olhos do jornal.
– Professor, o senhor viu que estava respondendo a sua pergunta, mas ignorou a minha resposta – diz Joãozinho para seu professor, que, após fazer uma pergunta em sala, e perceber que Joãozinho a respondia, voltou-se para o lado oposto da sala.

Tais usos de variações do termo "ignorar" parecem plenamente legítimas. Mas, em ambos os casos, (i), (ii) e (iii) são satisfeitas. O discurso de Teófilo, por exemplo, está no campo perceptual de Bianca, de forma saliente, e é notado por ela. Também o discurso de Joãozinho está no campo perceptual de seu professor de forma saliente, e é por ele notado. O que faz com que esses casos sejam de ignorância não é a completa ausência de atenção. Há uma atenção temporária, por um breve intervalo de tempo, o que pode ser explicado em termos da satisfação de (i), (ii) e (iii). Mas Bianca recusa-se a *sustentar* sua atenção no discurso de Teófilo, assim como o professor recusa-se a sustentar sua atenção no discurso de Joãozinho.[13] Ao dizermos que tais discursos estão sendo ignorados, queremos dizer que os sujeitos não sustentam neles a sua atenção, embora sejam objetos de sua atenção por um breve intervalo de tempo.

O mesmo ocorre quando, diante de alguém que está sendo injustamente ofendido no trânsito, dizemos: "Ignore!". O que queremos dizer não é que o sujeito não deve notar as ofensas. Afinal, elas estão presentes no campo perceptual do sujeito de forma saliente, e foram já notadas por ele. Foram, assim, objeto de sua atenção, ainda que temporariamente. O que queremos dizer com "Ignore!" é que o sujeito não deve sustentar a sua atenção no discurso ofensivo, ou, melhor, deve inibir sua atenção de ser sustentada no discurso ofensivo. E tal uso do imperativo "Ignore!" é plenamente legítimo (além de corriqueiro).

---

13 Poderíamos, também, dizer que, em tais casos, há um baixo grau de atenção aos discursos em causa. Embora haja claramente graus de atenção – um soldado ouvindo instruções antes de uma batalha certamente está atento ao discurso em causa em um grau mais alto do que está Bianca ao discurso de Teófilo –, evitarei falar em tais termos. Isso porque não é absolutamente claro em que ponto da escala gradativa da atenção torna-se legítimo dizer que algo está sendo ignorado.

Neste ponto, o que parece claro é que há formas distintas de ignorância, assim como há formas distintas de atenção.[14] Há uma distinção a ser feita entre voltar a atenção por um breve intervalo de tempo a um X e sustentar a atenção em X. Assim como também há uma distinção a ser feita entre ignorar um X por (i), (ii) ou (iii) não serem satisfeitas e ignorar um X por não sustentarmos nossa atenção em X, ainda que (i), (ii) e (iii) sejam satisfeitas. Para nossos propósitos, é importante considerar essa segunda forma de ignorância, a que chamarei de "ignorância seletiva".[15] Direi que um sujeito S ignora seletivamente X se e somente se:

(iv) X está no campo perceptual de S.

(v) X é perceptualmente saliente para S.

(vi) X é notado por S.

(vii) S inibe sua atenção de ser sustentada em X.

Com tal caracterização da ignorância seletiva em mãos, estamos, agora, em posição de mostrar como podemos vencer o cabo de guerra com o cético, mantendo os requisitos para o conhecimento em um grau baixo de exigência, e preservando o nosso conhecimento.

A chave da vitória no cabo de guerra com o cético é *ignorá-lo seletivamente*. Quando em confronto, podemos não ser capazes de ignorar o cético dada a forma de ignorância considerada por David Lewis, em termos da não-satisfação de (i), (ii) ou (iii). Mas podemos ignorar o cético seletivamente. Ou seja, podemos não ser capazes de deixar de voltar a nossa atenção temporariamente, por um breve intervalo de tempo, para hipóteses céticas, uma vez que nos são apresentadas – afinal, se as ouvimos, são notadas por nós, tornando-se objeto de nossa atenção – mas podemos evitar que nossa atenção seja sustentada em tais hipóteses.

---

14 Para uma discussão sobre a psicologia da atenção, em suas diferentes formas, ver Styles (1997).

15 O paralelo terminológico é com a chamada "atenção seletiva", em que o sujeito intencionalmente opta por sustentar a sua atenção em um objeto X (ou estímulo qualquer X), em detrimento de um objeto Y (ou estímulo qualquer Y), embora tanto X quanto Y estejam presentes no campo perceptual do sujeito de forma saliente, e sejam notados por ele. Para experimentos psicológicos envolvendo tal forma de atenção, ver Cherry (1953).

Como poderíamos inibir nossa atenção de tal forma? Por exemplo, mudando o tópico da conversação, voltando nossa atenção e sustentando-a nesse novo tópico. (Tal recurso é utilizado por nós cotidianamente em outras situações, e é um recurso que apela para a ignorância seletiva.) Mas poderíamos, também, menos educadamente, dar as costas ao cético, seguindo o conselho de Rorty (1996).

Isso significa, porém, que conseguimos evitar que o cético eleve os requisitos para o conhecimento? Recordemos a Regra da Atenção. Uma possibilidade P que é objeto de nossa atenção, não é ignorada. Portanto, P, não sendo ignorada, não pode ser adequadamente ignorada. Se o que foi dito estiver correto, a Regra da Atenção, em tal forma, deve ser rejeitada. Pois uma possibilidade ser objeto de nossa atenção não significa não estar sendo ignorada, ao menos não consideradas formas variadas de ignorância. Afinal, P pode ser objeto de nossa atenção temporária, por um breve intervalo de tempo, mas podemos inibir nossa atenção de ser sustentada em P. Ou seja, podemos ignorar P seletivamente, ainda que seja temporariamente objeto de nossa atenção. O que parece razoável ser defendido é uma versão reformulada da Regra da Atenção, que poderia ser assim posta:

REGRA DA ATENÇÃO*
Uma possibilidade P que é objeto de nossa atenção sustentada, não é ignorada. Portanto, P, não sendo ignorada, não pode ser adequadamente ignorada.

Dada a Regra da Atenção*, uma hipótese cética que for objeto de nossa atenção sustentada, não é, e não pode, ser ignorada, precisando ser afastada – em cujo caso os requisitos para o conhecimento são elevados. Mas, ao ignorarmos o cético seletivamente, evitamos que nossa atenção seja sustentada em suas hipóteses. Evitamos, assim, que a Regra da Atenção* entre em jogo. E, ao fazê-lo, evitamos que as hipóteses céticas precisem ser afastadas – afinal, hipóteses precisam ser afastadas uma vez que sejam objeto de nossa atenção sustentada. Por sua vez, isso significa que evitamos que os requisitos para o conhecimento sejam elevados, como deseja o cético. Tais requisitos são, assim, mantidos em um grau baixo de exigência, um grau no qual podemos satisfazê-los, preservando nosso conhecimento, e derrotando o cético no cabo de guerra epistêmico.

Objeção: Seria Ignorar o Cético Seletivamente Epistemicamente Irresponsável?

Um objetor poderia, contudo, dizer que estamos sendo demasiado otimistas. Que, embora possamos ignorar as hipóteses céticas seletivamente, *não deveríamos fazê-lo*, uma vez que tais hipóteses constituem uma séria ameaça ao nosso conhecimento. Que ignorar uma séria ameaça ao nosso conhecimento é uma irresponsabilidade epistêmica. Ignorar o cético seletivamente seria, assim, epistemicamente irresponsável. E que interesse haveria em preservar o nosso conhecimento com base em uma irresponsabilidade epistêmica? Não seria isso equivalente a preservar a nossa fortuna por meio de uma irresponsabilidade moral, como a de não ajudar o próximo em uma situação limite de pobreza? Queremos conhecimento unido à satisfação de nossos deveres epistêmicos, da mesma forma que, se quisermos fortuna, que seja unida à satisfação de nossos deveres morais.

Essa é uma objeção aparentemente forte à posição que venho defendendo. De fato, a posição seria certamente problemática se buscasse preservar o nosso conhecimento com base em uma irresponsabilidade epistêmica de nossa parte.

Mas será que, realmente, incorremos em uma irresponsabilidade epistêmica ao ignorarmos hipóteses céticas seletivamente? Será que estaríamos falhando em cumprir um dever epistêmico de voltar a nossa atenção para hipóteses céticas que nos são apresentadas? Parece-me claro que não, que não temos qualquer dever epistêmico de sustentar a nossa atenção nas hipóteses lançadas pelo cético – ao menos nos casos prototípicos, em que tais hipóteses são arbitrárias e desmotivadas. Posto de outra forma, parece-me claro que, se ignorarmos as hipóteses céticas seletivamente, estaremos ignorando-as *apropriadamente*, que agimos exatamente como devemos agir enquanto agentes epistêmicos. Afinal, nos casos prototípicos, o cético não nos dá quaisquer razões – muito menos boas razões – para crermos que suas hipóteses podem ser verdadeiras. As hipóteses são, por isso, arbitrárias e desmotivadas. E que dever epistêmico temos de sustentar a nossa atenção em hipóteses arbitrárias e desmotivadas? Nenhum.[16] De forma a tornar esse ponto claro, consideremos um exemplo fora do estrito âmbito do embate com o cético. Consideremos o caso de uma crença em uma hipótese científica bem estabelecida, como, por exemplo, a de que é empiricamente impossível que corpos viajem em uma velocidade maior que a da luz. Um indivíduo, Paulo, possui tal crença, obtida a partir de fontes confiáveis. Certo dia, Paulo tem sua crença questionada por um amigo, que diz que é, sim, empiricamente possível que corpos viajem em uma velocidade maior que a da luz. Paulo, naturalmente, pede a seu amigo que apresente as razões que o levam a acreditar nisso, não obtendo nenhuma resposta. Seu amigo apenas afasta-se, repetindo o que disse anteriormente. A questão é: uma vez que tal hipótese é lançada, é gerado algum dever epistêmico no sentido de que Paulo deve sustentar a sua atenção nela, e buscar afastá-la por ser uma ameaça a sua crença? Por exemplo, deveria Paulo rever todas as suas razões para crer que é empiricamente impossível que corpos viajem em uma velocidade maior que a da luz, buscando possíveis falhas em seu raciocínio (e no raciocínio dos físicos)? Ou, ainda, deveria Paulo percorrer a literatura acerca do assunto, em busca de uma nova informação, que poderia corroborar a hipótese de seu amigo? Parece-me claro que a resposta a tais perguntas é *não*. E isso porque a hipótese de seu amigo é apresentada de forma arbitrária e desmotivada – nenhuma boa razão (de fato, nenhuma razão) é fornecida para crer que ela possa ser verdadeira. A situação seria diferente se tal hipótese fosse apresentada com o suporte de uma boa razão – algo como "Acabei de ler um artigo na *Science* em que tal impossibilidade empírica é questionada". Nesse caso, parece-me que seria, sim, gerado um dever: Paulo deveria sustentar a sua atenção na hipótese levantada por seu amigo, e buscar afastá-la (ou, não sendo tal possível, revisá-la). Manter sua crença sem que tal fosse feito seria epistemicamente irresponsável. Mas uma vez que tais razões não são apresentadas, não há qualquer dever epistêmico gerado nesse sentido. Pelo contrário, parece-me que, assim sendo, Paulo tem por dever epistêmico ignorar seletivamente a hipótese levantada. Ou seja, sustentar a

---

16 A posição que defendo aqui é próxima a defendida por Austin (1961) em termos do que é muitas vezes chamado de "requisito das razões especiais". Ver também Cherniak (1986, capítulo 5).

sua atenção na hipótese, e buscar afastá-la, seria, isso sim, epistemicamente irresponsável (e irracional).

O confronto com o cético pode ser pensado de forma análoga. Caso o cético nos fornecesse boas razões para sua hipótese – algo como "você sabe que um grande número de pessoas em sua família sofre de esquizofrenia, e que você tem alguns sintomas da doença, então, você pode ser mais uma vítima, e estar alucinando a cena diante de si" –, teríamos por dever epistêmico sustentar a nossa atenção nas suas hipóteses, e buscar afastá-las, de forma a preservar o nosso conhecimento acerca do mundo.[17] Mas, nos casos prototípicos que estamos considerando, não é o que ocorre. As hipóteses levantadas pelo cético o são sem o suporte de razões. São, assim, arbitrárias e desmotivadas. Não devem, por isso, ser o objeto de nossa atenção sustentada, devendo ser seletivamente ignoradas.

Portanto, ao ignorarmos o cético seletivamente em casos prototípicos, em que suas hipóteses são apresentadas sem o suporte de razões, não ferimos qualquer dever epistêmico. Pelo contrário, cumprimos o dever de apenas sustentar a nossa atenção em ameaças bem motivadas ao nosso conhecimento. Sendo assim, podemos resistir ao cético de uma maneira epistemicamente responsável e intelectualmente respeitável.

---

17 Neste ponto, há um número de complicações com as quais não teremos espaço para lidar aqui. Por exemplo, de forma a gerar a gerar um dever epistêmico no sentido de que uma hipótese deve ser objeto da atenção de um sujeito, e afastada por ele, a hipótese precisa ter o suporte de razões que são consideradas boas pelo interlocutor ou por razões objetivamente boas (que, de fato, são boas)? Ou ambos? Por exemplo, posso não saber que há diversos casos de esquizofrenia em minha família, e que tenho alguns sintomas da doença, e não acreditar em alguém que me diz tal coisa. Nesse caso, pode haver uma boa razão objetiva para a hipótese de que posso estar alucinando a cena diante de mim, mas tal razão não é boa para mim, de meu ponto de vista. Assim sendo, tenho o dever epistêmico de voltar a minha atenção para a hipótese ou não?

Note que há um complicador adicional aqui, que diz respeito à consideração das próprias razões. Temos por dever epistêmico considerar apenas razões que são boas para nós, ou razões objetivamente boas? Ou ambos? (Aqui, paralelos podem ser feitos com razões morais e razões para a ação em geral.)

Minha posição acerca de tais questões é que temos por dever considerar *tanto* razões objetivamente boas quanto boas de nosso ponto de vista, e que temos por dever voltar a nossa atenção para hipóteses suportadas tanto por razões objetivamente boas quanto por razões que são boas de nosso ponto de vista. Mas aqui não é o local para defender tal posição.

Conclusão

Neste artigo, vimos que, caso sejamos contextualistas acerca do conhecimento proposicional, podemos vencer o cabo de guerra epistêmico com o cético, ignorando seletivamente suas hipóteses, e impedindo, assim, que eleve os requisitos para o conhecimento. O contextualismo epistêmico não é, portanto, necessariamente uma posição simpática ao ceticismo, uma posição em que nosso conhecimento é invariavelmente perdido quando em confronto com o cético. Se o que foi dito aqui estiver correto, o contextualismo epistêmico pode, ao invés, ser tomado como inserido em uma longa tradição de pensamento, que inclui filósofos como Hume e McDowell, e segundo a qual ignorar as hipóteses céticas é uma espécie de benção epistêmica, que nos permite resistir aos ataques do cético ao nosso conhecimento, e fazê-lo de uma forma epistemicamente responsável.

Referências bibliográficas

AUSTIN, J. (1961). "Other Minds". In: *Philosophical Papers*. (J. O. Urmson & G. J. Warnock, eds). Oxford: Oxford University Press.

BARKE, A. (2004). "Epistemic Contextualism". In: *Erkenntnis*, 61, p. 353-373.

BRENDEL, E. (2005). "Why Contextualists Cannot Know they are Right: Self-refuting Implications of Contextualism". In: *Acta Analytica*, 20, p. 38-55.

CHERNIAK, C. (1986). *Minimal Rationality*. Cambridge: The MIT Press.

CHERRY, E. C. (1953). "Some Experiments on the Recognition of Speech, with One Ear and Two Ears". In: *Journal of the Acoustical Society of America*, 25, p. 975-979.

COHEN, S. (1999). "Contextualism, Skepticism, and the Structure of Reasons". In: TOMBERLIN, James A. (ed.), *Philosophical Perspectives 13: Epistemology*. Atascadero: Ridgeview, p. 57-89.

DEROSE, K. (1992). "Contextualism and Knowledge Attributions". In: *Philosophy and Phenomenological Research*, 52, 4, p. 913-929.

DeRose, K. (2004). "Single Scoreboard Semantics". In: *Philosophical Studies*, 119, p. 1-21.

Hume, D. (2000). *A Treatise on Human Nature*. (David Fate Norton & Mary J. Norton, eds). Oxford: Oxford University Press.

Lewis, D. (1979). "Scorekeeping in a Language Game". In: *Journal of Philosophical Logic*, 8, p. 339-359.

Lewis, D. (1979). "Elusive Knowledge". In: *Australasian Journal of Philosophy*, 74, 4, p. 549-567.

McDowell, J. (1994). *Mind and World*. Harvard: Harvard University Press.

Rorty, R. (1991). "Pragmatism, Davidson and Truth". In: *Objectivity, Relativism and Truth*. Cambridge: Cambridge University Press.

Simons, D. & Chabris, C. F. (1999). "Gorillas in our Midst: Sustained Inattentional Blindness for Dynamic Events". In: *Perception*, 28, p. 1059-1074.

Strawson, P. F. (1985). *Skepticism and Naturalism: Some Varietes*. Londres: Metheun & Co.

Styles, E. A. (1997). *The Psychology of Attention*. Londres: Taylor & Francis.

Sobre o que não temos o direito de não saber[1]

PAULO E. FARIA (UFRGS, CNPQ)

> I told him I was not much afraid of such accidents; and at any rate judged it unwise to dwell upon alarms or consider small perils in the arrangement of life. Life itself, I submitted, was a far too risky business as a whole to make each additional particular of danger worth regard.
>
> Robert Louis Stevenson, *Travels with a Donkey in the Cevennes*

EIS A HISTÓRIA COMO NOS FOI CONTADA: ninguém pode ser responsabilizado pelo que escapa a seu controle. Não me cabe impedir que as folhas caiam no outono. Dever, esse é o refrão, implica poder.

A história foi impugnada. A sorte moral é um tópico vívido em ética desde o simpósio que reuniu Bernard Williams e Thomas Nagel, dando partida ao debate, há mais de trinta anos (cf. WILLIAMS, 1976; NAGEL, 1976). O motorista imprudente que ultrapassa um sinal vermelho pode ter a sorte de que nenhum pedestre esteja atravessando a rua; mas, com ou sem sinal vermelho, se uma criança vem correndo atrás de uma bola e é atropelada, isso faz toda a diferença. Toda a diferença *moral*: "Sentimos pena do motorista, mas esse sentimento coexiste com, e de fato pressupõe, o reconhecimento de que há algo de especial em sua relação com o ocorrido, algo que não pode ser meramente eliminado pela consideração de que ele não teve culpa." (WILLIAMS, 1976, p. 28).

O direito, um domínio em que as consequências *sempre* importam, há muito conhece a doutrina da responsabilidade objetiva, que tem lugar de

---

[1] Tradução Giovanni Rolla. Tanto a redação como a tradução deste trabalho foram beneficiadas pelo apoio do CNPq através, respectivamente, de uma bolsa de produtividade em pesquisa concedida ao autor (processo PQ nº 305758/2009-8) e de uma bolsa de iniciação científica atribuída ao tradutor (projeto PIBIC nº 18750).

destaque em decisões judiciais sobre responsabilidade civil e criminal. No caso britânico *Rylands versus Fletcher* (1868), um reservatório subterrâneo de água pertencente aos réus provocou a ruína de uma antiga mina de propriedade do demandante. Embora a corte tenha estabelecido que os réus não foram negligentes, mesmo assim foram objetivamente responsabilizados pelo dano.[2]

Como veremos em seguida, não se trata de que dever não implique, sem mais, poder. Mas há mais coisas em "poder" do que sonha nossa filosofia. Em particular, há algumas questões espinhosas a serem enfrentadas, que dizem respeito à relação entre controle (ou falta de controle) *atual* e controle (ou falta de controle) no que continuamos chamando, à falta de outro nome, mundos possíveis suficientemente próximos. O motorista infeliz que atropelou a criança não teve, nas circunstâncias, nenhum controle sobre o ocorrido, mas *as coisas poderiam ter sido diferentes*: é assim que noções como *negligência* ingressam nessa ordem de considerações.

A sorte moral, bem entendido, não é meu assunto aqui; mas a suposição de fundo acerca da relação entre responsabilidade e controle está no coração do que mais me importa.

Meu objetivo é, em suma, submeter a um exame mais detido o que Roy Sorensen, num artigo extremamente instigante (e, lamento dizê-lo, largamente negligenciado), propôs chamar "sorte lógica" (SORENSEN, 1998). O achado original de Sorensen era que os debates contemporâneos sobre o externismo acerca do conteúdo mental (especialmente no que tange à aprioridade de nossas capacidades lógicas) resultam fecundamente iluminados quando situados no quadro mais amplo obtido pela comparação com o tópico, à primeira vista inteiramente independente, da sorte moral. Eu terei, como se verá, a ocasião de expressar alguma reserva acerca da abordagem resolutamente *consequencialista* da culpabilidade adotada por Sorensen; e, diversamente de Sorensen, farei uso essencial de certa distinção entre ignorância escusável e inescusável: algo que as contribuições até aqui divulgadas ao debate sobre

---

[2] Veja-se Artigo 927, parágrafo único, do Código Civil Brasileiro: "Haverá obrigação de reparar o dano, *independentemente de culpa*, nos casos especificados em lei, ou quando a atividade normalmente desenvolvida pelo autor do dano implicar, por sua natureza, risco para os direitos de outrem." (grifos meus)

"externismo e inferência" (centradas nos experimentos mentais sobre trocas lentas de ambiente [*"slow switching"*] introduzidos por Burge em 1988) tornaram virtualmente invisível.

Primeiro comer, depois a moral, recomenda Brecht. Seguirei o conselho começando pelo pão de cada dia de algumas formas muito elementares de raciocínio. Cenários um pouco mais sofisticados – envolvendo, em particular, viagens entre a Terra e a Terra Gêmea – emergirão a seu tempo. E então, quando a desenvoltura com que está ao alcance de qualquer um empreender tais voos da imaginação tiver tornado as coisas realmente impossíveis para nós (impossíveis como, de fato, elas se tornaram no atual estado da arte), será a hora de nos voltarmos para a filosofia prática em busca de orientação. Mas comecemos pelo começo.

Se este peso de papel é uma pedra do Lago Walden, então algo é uma pedra do Lago Walden. Do mesmo modo, se tudo deve perecer, então Vanina deve perecer. Ou, em todo caso, assim parece; mas as aparências enganam.

Pois – vale a pena deter-se um instante a perguntar – o que exatamente foi designado pela expressão "este peso de papel" (se é que algo o foi, bem entendido) no parágrafo precedente? Suponha que eu escrevi aquilo em casa, onde de fato tenho um peso de papel sobre a mesa em que trabalho; suponha, além disso, que, enquanto escrevia, eu tinha minha atenção voltada àquele (único) peso de papel sobre minha mesa. Nesse caso, se *aquele* objeto é uma pedra do Lago Walden, então, certamente, algo é uma pedra do Lago Walden. Note, porém, quanto foi preciso supor.

Ou quão pouco: pois tudo se reduz tirar a "este peso de papel" *designar alguma coisa* – a que predicado "é uma pedra do Lago Walden", esteja sendo, verdadeira ou falsamente, atribuído a algo.

Do mesmo modo, se tudo deve perecer, também Vanina perecerá – desde que "Vanina" nomeie algo. (A única Vanina que me vem à lembrança é uma personagem de um conto de Stendhal. E eu, pelo menos, certamente não me arriscaria a inferir, de "tudo deve perecer", que uma entidade fictícia deve perecer.)

Isso é bastante banal, mas é quanto basta para começarmos. Pois pareceria que a correção de uma inferência era assunto para ser decidido exclusivamente pela lógica; mas não acabamos de ver que não é assim? Afinal, o que está em jogo em meus dois exemplos é a verdade – e verdade contingente, ainda por cima – de uma suposição: a existência e a unicidade de certa pedra, a identidade de Vanina, seja ela quem for. E o que a lógica tem a ver com isso? "A lógica", escreveu Wittgenstein "é *anterior* a toda experiência – de que algo é *assim*. Ela é anterior ao como, não é anterior ao quê." (*Tractatus Logico-Philosophicus*, 5.552, na tradução de Luiz Henrique Lopes dos Santos). Se algo existe – quanto mais se permanece o mesmo ou passa por mudança – não deveria ser assunto da lógica. No epigrama de Hegel (1812, p. 50), a lógica é "a exposição a Deus como Ele é em sua essência eterna antes da criação da natureza e de um espírito finito". Essas observações sibilinas podem soar como "coisas ocultas desde a fundação do mundo", representativas do vezo compartilhado de seus autores pela dicção oracular, mas eis aqui o que Quine tem a dizer sobre as regras de inferência que conhecemos como ∃-introdução e ∀-eliminação.

> O princípio incorporado a essas duas operações é a ligação entre quantificações e enunciados singulares que estão relacionados com elas como instâncias. Contudo, é um princípio apenas por cortesia. Ele tem aplicação apenas ao caso em que um termo nomeia e, além disso, ocorre referencialmente. Trata-se simplesmente do conteúdo lógico da ideia de que uma dada ocorrência é referencial. O princípio é, por conseguinte, anômalo como um suplemento à teoria puramente lógica da quantificação. (QUINE, 1953, p. 146)

O que exatamente Quine (logo ele) pode ter querido dizer ao falar em "conteúdo lógico" *de uma ideia* é matéria para conjectura. Mas, se ele está certo acerca de ∃-introdução e ∀-eliminação, então o mesmo parece valer para qualquer regra de inferência em que se possa pensar. De "Laura é canadense" e "Laura é loira" estamos autorizados a inferir "Laura é uma canadense loira" – desde que o nome "Laura", em ambas as ocorrências, denote a mesma pessoa. A regra que permite a inferência "é simplesmente o conteúdo lógico da ideia" de que as duas ocorrências são correferenciais.

Essas "ideias" (sobre existência, unicidade ou o que seja) são *pressuposições empíricas* – elas podem muito bem resultar falsas; e deveríamos considerarnos afortunados porque, feitas as contas, "vivemos em um mundo em que objetos e coisas são geralmente estáveis, e não somos transportados por demônios malignos de um planeta para outro" (FALEY, 2003, p. 238).

E, no entanto, mesmo se lá de vez em quando, as coisas dão errado. Suponhamos que, chegando em casa ao entardecer, noto um belo cão Golden Retriever brincando no jardim do meu vizinho. Detenho-me um instante a brincar com meu novo conhecido, que se mostra muito simpático. Seguindo para casa, penso: "Eis aí um cão muito amistoso."

Alguns dias depois, a cena se repete – ou assim parece. Eis o belo quintal com arbustos em flor, e o garboso cão dourado correndo no jardim. Mais uma vez eu me detenho, na esperança de chamar a atenção do cachorro, talvez para isso assobiando ou estalando os dedos – desta vez, contudo, sem sucesso: ele continua correndo pelo jardim, ignorando meus gestos, latindo ao pé de uma ou outra árvore. Talvez tenha avistado um gato, vá saber. Volto para casa pensando: "Eis aí um cão muito inquieto".

Estou agora autorizado a inferir que há um cão na minha vizinhança que é amistoso e inquieto?

1. Fa
2. Ga
3. ∃x (Fx∧Gx)

Pois bem, suponhamos que meu vizinho é um criador de Golden Retrievers, e o que eu sucessivamente encontrei nessas duas ocasiões foi um par de irmãos da mesma ninhada – chamemo-los Argos o Amistoso e Targos o Irrequieto. O fato é que Argos não é nada agitado, enquanto Targos é um cachorro de poucos amigos. Suponhamos, por fim, que não há nenhum outro cachorro na vizinhança. Nesse caso minha conclusão é falsa, e o meu raciocínio incorreto – uma manifesta falácia de equivocação. Sua forma não é 1-3, mas:

4. Fa
5. Gb
6. ∃x (Fx∧Gx)

O problema está no modo como minha pressuposição empírica errônea (de que eu me encontrei duas vezes com um e o mesmo cachorro) afeta minha apreensão da forma lógica da inferência que realizei – especificamente, em eu ter tomado um argumento da forma 4-6 por um argumento da forma 1-3. Pois não se trata de que eu tivesse inferido validamente, mas minha inferência dependesse de uma premissa de identidade tácita (e falsa: a saber, que Argos = Targos) – de modo que meu raciocínio seria, de fato, um entimema:

7. Fa
8. Gb
9. a=b
10. $\exists x\, (Fx \wedge Gx)$

Voltarei a essa sugestão adiante; por enquanto, seja-me permitido observar que sejam quais forem as pressuposições (sobre existência, unicidade, o que seja) de que depende minha inferência, é melhor *não* concebê-las premissas adicionais não-articuladas. Como veremos, por essa via chega-se à loucura.

Pois bem, há uma receita poderosa para fazer com que percalços comezinhos como minha inferência desastrada sobre os cachorros da vizinhança soem realmente dramáticos – a ponto de que o que parecerá estar em risco é nada menos que "a aprioridade das nossas capacidades lógicas" (BOGHOSSIAN, 1992, p. 17). E a receita é fazer um pouco de ficção científica – ou, como filósofos de inclinação analítica preferem dizer, fazer alguns experimentos mentais.

Não é aqui que eu vou recitar ainda uma vez as ficções de Putnam sobre a Terra Gêmea ou de Burge sobre "artrite". Quero apenas chamar atenção para essa característica metodológica compartilhada por ambas: o apelo a pares de mundos que são contrapartidas epistemicamente indiscerníveis.

Eis, portanto, o protagonista da história de Putnam, a pensar que o copo que tem em mãos está cheio do líquido incolor, insípido, inodoro etc., que ele chama "água". E eis aqui as duas contrapartidas: no *Mundo Possível 1*, "água" denota H_2O; no *Mundo Possível 2*, "água" denota *XYZ*. Isso, como todos sabemos, terá consequências para a questão de saber onde significados devem ser encontrados; mas, para os presentes propósitos, eis o que realmente interessa: a diferença relevante (H_2O/XYZ) é *estipulada* como inacessível da perspectiva da primeira pessoa: é incorporada ao experimento mental tal como o narramos.[3]

E é isso o que significa fazer um experimento mental (*estipular*, como diz Kripke, um mundo possível): nós, que executamos o experimento mental, sabemos o que estipulamos que os nossos personagens ignoram. A ignorância *deles* (que pode, entre outras coisas, afetar a correção do seu raciocínio) é, nessas circunstâncias, escusável se alguma vez a ignorância o é.[4]

Essa é, claramente, a origem do polêmico problema sobre a compatibilidade entre externismo e autoridade da primeira pessoa. Como Tyler Burge apropriadamente resume: "Como um sujeito pode individuar seus pensamentos quando ele não discriminou, por meios empíricos, as condições empíricas que determinam esses pensamentos das condições empíricas que determinariam outros pensamentos?" (BURGE, 1988, p. 116)

Os experimentos mentais sobre trocas lentas de ambiente (*slow switching*) introduzidos por Burge em "Individualism and Self-Knowledge" (1988), em que a Terra e a Terra Gêmea coexistem no mesmo mundo possível, trazem à tona a dimensão *diacrônica* do Problema da Autoridade da Primeira Pessoa: nomeadamente, o impacto que a mudança de parâmetros contextuais tem

---

[3] E aqui está, para efeito de comparação, a história de Burge: o sujeito pensa que a lesão na sua coxa é artrite. No *Mundo Possível 1*, "artrite" denota uma inflamação nas articulações (e o sujeito tem uma crença falsa). No *Mundo Possível 2*, "artrite" denota uma variedade de doenças reumatoides (e o sujeito tem uma crença verdadeira). Novamente, os dois mundos possíveis são indiscerníveis "da perspectiva da primeira pessoa".

[4] Que experimentos mentais são estipulações; que essas estipulações são tais que normalmente resultará que nós, que as fazemos, saberemos um monte de coisas que estipulamos que seus protagonistas ignoram: essas observações importantes foram vigorosamente articuladas em Silva Filho (2006), cuja leitura recomendo ao leitor. Onde eu receio apartar-me de Silva Filho é em minha relutância em pensar que os artifícios de um "narrador onisciente" devam lançar suspeitas sobre a metodologia dos experimentos mentais externalistas (ou, a propósito, de qualquer experimento mental). Não há nada de errado em estipular mundos possíveis, não importa o quão exóticos, e não há nada a deplorar em onisciências que são artefatos do jogo de estipulação tanto quanto, digamos, a ignorância dos protagonistas da trocas lentas de ambiente (*slow switching*) acerca do seu entorno. Eu não tenho nenhum problema com a onisciência do narrador; o que me incomoda é a sua quase inevitável indulgência (lógica): novamente, não haja dúvida, um artefato do modo *como a história é contada*.

sobre a capacidade de um sujeito de reter e reutilizar conteúdos conceituais. Eis aqui Burge, e seja-me permitido citá-lo longamente:

> Suponha um que sujeito passou por uma série de idas e vindas entre a terra atual e a terra gêmea atual, permanecendo em cada ambiente por tempo suficiente para adquirir conceitos e percepções apropriadas para cada ambiente. Suponha ocasiões em que o sujeito está definidamente tendo um pensamento, e outras ocasiões em que está definidamente tendo o pensamento-gêmeo. *Suponha também que as trocas acontecem de modo que o sujeito não esteja ciente delas. A continuidade da vida do sujeito não é obviamente interrompida.* Assim, por exemplo, o sujeito vai dormir uma noite em casa e acorda na casa gêmea na cama gêmea – e assim por diante. (Escolha sua fantasia californiana preferida.) E suponha que, depois de décadas de tais trocas, alguém o informa sobre elas e pede para identificar quando elas aconteceram. A ideia é que o sujeito não pode, através de comparações, selecionar os períodos gêmeos distinguindo-os dos períodos "domésticos" [grifos acrescentados]. (BURGE, 1988, p. 115).

Como era de se esperar, as trocas lentas afetarão "qualquer raciocínio que transcorra no tempo, portanto, qualquer raciocínio" (BURGE, 1998, p. 363). Pois a capacidade do sujeito de avaliar a correção de uma inferência pareceria comprometida por sua ignorância de ter sido transportado.

Esse era o problema suscitado por Boghossian em "Externalism and Inference": o externismo "é inconsistente com a tese de que nossos conteúdos de pensamento são epistemicamente transparentes para nós (...) isso é verdade num sentido que falsifica outra visão tradicional – que podemos detectar *a priori* se nossas inferências são logicamente válidas." (BOGHOSSIAN, 1992, p. 13)

E com certeza, isso seria mesmo inquietante. Afinal de contas, o maior interesse (e, possivelmente ao menos, a maior promessa) do externismo consiste no reconhecimento do impacto da exposição a contextos mutáveis sobre a constituição de conteúdos de pensamento. Isso é precisamente o que explica o interesse despertado, na literatura sobre o externismo, pelos casos de mudança de contexto, geralmente ilustrados com elaboradas fantasias sobre viagens espaciais entre a Terra e a Terra Gêmea, abduções interplanetárias e exercícios similares de ficção científica. Feitas as contas, tais exercícios deveriam ter sido apenas um instrumento para descrever vividamente uma variedade de fenômenos muito menos extraordinários que, se o externismo estiver certo, ocorrem em uma variedade de situações suscitadas pela exposição a diferenças (por exemplo, mas não somente, de natureza cultural) entre contextos em que as capacidades racionais de um mesmo indivíduo devem ser exercidas.

Em todo caso, esse é o contexto do problema de Boghossian sobre externismo e inferência. O argumento de Boghossian (1992) tem a forma de um *reductio ad absurdum*: a verdade do externismo implica a possibilidade de erros indetectáveis no raciocínio, devido a alterações imperceptíveis de conteúdo proposicional. Essa possibilidade colide com a transparência do conteúdo mental; portanto, o externismo é falso.

Suponha que, tendo tido uma infância feliz na Terra, sou um belo dia transportado para a Terra Gêmea. E suponha também, como Burge nos convida a fazer, que "as trocas acontecem de modo que o sujeito não esteja ciente delas. A continuidade da vida do sujeito não é obviamente interrompida." (BURGE, 1988, p. 115). Eu simplesmente desperto na cama gêmea na Terra Gêmea e tudo parece estar exatamente como antes. (Lembre-se, isso foi estipulado no experimento mental). Com o tempo, de acordo com *doxa* externalista, meu uso do termo "água" vem a designar o que a comunidade linguística à qual agora pertenço designa com seu uso: a saber, XYZ. E eis-me aqui, inferindo da conjunção de premissas verdadeiras.

11. Eu gostava de brincar na água (=H_2O) quando era criança *(conteúdo retido na memória)*

12. Este copo está cheio de água (=XYZ) *(conteúdo aquirido na percepção presente)*

13. Este copo está cheio do mesmo líquido em que eu gostava de brincar quando era criança.

Pior ainda, a falácia em que incorro não é comparável a uma falácia de equivocação comum, em que uma ambiguidade é negligenciada, e o sujeito está em princípio em condições de detectar e retificar, de maneira puramente *a priori*, o erro em seu raciocínio. Nos casos de trocas lentas, simplesmente não há nada que o sujeito possa fazer para prevenir ou reparar a irracionalidade, afora empreender uma investigação empírica sobre o ambiente e sobre sua própria história pessoal.

Pior ainda, dadas as condições estipuladas nas histórias de trocas lentas, é no mínimo obscuro o que poderia constituir uma "investigação empírica" sobre essas coisas. Pois não é como se houvessem pistas a serem seguidas – por exemplo, um bilhete de voo da Terra para a Terra Gêmea no bolso interno da um casaco, ou um carimbo da imigração no passaporte, ou uma mensagem na caixa postal de um celular. Os dois mundos são indiscerníveis por estipulação, réplicas exatas (com exceção da única diferença "externa"): se não o fossem, não teríamos aprendido nada com essas ficções.

E é assim que a sorte lógica torna-se manifesta, como o seu equivalente moral, na consideração de pares de contrapartidas indiscerníveis. Eis aqui um raciocínio *prima facie* correto:

14. Fa
15. Ga
16. ∃x(Fx∧Gx)

Acrescente índices às suas constantes não-lógicas, quando mais não seja para assinalar que são duas ocorrências distintas do mesmo tipo, que não está logicamente garantido sejam correferenciais:

17. Fa_1
18. Ga_2
19. ∃x(Fx∧Gx)

E aí estamos: no *Mundo Possível 1*, ⌐('a1')=⌐('a2'), e a inferência é correta. Seja agora o *Mundo Possível 2*, onde ⌐('a1')≠⌐('a2'), e 17-19 é (mais uma vez) uma falácia de equivocação. O problema é que os mundos possíveis 1 e 2 não são como, digamos, o Rio de Janeiro e Recife. Sua diferença é, antes, como aquela que há entre um mundo em que eu estou "sentado ao pé do fogo, vestido com um chambre, tendo este papel entre as mãos e outras coisas desta natureza", e um mundo que seria um artefato de "certo gênio maligno, não menos ardiloso e enganador que poderoso, que empregou toda sua indústria em enganar-me" (DESCARTES, 1641, p. 88).[5]

A percepção de que não há muito que as vítimas de trocas lentas possam fazer para detectar as fontes externas de seus lapsos lógicos – uma percepção que largamente difundida (ainda que permaneça, a maior parte do tempo, tácita) na literatura – explica a surpreendente prontidão, manifesta igualmente por defensores e adversários do externismo, a inventar estratégias de exoneração em resposta a esses cenários de infortúnio lógico.

Afinal de contas, a *única* diferença entre raciocinadores afortunados e desafortunados está, nesses cenários, inteiramente fora de seu alcance. Suponho que Boghossian fale pela maioria dos que se ocuparam desses assuntos ao escrever: "Parece-me que há um sentido imediatamente acessível em que não pode haver diferença *no que diz respeito à racionalidade* entre *[os raciocinadores no Mundo Possível 1 e no Mundo Possível 2]*. Parece sumamente implausível dizer que eles diferem em sua capacidade de *raciocinar*". (BOGHOSSIAN, 1992, p. 27)

Essa é uma avaliação eminentemente plausível, dado o que se supõe que sejam as diferenças entre os dois mundos contrastantes. Não é de surpreender, assim, que as ofertas disponíveis sejam (novamente, com a notável exceção de Sorensen 1998) uma variedade de estratégias de exoneração, concebidas para resguardar a racionalidade do raciocinador possivelmente desafortunado dos contingências da mudança de contexto. (Vejam-se, e.g. SCHIFFER, 1992; BURGE, 1998; LUDLOW, 2004; SOSA, 2005; COLLINS, 2008).

A estratégia de exoneração *internalista* recuará, previsivelmente, da paisagem mais ampla e insegura para um domínio interno, também conhecido como conteúdo exíguo (*narrow content*), blindado contra as contingências externas da causação, do acidente e da sorte. Eis como Boghossian a introduz: "Se, então, também é verdade que há um sentido importante em que o comportamento *[do raciocinador] faz sentido do seu ponto de vista*, pareceria que temos aqui um argumento em favor da existência de um nível de descrição intencional que preserve esse sentido". (BOGHOSSIAN, 1992, p. 28).[6]

---

5 *Honni soit qui mal y pense!* Espero examinar mais de perto essas ligações perigosas em outra ocasião.

6 A manobra é comparável ao confinamento do domínio próprio de avaliação moral ao domínio interno em que uma vontade pura opera por si mesma, igualmente resguardada

Algo mais surpreendentes são as exonerações *externalistas*, dentre as quais é proeminente a concepção "anafórica" da preservação de conteúdo de Schiffer-Burge (cf. SCHIFFER, 1992; BURGE, 1998).

A ideia principal aqui é que a reiteração, em um episódio de pensamento ocorrente, do conteúdo de um pensamento passado é tornada possível por uma relação de dependência comparável à que existe entre pronomes relativos, e outras expressões anafóricas, e seus antecedentes nas construções linguísticas em que ocorrem. Em "Laura estava confiante que ela ganharia o prêmio", o pronome "ela" designa Laura: seu valor semântico é determinado pelo antecedente anafórico que é o nome próprio – como o valor de uma variável ligada na quantificação de primeira ordem é determinado pelo quantificador que é seu antecedente anafórico. Desse modo, o raciocínio infeliz 11-13 seria reinterpretado como:

20. Eu gostava de brincar na *água* quando eu era criança.
21. Este copo está cheio daquilo ↑.
22. Este copo está cheio do mesmo líquido em que eu gostava de brincar quando era criança.

Eu recorro a essa notação, "aquilo ↑", para assinalar a dependência anafórica de "água", tal como, por presunção, ocorre na premissa 21, em relação a sua ocorrência na premissa 20. E o resultado é, como esperado, um argumento válido com uma premissa falsa: como "água" em 20 denota H_2O (o conteúdo de pensamento provindo pela memória preservativa), a premissa 21 equivale ao juízo falso de que o copo na Terra Gêmea está cheio de H_2O.

Uma via algo mais surpreendente de exoneração externalista é aberta pela teoria "orwelliana" da memória preservativa proposta por Peter Ludlow. Na teoria de Ludlow, "não é tarefa da memória registrar conteúdos, mas, antes, fornecer informação sobre episódios passados relativas às condições ambientais presentes." (LUDLOW, 1998, p. 316).[7] Como no *1984* de Orwell, o passado é reescrito do ponto de vista e segundo as prioridades do presente. Assim,

---

dos azares da causação, da contingência e da sorte, na filosofia prática de Kant. Cf., a esse respeito, as observações penetrantes de Bernard Williams (1976).

7   A teoria é retomada e articulada em LUDLOW, 2004.

quando eu, na Terra Gêmea, lembro de ter brincado na água quando era criança, o conteúdo da minha memória "orwelliana" é o juízo falso de que eu brinquei na água-gêmea (XYZ). O resultado é, novamente, uma inferência válida com uma premissa falsa:

23. Eu gostava de brincar na água (XYZ) quando eu era criança. (*Falso*)
24. Este copo está cheio d'água (XYZ). (*Verdadeiro*).
25. Este copo está cheio do mesmo líquido em que eu gostava de brincar quando era criança. (*Falso*)

Por certo, todas essas diferentes interpretações acomodam de algum modo o fato de que, como diz Boghossian, o comportamento do raciocinador "faz sentido do seu ponto de vista". O que não é tão manifesto é a completa ausência, *embutida nos próprios termos dos experimentos mentais sobre trocas lentas*, de qualquer outra perspectiva da qual o sujeito pudesse tentar avaliar a correção dos seus raciocínios. E essa é minha queixa contra o uso indiscriminado de tantos experimentos mentais na filosofia analítica contemporânea: terminamos por perder de vista o modo como as coisas transcorrem nas situações que nos são mais próximas, e nada aprendemos sobre elas.

A suposição comum subjacente a todas as estratégias de exoneração que examinamos é explicitamente enunciada por David Sosa em um artigo recente e muito esclarecedor: "*A ignorância é insuficiente para a incoerência*: sujeitos que inferem estão em princípio em condições de evitar a invalidade, seja qual for o estado de seu conhecimento (de fato, sejam, verdadeiras ou falsas as premissas em que acreditam)." (Sosa, 2005, p. 219).

Como o leitor atento não terá deixado de notar, uma suposição adicional está em jogo aqui: a saber, que a ignorância é sempre escusável. E isso, como eu enfatizei, faz todo o sentido no cenário fantasioso dos experimentos mentais sobre trocas lentas de ambiente. Lá, de fato, não há virtualmente nada que os sujeitos transportados pudessem fazer para prevenir as falácias de equivocação em que estão expostos a incorrer – de onde o apelo às estratégias de exoneração que revisamos brevemente.

Quando se trata do raciocínio sublunar, em troca, há muita coisa que se espera justificadamente de um sujeito que saiba e leve devidamente em conta. Suponha-se que eu deixo um copo vazio em minha mesa ao sair para cortar o cabelo. Quando volto para casa, uma hora mais tarde, noto que o copo na minha mesa agora está cheio e infiro, por minha conta e risco, que o copo que antes estava vazio agora está cheio. Por minha conta e risco, enfatizo, visto que estou negligenciando a probabilidade de que a empregada, aproveitando minha ausência para arrumar meu escritório, tenha deixado um novo copo, cheio, no lugar do copo vazio que levou para lavar. O descaso por essa informação facilmente acessível é comparável à desconsideração do fato amplamente conhecido de que meu vizinho é um criador de cães Golden Retriever, que aumenta a probabilidade de que não foi o mesmo cão que eu encontrei naquelas duas ocasiões.

Ou então considere, para variar, raciocínios envolvendo os tempos verbais. Posso saber com certeza que Laura está cantando; e, com igual certeza, saber que ela está dançando. Mas inferir, desse par de enunciados verdadeiros, que alguém está cantando e dançando manifesta uma negligência inescusável de fatos bem conhecidos acerca das condições de verdade de proposições temporais.[8]

Quando raciocinamos, *pressupomos* um monte de coisas, e não temos alternativa. Como Strawson observa laconicamente:

> Nossos métodos, ou critérios, de reidentificação devem levar em conta fatos como estes: que nosso campo de observação é limitado; que dormimos; que nos movemos. Em outras palavras, devem levar conta que não podemos, a momento algum, observar o todo do sistema de referência espacial que empregamos; que não há nenhuma parte dele que possamos observar continuamente; e que nós mesmos não ocupamos nela uma posição fixa. (STRAWSON, 1959, p. 32).

---

8 "Nossa prática inferencial tira partido de uma conveniente insensibilidade ao contexto específico dos nossos juízos. Um resultado disso é que às vezes nos encrencamos. Um exemplo pode ser a tendência filosófica a supor que a mudança é contraditória: a disposição a conectar juízos inferencialmente (...) pode transbordar na inferência, a partir do juízo verdadeiro "Judy está dançando" e do juízo verdadeiro um segundo depois "Judy não está dançando", do juízo autocontraditório "alguém está dançando e não está dançando". (WILLIAMSON, 1997, p. 652-3)

Em t_1, vejo um objeto a_1 e penso "Isto é F". Em t_2 vejo um objeto a_2 e penso "Isto é G". Então eu extraio a conclusão: "Algo é F e G". Quando eu estou autorizado a concluí-la? Por certo, sempre que $a_1=a_2$. Mas isso foi por acaso uma premissa tácita, e minha inferência, portanto, um entimema? Por essa via, eu sugeri, chega-se à loucura. Pois suponha que

26. Fa_1

27. Ga_2

não sejam suficientes para inferir "$\exists x(Fx \land Gx)$". Afinal, é preciso garantir que "a_1" e "a_2" são correferenciais. Isso é, falta a premissa adicional

28. $\delta("a_1") = \delta("a_2")$

Mas isso tampouco será suficiente. Pois agora é preciso garantir que as ocorrências de "a_1" em 26 e 28, são também correferenciais; e o mesmo vale para as ocorrências de "a_2" em 27 e 28. E a essa altura, é manifesto estamos embarcados em um regresso vicioso ao estilo de Lewis Carroll.[9]

A moral da história é, para não deixar dúvida, que raciocínios sobre objetos mutáveis (raciocínios para os quais pressuposições sobre existência, unicidade ou permanência podem ser cruciais) são um empreendimento essencialmente arriscado, em que estamos fadados a presumir, por nossa conta e risco, um monte de coisas. É isso que nos expõe à sorte lógica, e a medida de nossa responsabilidade será função da escusabilidade de nossa ignorância. O que nos traz ao ponto em que, como eu sugeri, podemos proveitosamente dirigir-nos à filosofia prática em busca de alguma orientação.

O filósofo direito H. L. A. Hart abre um ensaio sobre responsabilidade criminal com o seguinte diálogo imaginário: "Eu não *queria* ter feito isso: eu simplesmente não pensei." "Mas você devia ter pensado." (HART, 1961, p. 136)

Dever implica poder, sem dúvida. Não se trata, em casos como os que Hart examina, de que não houvesse *nada* que os réus pudessem ter feito para evitar o infortúnio. Antes: o que *atualmente* escapa ao controle do sujeito *estaria* sob seu controle absoluto em mundos possíveis suficientemente próximos

---

9   Crédito pelo argumento: John Campbell (cf. CAMPBELL, 1987; e, para uma breve reapresentação, CAMPBELL, 1994, p. 75-6).

(e, além disso, epistemicamente acessíveis). O dono de uma casa em ruínas pode, *de fato*, ignorar que o teto está prestes a desabar. *Mas esse seria um caso manifesto de ignorância inescusável*. A informação relevante estava ao alcance da mão; bastava que ele tivesse o cuidado de buscá-la.

Em casos como esses, a informação que atualmente falta ao sujeito *está* disponível: o sujeito saberia o que ignora se não o tivesse negligenciado. Não é essa a situação naqueles cenários de vitimização metafísica, as trocas lentas de ambiente – de onde as estratégias de exoneração de que eu me queixava.

Numa passagem que é talvez a mais lapidar introdução ao conceito de ignorância inescusável, Wittgenstein escreve: "Que eu sou homem e não mulher pode ser verificado, mas se eu dissesse que era mulher e depois quisesses explicar o erro alegando que não testei a afirmação, a explicação não seria aceita." (WITTGENSTEIN, 1969, § 79)

A epistemologia, aí incluída a epistemologia do raciocínio, tem sido, ao longo da maior parte da sua história, essa disciplina desesperada em que persistimos em perguntar se e como podemos conhecer alguma coisa. Se eu estiver certo, do que mais precisamos é de uma mudança de rumo. Não sou o primeiro a clamar por ela: "As questões interessantes sobre conhecimento, uma vez que abandonamos a tentativa de caracterizá-lo como um tipo de crença que satisfaz certas condições, dizem respeito ao que de todo mundo, ou de todo mundo em certas culturas, se pode esperar que saiba uma vez que é adulto e razoavelmente competente; e à relação entre certas alegações de conhecimento e perguntas como: 'Como você sabe?'" (ANSCOMBE, 1993, p. 32).

Quase tudo está por fazer na agenda de uma epistemologia que, ao invés dessa pergunta estéril "O que podemos saber?", comece pelo que realmente importa: o que *não temos o direito de não saber*? Como quer que essa agenda venha a ser executada, o principal resultado do presente exercício deve ser tomado como um lema: ao contrário do que pretende a *doxa* compatibilista, esse externismo *light* que hoje nos é servido um pouco em toda parte, a transparência epistêmica *é* um mito, e reconhecê-lo tem consequências para a epistemologia do raciocínio, diante das quais devemos aprender a não recuar. Em qualquer caso, como nota Timothy Williamson, não temos nenhuma alternativa.[10]

---

10 "A acessibilidade imperfeita da racionalidade lança luz sobre a individuação externa do conteúdo mental (...). Pois a racionalidade tem certa relação com a lógica dedutiva, embora

Raciocinar é *arriscado*, como virtualmente tudo mais em nossas vidas cognitivas (como tudo mais em nossas vidas) – e podemos viver com isso.

Os céticos pirrônicos tentaram seduzir-nos com a promessa da *ataraxía*, que seria a recompensa da suspensão do juízo. No mesmo espírito, Montaigne exortou-nos a repousar a cabeça no "travesseiro macio" da dúvida.

Estavam, todos, gravemente equivocados: a dúvida não é nenhum travesseiro macio, é uma pedra duríssima; como se não bastasse, é um artigo de luxo pelo qual, simplesmente, não temos como pagar.[11]

Referências bibliográficas

ANSCOMBE, G. E. M. (1993). "Knowledge and Essence". In: Terricabras, Josep-María (ed.), *A Wittgenstein Symposium.* Amsterdam, Atlanta, GA: Rodopi, p. 29-35.

BOGHOSSIAN, Paul A. (1992). "Externalism and Inference". In: *Philosophical Issues* 2, p. 11-28.

BURGE, Tyler (1988) "Individualism and Self-Knowledge". In: *Journal of Philosophy* 85, p. 649-663, reimptresso em LUDLOW & MARTIN (1998), p. 111-127.

BURGE, Tyler (1998). "Memory and Self-Knowledge". In: LUDLOW & MARTIN (1998), p. 351-370.

CAMPBELL, John (1987). "Is Sense Transparent?". In: *Proceedings of the Aristotelian Society* 88 (1987/1988), p. 273-92.

CAMPBELL, John (1994). *Past, Space, and Self.* Cambridge: The MIT Press.

COLLINS, John, (2008). "Content Externalism and Brute Logical Error". In: *Canadian Journal of Philosophy* 38, p. 549-574.

---

a relação não seja fácil de articular, e a individuação externa do conteúdo torna a validade dedutiva de inferências imperfeitamente acessível." (WILLIAMSON, 2000, p. 16).

11 Este trabalho, uma versão modificada de meu "Unsafe Reasoning: a Survey" (FARIA, 2009) foi apresentado, na presente versão, no *III International Meeting on Skepticism*, realizado em Salvador entre 23 e 25 de agosto de 2010. Agradeço aos participantes daquele evento a discussão que tivemos, e a André Abath, Richard Bett e Todd Haynes, em particular, as agudas observações que me fizeram, e que tive vivamente presentes ao revisar a tradução deste escrito – mesmo se, como estou ciente, ainda devo trabalhar mais para fazer-lhes inteira justiça.

DESCARTES, René (1641). *Meditações concernentes à Primeira Filosofia, nas quais a existência de Deus e a distinção real entre a alma e o corpo do homem são demonstradas*, tradução de J. Guinsburg e Bento Prado Jr. São Paulo: Abril S. A. Cultural e Industrial, 1973.

FALVEY, Kevin (2003). "Memory and Knowledge of Content". In: Susana Nuccetelli, ed. (2003). *New Essays on Semantic Externalism and Self-Knowledge*. Cambridge e Londres: The MIT Press, p. 219-240.

FARIA, Paulo (2009). "Unsafe Reasoning: a Survey". In: *Dois Pontos* 6, p. 185-220.

HART, H. L. A. (1961), "Negligence, *Mens Rea* and Criminal Responsibility". In: *Oxford Essays in Jurisprudence*, reimpresso em *Punishment and Responsibility: Essays in the Philosophy of Law*. Oxford: Clarendon Press, 1968, p. 136-157.

HEGEL, G. W. F. (1831). *Science of Logic*, transl. A. V. Miller, preface by J. N. Findlay. Londres: Routledge, 2004.

LUDLOW, Peter (1998) "Social Externalism and Memory: a Problem?". In: *Acta Analytica* 14, reimpresso em LUDLOW & MARTIN (1998), p. 311-317.

LUDLOW, Peter (2004). "What Was I Thinking? Social Externalism and Shifting Memory Targets". In: R. Shantz (ed.), *The Externalist Challenge*. Berlim: de Gruyter, p. 419-426.

LUDLOW, Peter & MARTIN, Norah, eds. (1998). *Externalism and Self-Knowledge*. Stanford: CSLI Publications.

NAGEL, Thomas, (1976) "Moral Luck". In: *Proceedings of the Aristotelian Society*, supplementary volume 50, reimpresso em *Mortal Questions*. Cambridge: Cambridge University Press, 1979, p. 24-38.

QUINE, W. V. (1953) "Reference and Modality". In: *From a Logical Point of View*, 2ª ed. Cambridge: Harvard University Press, 1980, p. 139-159.

SCHIFFER, Stephen (1992). "Boghossian on Externalism and Inference". In: *Philosophical Issues* 2, p. 29-38.

SILVA FILHO, Waldomiro J. (2006). "O Autoconhecimento, o Narrador Onisciente, a Vida Comum". In: *Philósophos* 11, p. 287-303.

SORENSEN, Roy A. (1998) "Logical Luck". In: *The Philosophical Quarterly* 48, p. 319-334.

SOSA, David (2005). "The Inference that Leaves Something to Chance". In: Sanford Goldberg (ed.), *Internalism and Externalism in Semantics and Epistemology*. Oxford: Oxford University Press, p. 219-234.

STRAWSON, P. F. (1959) *Individuals: an Essay in Descriptive Metaphysics*. Londres: Routledge.

WILLIAMS, Bernard (1976). "Moral Luck". In: *Proceedings of the Aristotelian Society*, supplementary volume 50, reimpresso em *Moral Luck*. Cambridge: Cambridge University Press, p. 20-39.

WILLIAMSON, Timothy (1997). "Sense, Validity and Context". In: *Philosophy and Phenomenological Research* 58, p. 649-654.

WILLIAMSON, Timothy (2000). *Knowledge and Its Limits*. Oxford: Oxford University Press.

WITTGENSTEIN, Ludwig (1969). *Über Gewissheit*, em *Werkausgabe, Band 8*. Frankfurt: Suhrkamp, 1989.

Esta obra foi impressa em Santa Catarina no inverno de 2012 pela Nova Letra Gráfica & Editora. No texto foi utilizada a fonte Nofret em corpo 10 e entrelinha de 15,5 pontos.